珈琲の大事典

成美堂出版

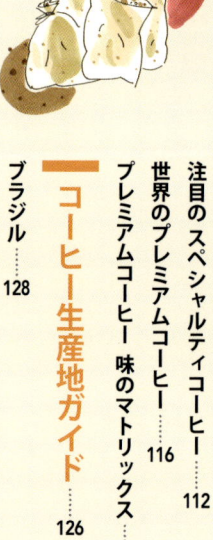

珈琲の大事典
目次 CONTENTS

Chapter 1 おいしいコーヒーの淹れ方 … 5

豆選びの基本
- 豆の名前と意味 … 6
- 豆の焙煎度 … 12
- 豆を挽く … 14
- 豆の鮮度と保存 … 18

淹れ方を覚える
- 淹れ方と味の関係 … 24
- ペーパードリップ 器具編 … 26
- ペーパードリップ 淹れ方編 … 30
- スペシャルティコーヒー 淹れ方編 … 34
- 個性を活かす淹れ方 … 48
- アイスコーヒーを淹れる … 50
- 鮮度の落ちた豆で上手に淹れる … 51
- ネルドリップ風味に抽出する 薄めて使える！コーヒーエキス抽出法 … 52 … 53
- ネルドリップ … 56
- フレンチプレス … 60
- サイフォン … 64
- サイフォンでアイスコーヒーを淹れる … 68
- コーヒーメーカー … 70
- エスプレッソマシン … 72
- マキネッタ … 76
- 水出しコーヒー … 78

One point lesson
- 水・砂糖・クリームの選び方 … 20
- コーヒーカップ … 54
- 個性ある淹れ方 … 82

Column
- ニュークロップとオールドクロップ … 69
- コーヒーの味を作る 苦味と酸味の法則 … 88

Chapter 2 コーヒー豆 A to Z … 89

コーヒー豆の常識＆新常識
- スペシャルティコーヒー … 90
- サスティナブルコーヒー … 92
- コーヒー豆の正体 … 96
- コーヒーの品種 … 98
- コーヒーノキの伝播 … 100
- 栽培と生産処理 … 102
- 生産地と栽培概要 … 104
- 108

コーヒー豆カタログ … 112
- 注目のスペシャルティコーヒー … 112
- 世界のプレミアムコーヒー … 116
- プレミアムコーヒー 味のマトリックス … 124

コーヒー生産地ガイド … 126
- ブラジル … 128

コロンビア ……129
グアテマラ ……130
エルサルバドル ……131
ニカラグア ……132
コスタリカ ……133
パナマ ……134
ジャマイカ ……135
ドミニカ共和国 ……136
ハワイ ……137
インドネシア ……138
パプア・ニューギニア ……139
エチオピア ……140
イエメン ……141
ケニア ……142
タンザニア ……143
ユニークな生産地 ……144
Column 幻のコーヒー「コピ・ルアク」 ……146
カップ・オブ・エクセレンス 国際的な品評会 ……97

Chapter 3 アレンジコーヒー集 …147

定番&個性派 コーヒードリンク
カフェ・オ・レ ……149
シナモン・コーヒー ……150
アイリッシュ・コーヒー ……151
カフェ・シュヴァルツァー ……152
ホット・モカ・ジャバ ……153
アイン・シュペンナー ……154
カフェ・ロワイヤル ……155
ローマン・エスプレッソ ……156
アイス・カフェ・オ・レ ……157
ハニー・コールド ……158
カフェ・シェケラート ……159
カプチーノ ……160
アプリコット・コーヒー ……163
チェリー・コーヒー ……164
オレンジ・マキアート ……165
オールスパイス・コーヒー ……166
黒蜜バナナ・カフェ ……167
ラズベリー・モカ ……168

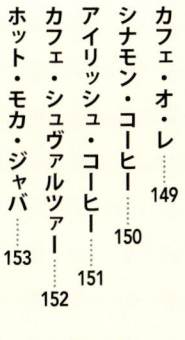

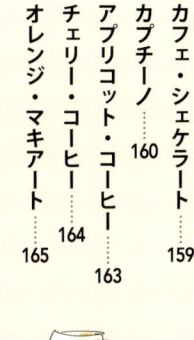

デザインカプチーノ入門
3種類のキャンバスの作り方 ……174
赤ちゃん・ブタ・いぬ・クローバー&ミニハート ……176
ハート ……178
リーフ ……180
チューリップ ……182

One point lesson フォームドミルクの作り方 ……184

Column プロが技を競い合うコーヒー選手権 ……186

珈琲の大事典
目次 CONTENTS

Chapter 4 目指せ！ホームバリスタ …189

カッピングのすすめ …190
- カッピングとは何か？ …190
- カップクオリティの評価 …192
- カッピングをしてみよう …194
- フレーバーの認識と表現 …196
- カッピングフォームに記入する …198
- カッピングのスキルアップ …200

手網焙煎を楽しむ …202
- 豆の種類と焙煎の難易度 …202
- ハンドピック …204
- 豆の銘柄と適正な焙煎度合い …208
- 手網で自家焙煎に挑戦 …212
- ダブル焙煎 …216

オリジナルブレンドに挑戦 …222
- ブレンドの目的と手順 …222
- オリジナルブレンドを作る …224

スイーツを作る …228
- コーヒーとお菓子のマリアージュ …228
- コーヒーゼリー コーヒースープ添え …229
- コーヒーのグラニテ …230
- ヘーゼルナッツサブレ …231
- レモンクッキー …232
- フィナンシェ …233
- チョコレートブラウニー …234
- エスニックコーヒーケーキ …235
- 桃のベニエ …236
- カイザーグロフ …237
- ケーニヒスクーヘン …238

Column
- 業務用焙煎機の構造 …218
- コーヒーとカラダの関係 …240

Chapter 5 コーヒークロニクル …243

コーヒーの文化史 …244
- コーヒーの飲用の始まり …244
- イスラム世界から欧米へ …246
- 日本のコーヒー史 …248
- 大戦後から現在まで …250
- コーヒー文化史年表 …252

コーヒーの道具史 …254
- 煮出す方法が初期の主流 …254
- ドリップポット登場で多様化へ …256
- ふたつの定番抽出器具 …258

Column
- コーヒーのプロスタッフ コーヒーマイスター …260

- コーヒー用語辞典 …262
- 取材協力リスト …268

Chapter

1

おいしいコーヒーの淹れ方

おいしいコーヒーを淹れることは、
決してむずかしくはありません。
豆選びと淹れ方のポイントを
しっかりと押さえましょう。

豆選びの基本

購入の際はここをチェックしよう

コーヒー豆は、産地や品種によって風味のキャラクターはさまざまですが、味の基本的なクオリティは、豆の個性だけではなく、じつは焙煎度や焙煎してからの鮮度などによるところも大きいものです。好みの味に近づくための、豆選びのはじめの一歩を解説。

How to choose good coffee beans

おいしさを保つために

いくらおいしい豆を購入しても、保管の仕方が適切でないと台無しに。上手な保存方法も覚えよう。

味の良しあしは副次的な要因も左右

コーヒー豆を購入する際、銘柄ばかりに気をとられていませんか？「豆の風味は、産地や品種などによってバラエティ豊か。ただ、酸味と苦味の大まかな方向性や味の透明さ（味に重さや濁った部分はないか、など）といった基本的なクオリティは、副次的な要因である焙煎業者や小売店の管理・作業によるところも大きいのです。別の言い方をすれば、いくらすばらしいポテンシャルの豆であっても、適正に焙煎が行われていなかったり、品質管理がなされていなかったりしたら、本来のおいしさは発揮されていないということです。また、すべてが行き届いた豆でも、購入後の扱い方によっても、そのクオリティは大きく変わってきます。

銘柄ごとの風味の特徴は次章の「コーヒー豆カタログ」（P112）

Chapter 1
おいしいコーヒーの淹れ方

Guatemala
グアテマラ ウィッツマティグ農園
ベリー系フルーツの香り、程よいコク
キレの良いアフターテイスト

Strong
苦 ★★★
酸 ★★
甘 ★★★★
コク ★★★★★
香 ★★★★

100g ¥550
200g ¥990
500g ¥2,390

Yemen
イエメン モカ クラシックマタリ

芳醇なモカフレーバーと果実のアロマが力強く、ほのかな甘味が特徴です。

100g ¥550
200g ¥990
500g ¥2,390

豆購入の基本ポイント 5か条

▶ 名前に記された等級の意味を知る

▶ 焙煎度による味の傾向を覚える

▶ 欠点豆の混入や焙煎にムラがなく、鮮度が良好な豆を選ぶ

▶ 淹れる直前に豆を挽く

▶ 適切に保存し、なるべく早く消費する

で述べるとし、ここでは基本的な品質の見きわめ方や焙煎度による味の傾向、豆の上手な挽き方などを解説していきます。おいしいコーヒーを淹れるためには、知識やノウハウを体系的に覚えることが大切。ここで豆の選び方や扱い方の基本をひと通りふまえてから、淹れ方を覚えていきましょう。

豆の名前と意味
名前に記されたグレードからクオリティを知る

生産国が定めている3つの品質基準

コーヒー豆のグレードの評価方法は「産地高度」「スクリーン」「欠点数＋スクリーン」の3つがあり、多くの生産国ではこのいずれかを採用しています。「産地高度」は栽培地の標高。朝夕の温度差が大きい高地で栽培されたコーヒーほど質が高いことに由来します。グアテマラならSHB、エルサルバドルならSHG（左表参照）が、産地高度において最高を意味します。

「スクリーン」は豆のサイズのことで、大粒の豆ほど高品質とされます。コロンビアの名称で大きさが分けられ、前者のほうが上質といわれます。

「欠点数＋スクリーン」は、欠点豆（P206）などの異物混入率と豆のサイズによる評価。ジャマイカ ブルーマウンテンなら、No.1という分類が異物の混入が少なくて粒の大きい最高グレード。次いでNo.2、No.3と続きます。

コーヒー豆を買いに行った際、「コロンビア スプレモ」や「パナマ エスメラルダ ゲイシャ」など、生産国名のあとに続くその名称が何を意味しているのか、疑問に思ったことはありませんか？これがわかると豆選びの目安となり、購入の際に役に立ちます。

コーヒー豆の銘柄名は、生産国名のあとに「グレード（品質の等級）」「生産地区・農園名」「品種」「精製方法」などを組み合わせたものが多く見られます。先の「コロンビア スプレモ」なら生産国名とグレード、「パナマ エスメラルダ ゲイシャ」なら生産国名と農園名、品種名の組み合わせです。次章で生産地区や品種などの詳細は述べるとし、まずここでは生産国が定める品質等級で、一般的なコーヒーの銘柄名によく記されている、グレードに焦点をあてましょう。

形の比較

薄い — アラビカ種
厚い — カネフォラ種

Advice
コーヒーの原種と味の違い

コーヒー豆にはアラビカ種、カネフォラ種（ロブスタ）、リベリカ種の三原種（P100）があり、市場にはおもにアラビカ種とカネフォラ種の2種が流通。前者は風味がよく、小売店で販売されている銘柄の大多数はこの仲間。一方、後者は独特の苦味とクセがあるため、インスタントコーヒーの増量材などにされることがほとんどだが、まれに小売店で販売をしている場合も。コーヒー愛好家のなかには、ブレンドコーヒー作りであえてカネフォラ種を使うこともあるが、ふつうに飲む分にはあまり選ぶ理由はないだろう。

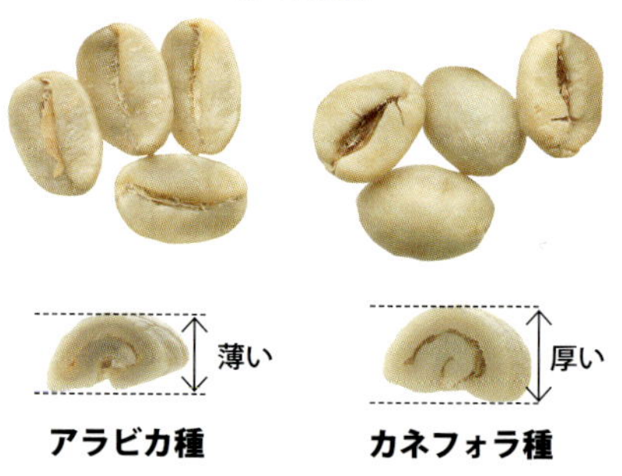

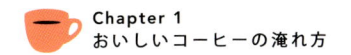

Chapter 1
おいしいコーヒーの淹れ方

生産国によるコーヒー豆のグレード例

① 産地高度によるグレード

生産国名	おおよその標高	グレード
メキシコ	1000〜1600m	アルトゥーラ
	700〜1000m	プライム ウォッシュド(PW)
グアテマラ	1300m〜	ストリクトリー ハード ビーン(SHB)
	1200〜1300m	ハード ビーン(HB)
	900〜1050m	エクストラ プライム ウォッシュド(EPW)
エルサルバドル	1200m〜	ストリクトリー ハイ グロウン(SHG)
	900〜1200m	ハイ グロウン(HG)
コスタリカ	1200〜1700m	ストリクトリー ハード ビーン(SHB)
	800〜1200m	ハード ビーン(HB)

国によって呼称は違うが、産地の標高が高いほど品質が優れるのは共通。涼しい場所で栽培されたコーヒーは実がゆっくりと熟するため、風味が豊かと言われる。

② スクリーンによるグレード

生産国名	スクリーンサイズ		グレード
コロンビア	S17(6.75mm)〜	大	スプレモ
	S14(5.5mm)〜S16(6.5mm)	中	エクセルソ
タンザニア	S17(6.75mm)〜	大	AA
	S15(6mm)〜S16(6.5mm)	中	AB

スクリーン数は64分の1インチ刻みのサイズ分類。数位が17なら、64分の17インチの穴のふるいを通らない大きさであることを示す。一般に大粒の豆ほど品質は上。

生産国によるコーヒー豆のグレード例

③ スクリーンサイズと欠点数によるグレード

生産国名	スクリーンサイズ		欠点数	グレード
ブラジル	S17(6.75mm)〜S18(7mm)	大	〜11	タイプ2
	S14(5.5mm)〜S16(6.5mm)	中	〜36	タイプ4/5
ジャマイカ（ブルーマウンテン）	S17(6.75mm)〜S18(7mm)	大	〜2%	No.1
	S16(6.5mm)〜S17(6.75mm)	中	〜2%	No.2
	S15(6mm)〜S16(6.5mm)	中	〜2%	No.3
	S16(6.5mm)〜S17(6.75mm)	大	〜4%	トリエイジ

欠点数は味に悪影響を及ぼす欠点豆（P206）が、サンプル中にどれくらい混入しているのかを点数化したもの。欠点豆の種類により点数が決められており、その合計点とスクリーンサイズによって評価される。ブラジルでは、味も評価対象。なお、ジャマイカの欠点数はサンプル中の混入率を評価。

ブラジルはさらにカップ（味）の評価も

ソフト	異味異臭がなく、やわらかな感じ
ハード	青臭いような酸味や渋味があり、舌ざわりがわるい
リオイ	薬品のようなにおいがある
リオ	リオイよりもさらに薬品臭が強いもの

生産国名	スクリーンサイズ		欠点数	グレード
インドネシア（ナチュラルの場合）	ラージ(7.5×7.5mm〜) 大	＋	〜11	グレード1(G1)
			〜25	グレード2(G2)
			〜44	グレード3(G3)
	スモール(3×3mm〜) 小		〜80	グレード4(G4)
			〜150	グレード5(G5)

インドネシアではスクリーンサイズと欠点数の総合評価ではなく、それぞれを分けて評定。「ラージのグレード1」「ラージのグレード3」、「スモールのグレード1」といったように分類される。

豆選びの基本

Chapter 1
おいしいコーヒーの淹れ方

スペシャルティコーヒーのラベル。「Region」は地区、「Altitude」は産地高度、「Flavor」は風味。スペシャルティコーヒーはトレーサビリティが明確で、風味のよさに重きを置いたカップテストが行われるため、商品のなかにはこうした情報が詳細に記されたものもある。

個性が際立つスペシャルティコーヒー

先のページのグレードは生産国側が定めた評価法で、ある一定のクオリティを示すものですが、それが必ずしも風味特性まで保証しているとは言いきれません。

近年「スペシャルティコーヒー」（P92）と呼ばれるコーヒーが注目されています。定義は各国のその協会でさまざまですが、端的に言えば、誰もがおいしいと感じることが可能です。さらに豆の素性の明確さだけではなく、風味のよさに重きをおいたカッピング（味の評価。P190）にて高い水準をクリアしたものが、はじめてスペシャルティを名乗ることができます。なおスペシャルティの銘柄名には、トレーサビリティの明確さから、農園や品種名などが記されたものも多く見られます。

従来のコーヒーは、生産国の各地で栽培された豆を品質評価して混合したものなので、産地ごとの風味の個性（長所）がぼやけやすい面があります。一方、スペシャルティはいくつもの産地の豆が混ざることなく、トレーサビリティ（栽培された農園や品種、生産処理方法といった履歴）が明確なため、味に栽培地のキャラクターを感じることが可能です。さらに豆の素性の明確さだけではなく、風味のユニークなキャラクターのコーヒー」をそう呼びます。

Advice
店選びのひとつの目安

コーヒーを買う店としては、スーパーか自家焙煎などの挽き売り店が一般的。前者は大手焙煎業者の商品が多いため、品質管理が厳しく供給体制もしっかりとしている。味の安定感や、場所や時間にあまりしばられず購入できる手軽さを求める人向きと言えるだろう。後者は単一農園のものなど、ユニークな豆を扱っている店も多い。また、焙煎された豆は鮮度が落ちやすいため、回転の早い店だと新鮮なものを購入しやすい。

味の傾向を覚え目的に合った焙煎豆を選ぶ

豆の焙煎度

Advice
仕上がりにも注目

焙煎豆を買う際は、色ツヤや豆の形にも注目しよう。写真左のようにふっくらとして色ツヤが均一なものが、焙煎が適正で良質。一方、色が不均一だったり（＝焙煎にムラがある）、貝殻豆（P206）などが混入していたりするものは、味にえぐみや渋味が出る。なお、古い焙煎豆は表面に油脂が出るが、焙煎が深ければ新鮮でも出ることも覚えておきたい。

GOOD / **BAD**

豆選びの基本

各焙煎度の特徴

酸味　弱い ←→ 強い

中煎り　　　　　　　　　　浅煎り

HIGH　ハイロースト
喫茶店でも使われることが多い、もっともスタンダードな焙煎度のひとつ。深めの茶色で、酸味と苦味、甘味のバランスがよい。ストレートコーヒーの個性が楽しめる。

MEDIUM　ミディアムロースト
コーヒーらしい香りが立ちはじめる。ここまで煎りが進むと、ようやく見慣れた栗色に。酸味が主役だが苦味もあり、口あたりはライト。アメリカンコーヒーなどに向く。

CINNAMON　シナモンロースト
ライトにくらべると香りが立ってくるが、酸味が強く苦味はない。ライトと同様テスト用に使われることが多いが、良質な酸味を持つ豆であればブラックコーヒーに適する。

LIGHT　ライトロースト
もっとも浅い焙煎度。酸味が突出し、香りや苦味はほとんど感じられず、一般の飲用には不向き。焙煎のテストや豆の特徴をみるための試飲に使われることが多い。

Chapter 1 おいしいコーヒーの淹れ方

コーヒー豆の焙煎度の呼称と分類を覚える

焙煎とは生のコーヒー豆を煎ること。コーヒー豆は煎って加熱されることで、成分が化学変化を起こし、ふだん目にしているあの色や香り、風味が生まれます。

加熱の程度を表す指標を焙煎度といいます。焙煎度は大きく分けて浅煎り、中煎り、深煎りの3段階があります。さらに日本では味の違いを細分化するために、ライト～イタリアンの8段階の分類も広く用いられています。一般に、浅煎りと言えばライト、シナモン、中煎りはミディアム、ハイ、シティ、深煎りはフルシティ、フレンチ、イタリアンを指します。

風味の印象の目安になる焙煎度

コーヒーの味は、焙煎が浅いほど酸味が強く、深いほど苦味が強調されます。同じ豆であっても、どの程度まで熱を加えられているかによって、酸味と苦味の具合は変わってくるということです。この傾向は多くの豆に共通していることから、焙煎度は風味の印象を知るひとつの目安となります。

ただし、標高の高い産地で採れたアラビカ種のなかには、深煎りでも酸味が残るものがあります。焙煎度による味の傾向は、原料の生豆の種類で程度が変わってくることもあるので、購入の際は店の人に聞いてみるとよいでしょう。

なお豆の種類によって、もっとも個性が引き立つ焙煎度は異なります。そのため、自家焙煎を売りにしているような店では、Aという豆は中煎りと深煎り、Bの豆は中煎りのみの販売といったように、豆の個性に合わせて焙煎度を変え、商品を展開しています。

焙煎された豆は劣化しやすく、新鮮な状態は常温では2週間ほど。その間に飲みきれる量を購入することも大切です。

苦味　強い　　　　　　　　　　　　　　　　　　弱い

深煎り

ITALIAN
イタリアンロースト

もっとも深い焙煎度。酸味はなく、濃厚な苦味に支配され、香ばしさも強く、エスプレッソなどに使われる。黒に近い豆の表面には油脂が浮いており光っている。

FRENCH
フレンチロースト

酸味はほぼなくなり、苦味とコクが際立つ重さのある味わい。牛乳などと混ぜてもコーヒーの味がしっかりと残るので、カフェ・オ・レなどアレンジコーヒーに向く。

FULLCITY
フルシティロースト

酸味は弱く、苦味が強調されはじめ、ロースト感の強い味わい。濃いチョコレート色で、豆によっては表面に油分が出てくる。アイスコーヒーやエスプレッソにも適する。

CITY
シティロースト

濃い茶褐色まで煎られたもの。酸味は抑えられ、その分苦味やコクが感じられるようになる。ハイローストと同じく、喫茶店などでもおなじみの焙煎度。

豆を挽く

粉の大きさで変わるコーヒーの微妙な味わい

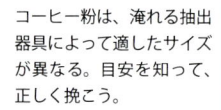

コーヒー粉は、淹れる抽出器具によって適したサイズが異なる。目安を知って、正しく挽こう。

▼▼▼ 豆選びの基本 ▲▲▲

抽出器具によって適した大きさの粉を選ぶ

購入したコーヒー豆は、淹れる直前に必要な量だけ挽くのがベスト。というのも、粉になると空気にふれる表面積が増えるため、酸化の速度が速まり、香りも抜けやすくなります。

挽いた粒の大きさは、メッシュとも言います。大きく粗挽き、中挽き、細挽き、極細挽きの4段階があり、抽出器具に合わせて挽き分けます。

器具でメッシュを変えるのは、粒の大きさによって抽出時の成分の出方やろ過速度が異なるためです。たとえば、粒が細かいほど、中に含まれている苦味や酸味などの成分は外に溶け出しやすくなります。高圧で短時間に抽出するエスプレッソマシンには一般に極細挽きが用いられますが、あの濃厚な味わいは、極細のメッシュがひとつの要素となって生まれます。

また、粉が細かくなるほど、ろ過速度は遅くなります。ペーパードリップには中挽きあたりが一般的ですが、これに極細挽きを用いるとサーバーに流れ出るまでに時間がかかりすぎるため、鈍重な味のコーヒーになってしまいます。器具によって挽き具合を変えるのは、こうした理由があるからです。

14

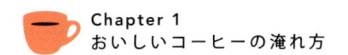

Chapter 1
おいしいコーヒーの淹れ方

メッシュと適した抽出器具

粗挽き

おもに適した器具
- フレンチプレス
- パーコレーター
- ペーパードリップ
- ネルドリップ

ザラメ糖ほどの大きさ。フレンチプレスやパーコレーターなど、お湯にコーヒー粉を浸漬させるような淹れ方に向く。また多めに粉を使って1人前だけを淹れるドリップコーヒーにもよい。

中挽き

おもに適した器具
- ペーパードリップ
- ネルドリップ
- コーヒーメーカー
- サイフォン
- フレンチプレス

ザラメ糖とグラニュー糖の中間ほど。多くのレギュラーコーヒーはこのタイプで、濃さや味のバランスをとりやすい。若干粒を大きくした中粗挽きはフレンチプレスにも適する。

細挽き

おもに適した器具
- マキネッタ
- ペーパードリップ
- サイフォン
- 水出しコーヒー

グラニュー糖ほどの大きさ。苦味が抽出されやすく、マキネッタで濃厚なコーヒーを淹れるのに適する。苦味は低温では溶解しにくくなるため、水出しコーヒーにも向く。中細挽きはサイフォンに。

極細挽き

おもに適した器具
- エスプレッソマシン
- イブリック

もっとも細かいパウダー状のメッシュ。酸味は少なく、苦味が際立って抽出される。おもにエスプレッソマシンに使用。機種によってはここまで挽けないミルもあるので、確認が必要。

粒の大きさが揃うように挽く

挽いた豆は、粒の大きさが均一になっているのが理想。バラつきがあると、成分の出方が揃わず、濃度、酸味、苦味がまだらになり、雑味のあるコーヒーになってしまいます。また、微粉という、とても細かな粉の発生にも気を配りたいところ。微粉の多い粉で淹れると味が重く、色も濁ってしまいます。ミルの歯が摩耗すると発生しやすくなるので注意しましょう。

豆を挽くと少なからず微粉が発生する。非常に細かいため、ろ過のじゃまになるうえ、えぐみや渋味の成分が溶け出しやすい。

コーヒーミルの種類

手廻しミル（コニカルカッター）

コニカルとは「円錐状の」の意。その名のとおり、円錐形の歯で豆を砕く。手廻しミルは、一般にこの方式がとられている。この歯を採用した電動式のものもある。

電動ミル（ブレードグラインダー）

リーズナブルで、家庭でよく使われている小型電動ミル。手入れもしやすい。プロペラが回転し、豆を粉砕。

電動ミル（フラットカッター）

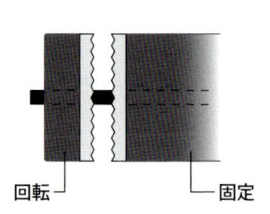

回転　　固定

平面状の歯で豆を粉砕する。この方式のミルは、家庭のほか、喫茶店などの業務用にも使われる。

豆選びの基本

ミルの種類はいろいろ 性能や値段で選ぼう

コーヒー用のミルには、さまざまな種類があり、家庭用としては手廻しミルか、プロペラ式ミルとも呼ばれる電動のブレードグラインダーが広く普及しています。

手廻しミルは、粉砕部がコニカルカッターと呼ばれる構造をしており、円錐形の歯で豆を砕きます。手動のため挽くのに時間はかかりますが、器具としての美しさがあり、コーヒーの香りを漂わせながらコリコリと挽く趣もよいところです。粉の大きさは、ネジで調整することができます。

コニカルカッターの電動ミルもあります。こちらはやや高価ですが、粉の大きさを精緻に無段階に調整できるので、粉の状態にとても敏感なエスプレッソ用のミルとしてよく使われています。コーヒーをより本格的に楽しみたいなら、こちらを使うのもよいでしょう。

ブレードグラインダーは、プロペラ状の金属が回転して豆を粉砕します。リーズナブルさとコンパクトさ、手入れのしやすさがメリットですが、粒の大きさを設定する機能がついておらず、挽く時間の長さでメッシュを調整することになるので、毎回均一に挽くのがむずかしい側面があります。ただ、コーヒーは煎りたて、挽きたて、淹れたてであれば、それだけでもおいしく楽しめるので、こちらを選ぶのもよいでしょう。

これらのほかにも、フラットカッターと呼ばれる粉砕部の構造をした電動ミルもあります。業務用ミルとしてはおそらくいちばん普及しており、家庭用もあります。たくさんのメーカーが製造していますが、製品によってその精度はまちまちで、粉の均一性にバラつきがあるものも見られます。購入の際は店の人に相談するなどしましょう。

16

Chapter 1
おいしいコーヒーの淹れ方

豆を上手に挽くためのコツ

ミルのクセを知って均一の粒に挽く

手廻しミルは、ハンドルを廻す速度が変わると粉の均一性も変化することがあるので、一定の速度で挽くのがコツ。プロペラ式の小型電動ミルの場合は、粒度の調整機能がないので、挽く時間の長さで調整する。粉のサイズと時間の感覚は、慣れて覚えよう。プロペラの外側と中心部で粒の大きさがバラけやすいので、途中で数回振るとよい。

手廻しミル
本体をしっかり押さえて安定させる。廻す速度を一定にすると粒の大きさが揃いやすい。

Advice
味を損ねる微粉を取り除く

えぐみの原因となる微粉は、挽いた粉を茶こしでふるうとある程度取り除くことができる。また、微粉は軽いため、挽いた粉を揺すると表面に浮いてくる。粉を揺すって表面に浮かせたら、口で吹いて飛ばすのも一手。

電動ミル（ブレードグラインダー）
粉の大きさは挽き時間で調整。途中、軽く上下に振りながら粉砕すると、挽きムラが少なくなる。

マメな手入れが次の味につながる

豆を挽いたあとは、ミルの手入れも欠かさずに。粉が残っているとそれが酸化し、新たに豆を挽いたときに混ざってコーヒーの風味を損なう原因になる。ひどい場合には、固着して歯が動かなくなってしまうこともある。ほかのにおいがつかないよう、コーヒー豆以外は挽かないこと。

電動ミル　　**手廻しミル**
電動ミルは付属のブラシやハケ、乾いた布などで、歯の周辺についた微粉やカスをよく落とす。手廻しミルは、軽くトントンとテーブルなどに叩くとよい。

豆の鮮度と保存

最後の一杯まで香りと風味を楽しむために

豆選びの基本

鮮度の目安となる二酸化炭素に注目

コーヒー豆は鮮度が命と言われます。実際、焙煎したコーヒー豆は空気中の酸素や水分にふれることで酸化し、刻一刻と劣化が進んでいきます。

劣化の要因としてよくあげられるのが、コーヒー豆の油脂分の酸化です。しかし、コーヒー豆に含まれる油脂は抗酸化成分を多く含んでいるため、実際には酸化の進行はとてもゆっくりです。従ってすぐには風味の変化につながらないのです。

では、もっともわかりやすい変化とは？ それは香りの変化です。コーヒー豆は焙煎すると、豆に含まれる炭素と空気中の酸素が化合して二酸化炭素を放出します。そのとき香りの成分もいっしょに奪われていきます。二酸化炭素の放出は時間とともに減っていき、やがて香りも乏しくなるうえ、残っ

た香り成分は変質していきます。結果として、香り高いコーヒーとは感じられなくなるのです。

二酸化炭素の発生は、焙煎したコーヒー豆に特有の現象で、鮮度を見分けるひとつの目安となります。焙煎したての豆を袋詰めにすると袋がパンパンにふくらんだり、抽出時に粉にお湯を注ぐとぷくぷくとふくらんだりするのは、豆の中に二酸化炭素が多く含まれているためで、鮮度のよい証しと言えるのです。

豆のままで保存して良好な状態を保つ

コーヒー豆は粉に挽くときに、最大で70％もの二酸化炭素と香りが失われます。二酸化炭素はコーヒーを空気中の劣化要因から守る役割を果たしているため、粉よりも豆のままのほうが劣化速度は遅くなります。購入した豆を香り高い状態で長く保つには、"豆のまま"で保存するのが第一条件です。

Advice

鮮度はよくてもこんなケースも

抽出時によくふくらむコーヒー粉は新鮮だが、この目安は絶対ではない。鮮度はよくても、お湯の温度が低かったり、コーヒー粉が冷えていたりする場合は、ふくらみがわるくなる。ふくらみがわるいとおいしく抽出できないので、これらの温度にも気を配りたい。また、鮮度がわるくなると豆の表面に油脂が浮いてくることがあるが、焙煎度の深い豆は新鮮でも油脂が浮くことも覚えておきたい。

Chapter 1
おいしいコーヒーの淹れ方

コーヒー豆の保存方法

ラップなどを使って
容器内の空気を減らす工夫も大切

焙煎されたコーヒー豆は、空気にふれないようキャニスターなどの密封性の高い容器に入れて、紫外線（蛍光灯も含む）のあたらない冷涼な場所で保存するのが基本。容器の中に空間ができてきたら、余分な空気が入らないようラップやビニール袋などを丸めて詰めておくとよい。また、劣化の原因となる酸素を取り除くには、脱酸素剤を入れておくのも有効。ただし、ものによっては二酸化炭素を吸収するものもあり、その場合は抽出時の粉のふくらみや香り立ちがわるくなることがあるので注意したい。

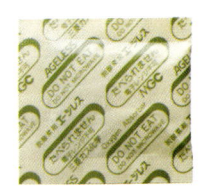

焙煎した豆は香りが抜けやすく、吸香性も高い。におい移りを防ぐためにも、ゴムや樹脂のパッキンがついたキャニスターに入れて保存する。

コーヒー用鮮度保持剤の名で売られている脱酸素剤もある。

冷凍保存した豆は
常温にもどしてから使う

常温で豆の品質が保てるのは焙煎から2週間ほどで、それ以上保存する場合はファスナーつきの食品用保存袋に入れて冷凍庫へ。冷凍保存した場合、豆が冷たいまま挽いたり抽出したりすると、通常より味や香りが薄くなってしまうことがあるので、完全に常温にもどしてから使用すること。また、出し入れする際、外気との温度差によって水滴がつき、豆がしけってしまうことがあるので、一度に使う分ずつ小分けにしておこう。

冷凍庫で保存する際は、ラップやビニール袋に小分けにし、ファスナーつきの食品用保存袋に入れること。1か月くらい風味を保てる。

Advice
豆は焙煎したてほどおいしい？

焙煎後の豆は鮮度がどんどん落ちていくが、では焙煎したてがいちばんおいしいかというとそうとも言えない。焙煎直後は二酸化炭素を大量に含んでいるため、抽出の際に大きな泡がじゃまをして味が安定せず、いつもと同じように淹れても薄めの味になることがある。おいしくなるのは、焙煎後少し間をおいて豆を落ち着かせてから。さまざまな意見はあるが、一般に3〜5日後あたりが飲みごろと言われる。

One point lesson ①

ワンポイントレッスン
①
水・砂糖・クリームの選び方

コーヒーのよきパートナーである水と砂糖、クリーム。
選び方の着眼点を知って、
コーヒーをいっそうおいしく楽しみましょう。

水に含まれるミネラル分で味わいも変わる

　コーヒーに合う水について考えたことはありますか？　こだわってミネラルウォーターで淹れるのもおもしろく、種類によって引き出される味わいに違いが出ます。水はミネラル分（カルシウムやマグネシウムなど）の含有量から、軟水と硬水に分けられます。軟水はクセがなくさらっとした味わいで、日本の水道水も軟水に分類されます（沖縄の一部などの地域は除く）。ミネラル分が少ないため、コーヒーの成分に影響を与えることがなく、コーヒー本来の味を楽しめます。

　これに対して、硬水は独特のクセを持ち、やや硬いのどごしが特徴です。ミネラル分が多く、コーヒーの成分と反応して苦味が強く出たりする傾向があるため、通常のレギュラーコーヒーに使われることは少ないですが、それでもミネラルに反応しにくい深煎り豆やエスプレッソコーヒーには適しています。

about water

コーヒーに適した水

pHによっても
味のバランスは変わってくる

　水のミネラル分のほかに、pHも味に影響します。pHとは酸性とアルカリ性の強さを表す指標で、pH7を下回るにつれ酸性が、pH7を上回るにつれアルカリ性が強くなります。アルカリ性の水にはコーヒーの酸味を弱める作用があるため、酸味が気になるコーヒーに使うとマイルドになります。ただし味のバランスがちょうどのものに用いると、ぼやけた印象になるので留意しましょう。

　ところでミネラルウォーターでなくても、日本の水道水は、清潔なうえ軟水でpH値も7程度であることから、コーヒーにとても合っています。塩素などの不純物やカルキ臭が気になる場合は、一度沸騰させることである程度軽減でき、活性炭入りの浄水器を通せばさらに改善できます。なお、再沸騰させたお湯で淹れるのは避けたいもの。沸騰をくり返すと、その度にお湯の中の二酸化炭素が減ってしまうためコーヒーの味を引き出せず、重い味になってしまいます。

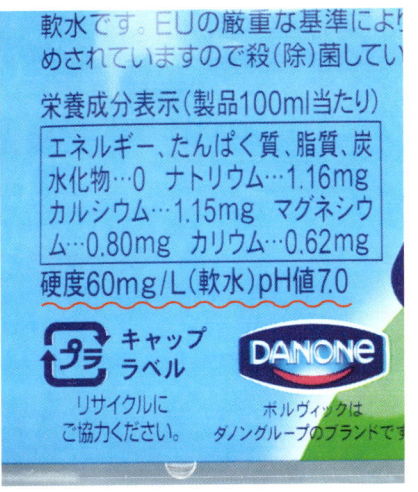

ミネラルウォーターのラベル。軟水、硬水の種別、pH値を購入の際の参考にするとよい。pH7を超えるとアルカリ性が強くなり、コーヒーの酸味を打ち消す力が増す。

水道水でも十分。ただし、水道管が古くなっている場合は鉄分が多く、コーヒーのタンニンと反応して味に悪影響が出ることも。

軟水と硬水の比較

	軟水	硬水
特徴	ミネラル分が少ない。さらっとして飲みやすい。	ミネラル分が豊富。クセがあり、硬いのどごし。
味への影響	コーヒー成分に影響を与えにくい。豆の個性が出やすい。	コーヒー成分が反応して、味が変わりやすい。

about sugar

砂糖との相性

バリエーション豊か
風味と溶け方の特徴を知ろう

　コーヒーに使う砂糖は、コーヒーの味をじゃましないものがいちばん。もっともよく使われているグラニュー糖は、粒子が細かいため溶けやすく、すっきりとした甘さなので、風味を損なうことはありません。角砂糖や結晶の粗い白ザラ糖は溶けにくいため甘さの調整がしにくいものの、飲んでいる途中の甘さの変化がおもしろいところです。

　一方、三温糖や中ザラ糖など、低純度でミネラルを多く含むタイプは、独特の風味があり、コーヒーの味との調和が楽しめます。カラメルを加えたコーヒーシュガーは、とくにコーヒーの苦味とマッチします。

　黒砂糖のようにコクのある砂糖はコーヒーには向かないと言われていますが、あえて個性を活かし、アレンジメニューに合わせてみるのもよいでしょう。メイプルシロップもコーヒーとの相性はわるくありません。

グラニュー糖
さらさらとして溶けやすく、角砂糖などよりも甘さの調整がしやすい。クセのないすっきりとした味なので、コーヒーの風味を損なわない。

角砂糖
グラニュー糖を固めたものが一般的。従来の1個6gのものから、低糖ブームの影響で3g程度のものも増えてきた。茶色い中ザラ糖タイプもあり、こちらは素朴な風味が特徴。

コーヒーシュガー
色はカラメルによるもので、コーヒーの苦味とカラメルの味の調和が楽しめる。ゆっくりと溶けていくので、飲んでいる間に甘さが変わっていくのもおもしろい。

三温糖
低純度で独特の風味がある。色はミネラルによるもの。和食の煮物に使われることが多いが、コーヒーにも合い、牛乳や卵などを使ったアレンジコーヒーに使われる。

白ザラ糖（左）、中ザラ糖（右）
白ザラ糖はクセがなく、結晶の大きさ以外グラニュー糖とほぼ同じ。ゆっくり溶けるので、甘さの変化を楽しみながら飲んだり、アレンジの一部としてカップの底にわざと溶け残るように入れることがある。中ザラ糖の色はミネラルによるもの。使い方は白ザラ糖と同様だが、風味がありコーヒーと合う。

about coffee cream

クリームについて

動物性と植物性で異なる味わい

コーヒーの苦味を和らげるクリームには、動物性と植物性のものがあります。乳脂肪を原料とした動物性のものはコクがあるので、コーヒーに入れるとまろやかで厚みのある味になります。一方、植物性脂肪から作られる植物性クリームはさっぱりとしているため、コーヒーにクリームのコクをあまり出したくないときなどに向いています。好みに応じて使い分けましょう。

動物性クリーム（生クリーム）
一般的に乳脂肪分20〜30％程度のものがコーヒー用として使われる。

植物性クリーム
乳脂肪の代わりに植物性油脂が使われたクリーム。ポーションタイプのクリームは植物性のものがほとんど。

粉末クリーム
植物性と動物性のものがある。保存性が高く、冷蔵する必要がないので扱いやすい。

シュガーシロップを作る

冷たくてもよく溶けることから、アイスコーヒーなどに使われるシュガーシロップは、家庭でも作ることができる。加熱して作るとにおいが出てコーヒーの香りをじゃますることがあるので、ここでは熱を加えずにミキサーで撹拌する方法を紹介。出来上がったシュガーシロップは、密閉容器に入れれば冷蔵庫で3週間ほど保存可能。

作り方
水320ccをミキサーに入れ、グラニュー糖500gを少しずつ加えながら3〜4分撹拌して溶かす。白濁している状態が透明になったら完成。

淹れ方を覚える

安定した味を再現できるようになろう

おいしいコーヒーを安定して淹れられるようになるためには、豆はもちろん、淹れ方のポイントを押さえることも大切。お湯の温度、抽出速度といった細かなことで味は変化します。なぜそのように淹れるとおいしくなるのか理由を理解すれば、上達はいっそう早まるでしょう。

How to brew good coffee

あなどれない名脇役
抽出の関連器具にも気を配りたい。使い勝手のよさや、精度のよさに優れたものを使えば、より安定して淹れやすくなる。

コーヒーの抽出は感覚ではなく化学の世界

同じ豆を使っているのに、淹れるたびに味の濃さや、苦味や酸味のバランスが変わってしまう。こんな経験を、誰もがきっとしたことがあるでしょう。おいしいコーヒーの抽出は、感覚ではなく、化学の世界。お湯の温度や注ぎ方、コーヒー粉の大きさなどといった細かいことが変わるだけで、味は千変万化します。味を左右する抽出時の諸要素を覚え、それらを上手にコントロールできるようになることが、コーヒーを一定した味に淹れるための秘訣、と言うことができます。

ここからは各抽出器具での淹れ方を紹介します。器具によって、コーヒーの味の傾向や淹れ方による味の安定性(味の調整の自由度)、手入れのしやすさなどは異なります。自分の好みやスタイルに合った抽出法で淹れてみましょう。

Chapter 1
おいしいコーヒーの淹れ方

なお、紹介している淹れ方のノウハウは、まず押さえておきたい基本的なものが中心です。一定した味に淹れられるようになったら、基本のノウハウをふまえながら、抽出時の諸要素を操作して、より満足のいく一杯を目指してみるのもよいでしょう。きっとコーヒーの奥深さに気づくはずです。

淹れ方の基本ポイント5か条

- ▶抽出時の諸条件が与える味の変化を知る
- ▶良質で、器具に合った細かさの粉を使う
- ▶器具の特徴と淹れ方の手順を覚える
- ▶分量や時間、温度をきちんと守る
- ▶淹れたてを楽しむ

淹れ方と味の関係

味に影響する抽出時の5要素を知る

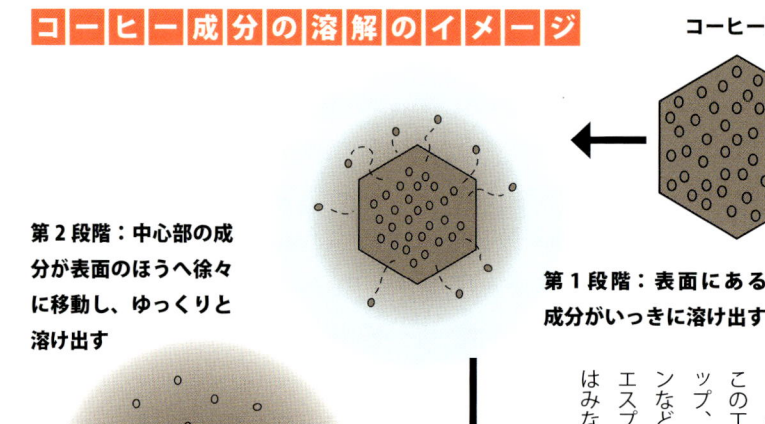

コーヒー成分の溶解のイメージ

コーヒー粉

成分

第1段階：表面にある成分がいっきに溶け出す

第2段階：中心部の成分が表面のほうへ徐々に移動し、ゆっくりと溶け出す

抽出はコーヒーの成分を取り出す作業

挽いた粉にお湯を注ぐと、コーヒーの成分がお湯に溶け出します。この工程を抽出といいます。ドリップ、フレンチプレス、サイフォンなど方法はいろいろありますが、エスプレッソを除くと抽出の原理はみな同じです。では、コーヒーの成分はどのようにして溶け出すのでしょうか？　その仕組みを知っておくと、とくにドリップなどの調整の幅が広い淹れ方は、お湯を注いでいる際の抽出液の状態をイメージしやすくなります。

コーヒー粉にお湯を注ぐと、まず粉の表面にある成分がお湯に溶け出します。このとき成分が溶け出す速さは一定ではなく、粉の表面とお湯に含まれる成分の濃度の差が大きい最初のうちは、速く溶け出します。粉の表面の濃度が薄くなってくると、今度は粉の中心部から表面へと成分が徐々に移動してきます。そして、粉とお湯に含まれる成分の濃度の差が小さくなっていることもあり、ゆっくりとお湯に溶け出していきます。

以上のような性質をふまえ、コーヒー豆の成分の中でも良質な成分だけを引き出し、嫌味な成分を抑えながら味を作っていくのが、抽出の妙技なのです。

Chapter 1
おいしいコーヒーの淹れ方

各要素が味に与える影響

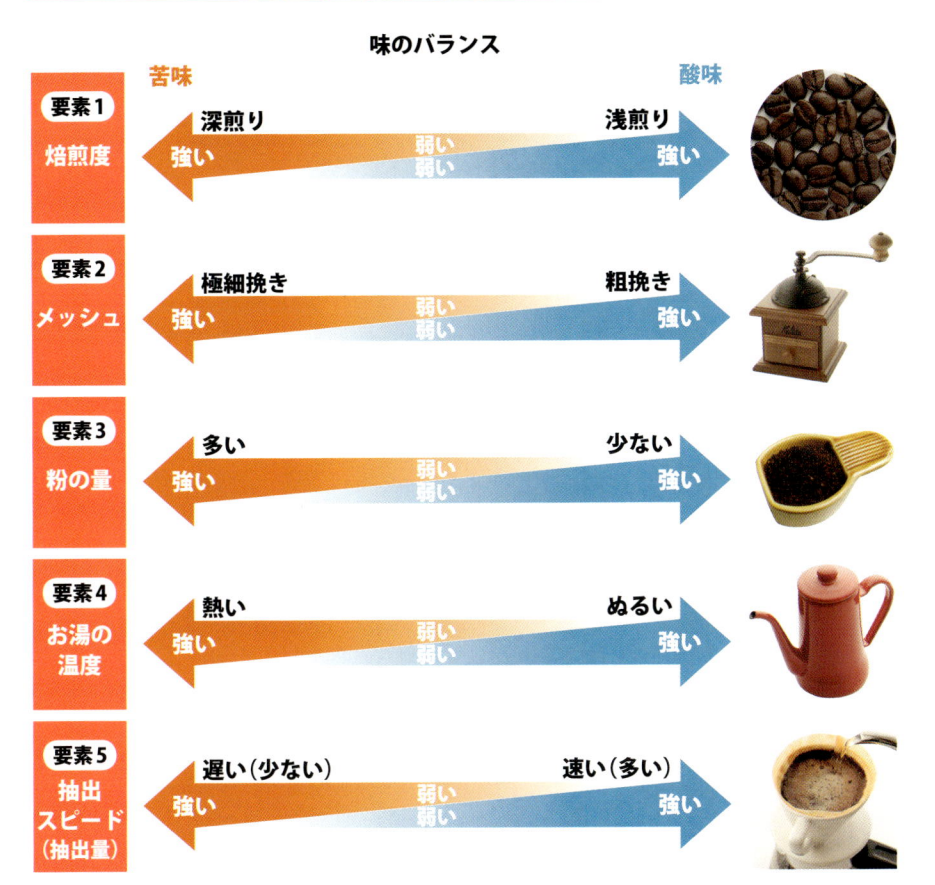

味のバランス

苦味 ← → 酸味

- **要素1 焙煎度**: 深煎り（強い）← → 浅煎り（強い）
- **要素2 メッシュ**: 極細挽き（強い）← → 粗挽き（強い）
- **要素3 粉の量**: 多い（強い）← → 少ない（強い）
- **要素4 お湯の温度**: 熱い（強い）← → ぬるい（強い）
- **要素5 抽出スピード（抽出量）**: 遅い（少ない）（強い）← → 速い（多い）（強い）

メッシュが細かいほど苦味が強くなるのは、体積が小さい分、あしの遅い苦味成分でも、お湯に出やすくなるため。下文で説明しているそのほかの要素の理由も知り、これらを上手に掛け合わせられるようになれば、味の微調整もしやすくなる。

酸味と苦味のバランスなぜ変化するの？

成分の溶解過程と併せて、味を形作る酸味成分と苦味成分の性質についても押さえておきたいところ。焙煎度による酸味と苦味の強弱は先述しましたが、粉の量やお湯の温度、抽出スピードなどによっても、淹れたコーヒーの酸味と苦味のバランスは変わってきます。

コーヒー粉にお湯を注ぐと、酸味成分が早くに溶け出し、苦味成分はゆっくり出てきます。そのため、抽出を速くするほど酸味が強くなり、抽出に時間をかけるほど溶け出す苦味成分の量が増えて苦味の強い味になるのです。また、酸味成分は低温でもよく出ますが、苦味成分は高温でないと溶け出しにくいという特徴もあります。淹れる器具によっても違ってきますが、通常湯温が90℃以上では苦味が強く、75℃以下では酸味が強まる傾向があります。

淹れ方による味の変化例

各要素の組み合わせによる味の変化を、ペーパードリップを例に見てみよう。
自分の好みを知るうえでも、実際に試して体感してみるとよい。

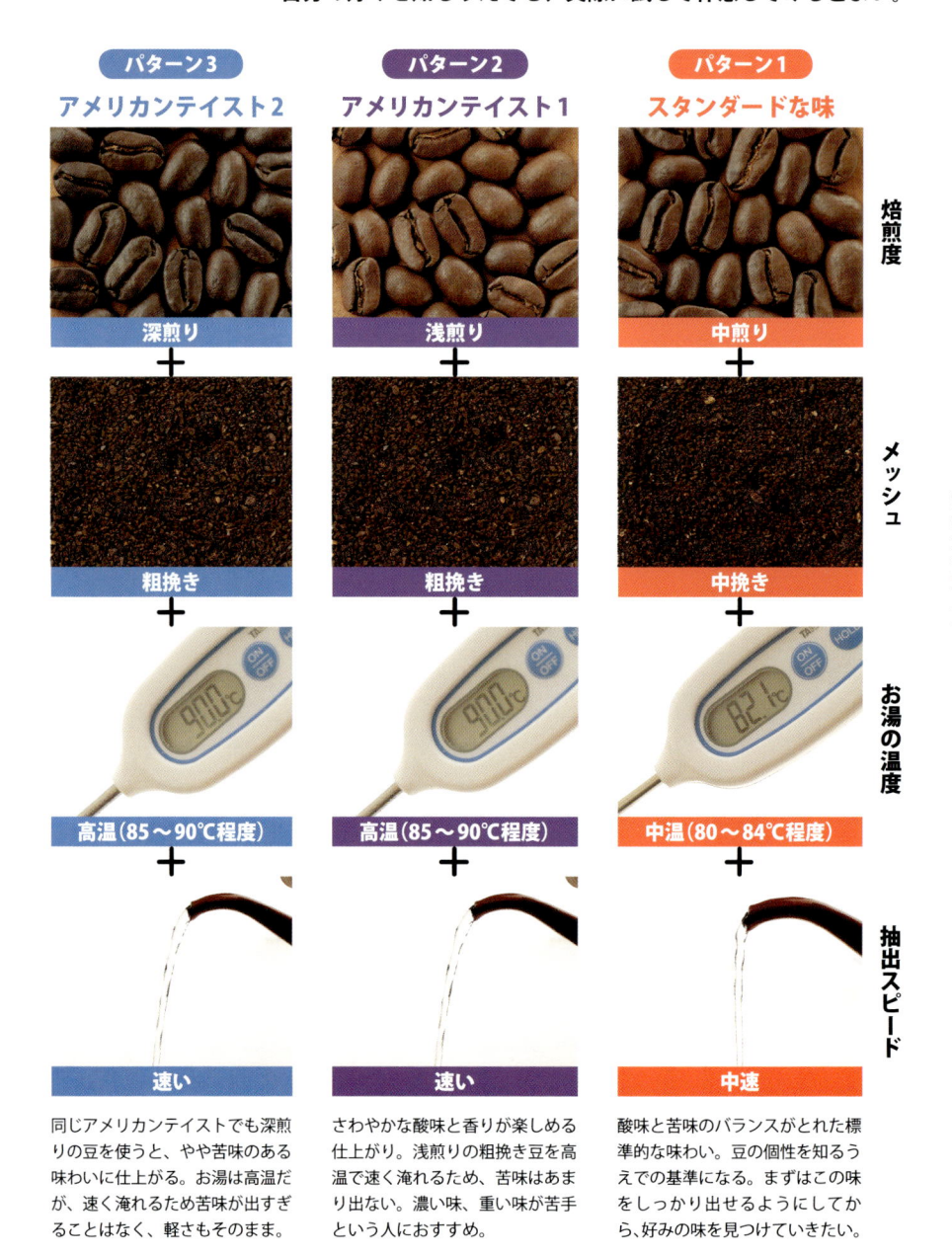

パターン3	パターン2	パターン1	
アメリカンテイスト2	アメリカンテイスト1	スタンダードな味	
深煎り	浅煎り	中煎り	焙煎度
＋	＋	＋	
粗挽き	粗挽き	中挽き	メッシュ
＋	＋	＋	
高温（85〜90℃程度）	高温（85〜90℃程度）	中温（80〜84℃程度）	お湯の温度
＋	＋	＋	
速い	速い	中速	抽出スピード
同じアメリカンテイストでも深煎りの豆を使うと、やや苦味のある味わいに仕上がる。お湯は高温だが、速く淹れるため苦味が出すぎることはなく、軽さもそのまま。	さわやかな酸味と香りが楽しめる仕上がり。浅煎りの粗挽き豆を高温で速く淹れるため、苦味はあまり出ない。濃い味、重い味が苦手という人におすすめ。	酸味と苦味のバランスがとれた標準的な味わい。豆の個性を知るうえでの基準になる。まずはこの味をしっかり出せるようにしてから、好みの味を見つけていきたい。	

▼▼▼ 淹れ方を覚える ▲▲▲

Chapter 1
おいしいコーヒーの淹れ方

Advice

わずかな違いで味が変化
淹れるときの粉の温度にも
気をつけて

数度の違いが味に影響を及ぼすので、お湯の温度は温度計でしっかりと計りたいもの。とくにペーパードリップやネルドリップなど、お湯の温度を自分で調整できる淹れ方では、きちんと気を配りたい。温度計は製品によって精度は異なるので、できるだけ正確なものを選ぼう。また、単にお湯の温度といっても、重要なのは注いで粉に接しているときの温度。お湯が適正の温度でも、粉やドリッパーが冷えていたりすると味にブレが出てしまうことがある。味が安定しないときは、お湯のほかに、粉やドリッパーの温度にも注意してみよう。

デジタル温度表示や、ガラス棒状のものなどがある。多少値がはっても、精度の高い温度計を選びたい。

※ペーパードリップ(カリタ式)を用い、コーヒー粉18gで2人分という条件のもとで抽出した場合。

パターン5
深いコク+やわらかな苦味と甘味

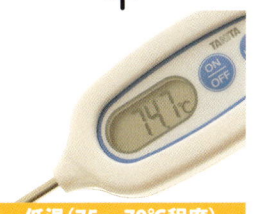

深煎り
＋
細挽き
＋
低温(75〜79℃程度)
＋
遅い

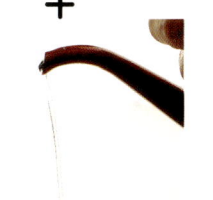

深煎り豆を低温でゆっくり抽出することで、苦味に加えて深いコクと甘味のある味わいになる。粗挽き→高温→高速に変えると、甘味はなくなり苦味が増す。

パターン4
ヨーロピアンスタイル

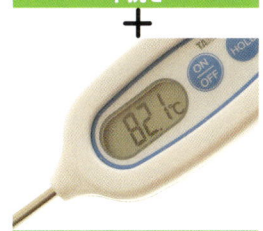

深煎り
＋
中挽き
＋
中温(80〜84℃程度)
＋
中速

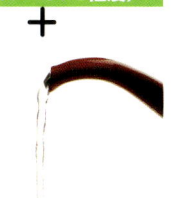

ヨーロッパのカフェなどで好まれている、苦味が強くて厚みのある味わい。淹れ方は標準的で酸味はほとんどなく、深煎り豆の個性がほどよく出ている。

ペーパードリップ 器具編

自由度が高く淹れ方しだいで味の調整がしやすい

簡便な道具立てでエントリーしやすい

おそらく日本の家庭で、もっとも普及している抽出方法であろうペーパードリップ。スーパーマーケットといった身近な店でも器具を販売しているところがあり、抽出後はペーパーフィルターごとコーヒー粉を捨てられるため、あと片づけが楽なのもよいところです。また、ペーパードリップで淹れたコーヒーは、フィルターで油脂分が適度に遮断されるため、透明感のある味わい。近年、アメリカのカフェでもこの抽出方法を取り入れるところが、あらためて増えてきています。

ひと口にドリッパーと言ってもさまざまなものがあり、主要なものとしては、台形型のメリタ式とカリタ式、円錐型のコーノ式とハリオ式が有名です。ドリッパーの種類によって淹れたコーヒーの味分を抽出しやすくする作業)が平均的に行えるとも言われます。

なお、ドリッパーの内側にはリブと呼ばれる溝がついています。これによりフィルターによじれができて抽出液がしみ出し、溝をつたって抽出液がサーバーに落ちていきます。また、ドリッパーとフィルターの間に空気の抜け道ができるため、蒸らし(コーヒーの成どは異なるので、自分の好みに合わせて選ぶようにしましょう。

使う道具

ドリッパー
形状から大別すると、台形型と円錐型のものがある。方式により特徴は異なる。

ペーパーフィルター
ドリッパーの形状とサイズに合ったものを選ぶ。

サーバー
ドリッパーのサイズとバランスのとれたものを。目盛りで抽出量を把握しながら淹れる。

コーヒーポット
ドリップ用の細口タイプを使用。

メジャースプーン

▼▼▼ 淹れ方を覚える ▲▲▲

取材協力/カフェ・バッハ(DATAはP268)、ハリオグラス株式会社(P270)、珈琲サイフォン株式会社(P269)

Chapter 1 おいしいコーヒーの淹れ方

ドリッパーの種類と特徴

安定性のあるメリタ式と味を調整しやすいカリタ式

台形型のおもなドリッパーには、底が1つ穴のメリタ式と3つ穴のカリタ式がある。前者は穴が1つなのでろ過速度が遅く、お湯を注ぐとドリッパーに滞留する。そのため、お湯の注ぎ方によって味にブレが出にくく、安定して淹れやすい。後者はある程度お湯が滞留するが、前者にくらべてお湯の抜けが早いため、注ぎ方などによって味の調整がしやすい。

台形型

メリタ式
ペーパードリップのドリッパーのなかで、もっとも歴史が古い。お湯が滞留するため、味がしっかりとしたコーヒーに仕上がりやすい。

カリタ式
1つ穴よりもお湯の抜けが早いため、軽やかなコーヒーを作りやすい。メッシュや焙煎度、注ぐ速度を変えれば、厚みのある味も。

メリタ式での抽出シーン。ドリッパーにお湯が溜まり、この湯溜まりの中で抽出が行われるため、注ぎ方による変化が出にくい。

円錐型

コーノ式
お湯が滞留しにくいため、注ぎ方などによる味の調整の幅がとても広い。ほかのドリッパーとは違い、お湯を点滴のように注いで旨味成分をしっかり抽出するのも特徴。

リブ

お湯を注ぐと、リブから上はペーパーがドリッパーに密着。アクの混入を防ぐため、えぐみのないクリアな味わいが楽しめる。

ペーパーでネルに近い味わいを再現

コーノ式もハリオ式も、ネルドリップのような味をペーパーで簡便に淹れられることをコンセプトとしており、円錐形のため台形型のものよりも粉の層を厚くとれるのが特徴。コーノ式はリブが下のほうに短くついており、お湯を注ぐとリブから上はフィルターがはりついてドリッパーとの隙間がなくなるため、お湯が横もれすることがないうえ、コーヒー粉から出る泡が含むアクの混入を防げる。ハリオ式はリブを長くしドリッパーとフィルターとの間に空気抜けを作ることで、蒸らしの効果を最大限得られるように工夫している。

ハリオ式
正式には「V60透過ドリッパー」という。ドリッパーの穴からフィルターの先端が出るので、ドリッパーの制限を受けることなく、ネルドリップに近い抽出が可能。

ペーパーフィルターについて

台形フィルターの折り方

①側面の折しろを折る。
②側面と互い違いになるように、底の折しろを折る。
③フィルターの内側に指を入れ、もう片方の手で底の両角をつぶす。

円錐フィルターの折り方

①側面の折しろを折る。
②開口部を開いて、折り目のついた部分を指で押さえてのばす。
③先端のはみ出した折しろを折る。

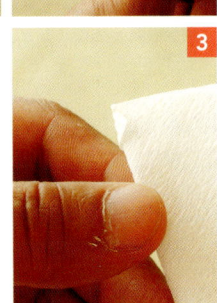

においがつかないように保管にも配慮

ペーパーフィルターはドリッパーの形状やサイズに合ったものを。製品によってはにおいを発するものがあるので、コーヒーの風味に違和感があるようなら、お湯をかけて確認してみるとよい。また、ペーパーフィルターはにおいを吸着しやすいので、保管の際は密閉できる容器に入れるのがベター。なお、ドリッパーのメーカーでは、専用のフィルターを販売している。ペーパーフィルターは製品によって保水力なども異なるので、専用のものを使ったほうがそのドリッパーの性能を損ねにくい。

フィルターによってはにおいを放つものも。コーヒーの風味に違和感があるようなら、フィルターにお湯をかけてみて確認。

ペーパーフィルターはまとめて折っておくと、淹れたいときにすぐに使えて便利。においがつかないように、キャニスターなどの密閉できる容器で保管。

淹れ方を覚える

Chapter 1
おいしいコーヒーの淹れ方

コーヒーポットについて

お湯の太さを調整しやすいものを選ぼう

何となく選んでしまいがちなコーヒーポットだが、ドリップタイプの淹れ方では、これも大切な要素。お湯を注いだところから抽出が進むため、注ぐ位置や量を上手にコントロールできるかどうかが、成否のひとつのカギになる。お湯を細くも太くも注ぎやすいのは、注ぎ口の先が細く根元が太いもの。こだわらないのであれば、急須などを使うのもよいだろう。

太い / **細い**

注ぎ口の根元が太く、先が細いものがおすすめ。お湯の太さを自在に調整でき、狙った位置にも注ぎやすい。

ドリップポットは、お茶を淹れる急須でも代用可。

注ぎ方の安定性をアップさせるコツ

ポットに入れるお湯の量は、8分目くらいにすると安定して注ぎやすい。連続して淹れる場合、お湯の量が減ってきたら、そのつど8分目まで足すようにしよう。また、お湯を足して8分目を保つ方法のほかに、中のお湯の量が減ってきたら、握る位置を変えて注ぎやすさをキープするのもよい。脇をしっかりとしめると手元が安定し、狙ったところに注ぎやすくなる。

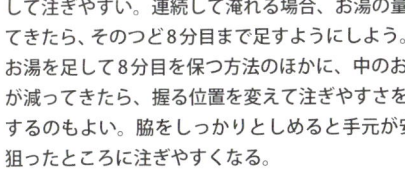

8分目まで入っているとき / **減ってきたら…**

お湯の入っている量に合わせて持つ位置を変え、注ぎやすさをキープ。お湯の量が減ってきたら、下のほうを持つようにするとよい。

片手だけでもかまわないが、下から重みを支えるようにしてあいた手を添えると、安定性が増し、負担も軽減する。両脇はしっかりとしめること。

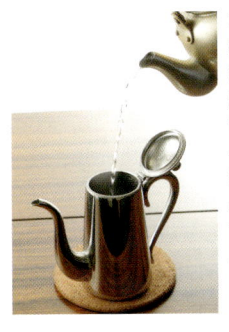

コーヒーポットを直接火にかけてお湯を沸かすのはNG。お湯の温度が高すぎ、苦味の立ったコーヒーになりやすい。お湯はやかんなどで沸かし、ポットに移して温度を落ち着かせること。

> ペーパードリップ
> 淹れ方編

ドリッパーで異なる淹れ方の要領を押さえる

それぞれの淹れ方のプロセス

カリタ式のプロセス

1回目の注湯。
細く全体的に注ぐ
↓
蒸らす
↓
2～3回目の注湯。
エキスを抽出する
ように細く注ぐ
↓
4回目以降の注湯。
エキスを薄める
ように速く注ぐ

メリタ式のプロセス

1回目の注湯。
細く全体的に注ぐ
↓
蒸らす
↓
2回目の注湯。
湯溜まりができる
ようにいっきに注ぐ

カリタ式はトータル3分程度を目安に抽出する。

カリタ式とメリタ式の淹れ方

カリタ式とメリタ式のどちらとも、はじめにサーバーの底をうっすらと抽出液が覆う程度にお湯を注いで粉を蒸らすが、以降のプロセスは異なる。カリタ式は蒸らしの注湯を含めて、計4回程度に分けてお湯を注ぐ。蒸らしのあとの2～3回目は細く注いでエキスを濃く抽出し、4回目からはそれを薄めて味の濃度をととのえるイメージで、目的の抽出量になるまで速く注ぐ。メリタ式は蒸らしのあと、ドリッパーの縁いっぱいまで湯溜りができるようにお湯を一度に注ぎ、抽出をする。

蒸らしのシーン。蒸らすとコーヒー粉にお湯が浸透しやすくなり、成分を抽出しやすくなると言われる。

▼▼▼▼ 淹れ方を覚える ▲▲▲▲

使用する基本のコーヒー粉

カリタ式

焙煎度とメッシュ	分量
中～深煎りの中挽き	1人前（抽出量120cc）⇒10g
	2人前（抽出量240cc）⇒18g

コーヒー粉の分量は3人前なら25g、4人前なら32gと7～8gずつ足していく。

メリタ式

焙煎度とメッシュ	分量
中～深煎りの細挽き	1人前（抽出量120cc）⇒10g
	2人前（抽出量240cc）⇒18g

コーヒー粉の分量は3人前なら25g、4人前なら32gと7～8gずつ足していく。

取材協力／カフェ・バッハ（DATAはP268）、ハリオグラス株式会社（P270）、珈琲サイフォン株式会社（P269）

Chapter 1 おいしいコーヒーの淹れ方

慣れないうちは粉を多めに使用

同じペーパードリップでも、メリタ式とカリタ式、コーノ式、ハリオ式では、淹れ方の要領は異なります。満足のいく一杯が淹れられるように、それぞれの手順をきちんと覚えましょう。またそれと併せて、お湯を注いでいる際に、成分の抽出のイメージをしっかりと持つことも大切。お湯の注ぎ始めと終わりのほうでは、コーヒーの成分の出方は異なります。詳しくはP26で紹介しているので、ぜひ参考にしてください。また、味の微調整をしたい場合にも、同ページを参照してください。

1人前を淹れる場合、慣れないうちは、お湯の注ぎ方などが安定しないため味が薄くなりがち。そのようなときは、基本よりも分量を20〜30％多くすると、明らかに味が安定してくるのでおすすめです。コーヒー粉は粗めにし、

コーノ式とハリオ式の淹れ方

コーノ式は淹れ始めに蒸らしの時間はとらず、代わりに中央のほぼ一点に点滴のようにお湯を垂らして粉に水分を浸透させる。目的の抽出量の1/3まで同様に注いだら若干速度を上げ、2/3まで達したら速く注いでいく。ハリオ式は、蒸らしまではカリタ式やメリタ式と同様。蒸らしのあとは、粉のふくらみを見ながら、お湯の速度を少しずつ上げて目的の抽出量に達するまで断続的に注いでいく。

コーノ式のプロセス
サーバーの底を抽出液が覆うくらいまで、ほぼ1点に点滴のように注湯する
↓
範囲を少し広げ、湯量をやや増やして細く注ぐ
↓
抽出量が1/3に達したら、さらに湯量を多くし、注ぐ範囲を広げる
↓
抽出量が2/3に達したら、ドリッパー上部までお湯が溜まるよう太く注ぐ

ハリオ式のプロセス
1回目の注湯。細く全体的に注ぐ
↓
蒸らす
↓
目標の量に達するまでお湯を徐々に速くしながら断続的に注ぐ

コーノ式はトータル4分程度、ハリオ式はトータル3分程度を目安に抽出する。

コーノ式のドリッパーの様子。淹れ始めに中央のほぼ一か所にお湯を垂らしていくため、ほかのドリッパーとは違い、フィルターが下のほうから徐々に湿ってくるのも特徴。このような状態になれば、お湯が適正に注げている証拠。

使用する基本のコーヒー粉

コーノ式

焙煎度とメッシュ	分量
中煎りの中挽き	2人前(抽出量240cc)⇒24g

2人前からの抽出を推奨。4人前を淹れる場合は、粉は中粗挽きにして48g使用。

ハリオ式

焙煎度とメッシュ	分量
中煎りの中細〜中挽き	1人前(抽出量120cc)⇒12g
	2人前(抽出量240cc)⇒24g

コーヒー粉の分量は、杯数×8〜12gが目安。

（2人前の抽出の様子）
カリタ式の淹れ方

2

1

サーバーの様子　ポットの様子　　サーバーの様子　ポットの様子

STOP　　　　　　　　　　　　　STOP

淹れ方を覚える

平らにする
ドリッパーの側面を手のひらで軽く叩いて、粉の表面を平らにならす。

コーヒー粉を入れる
ドリッパーにペーパーフィルターをセットし、コーヒー粉を入れる。

平らにすると均一に蒸らしができ、抽出の際もお湯がまんべんなく行き渡る。

フィルターをセットしたあと、お湯でぬらすケースも見られるが、ドリッパーとフィルターの間に空気抜けがなくなり、蒸らしの際に粉がきれいにふくらまなくなるのでNG。

Chapter 1
おいしいコーヒーの淹れ方

カリタ式の淹れ方

蒸らす
粉の表面がドーム状にふくらんでくる。そのまま20〜30秒ほどおいて、粉を蒸らす。

1回目のお湯を注ぐ
サーバーに抽出液が落ち始めるくらいを目安に、中心から「の」の字を書くようにして全体にお湯を細く注ぐ。

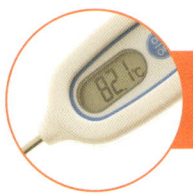

お湯の温度は80〜84℃が適正。また、蒸らしの際に粉がドーム状にふくらまなかったり、お湯がサイドから逃げたりするので、粉とフィルターの境にはかけないこと。

カリタ式の淹れ方 （続き）

淹れ方を覚える

6

5 粉とフィルターの境には最後までお湯をかけないこと

| サーバーの様子 | ポットの様子 | サーバーの様子 | ポットの様子 |

ここでの目的の抽出量はカップ2杯分

3回目のお湯を注ぐ
抽出液がサーバーに流れ落ち、粉の表面が少しへこんだら、「の」の字を書くようにして3回目のお湯を全体に注ぐ。表面が水平よりも少し盛り上がる状態をキープするように、やや太くして注ぐ。

ここまででコーヒーのエキス分を抽出。この時点での抽出量は、目標の約半量が目安。

2回目のお湯を注ぐ
中心から「の」の字を書くようにして、2回目のお湯を粉が十分にふくらむまで全体に細く注ぐ。

2回目の注湯が終わった時点で、目的の量の1/3まで抽出。

Chapter 1
おいしいコーヒーの淹れ方

カリタ式の淹れ方

ドリッパーをはずす
目的の抽出量に達したら、ドリッパーの中にお湯が残っていてもすぐにはずす。トータル約3分を目安に抽出を終える。

お湯が残った状態ですぐにはずすのは、えぐみなどが混ざるのを防ぐため。抽出後、粉の表面がすり鉢状になっていたら上手に淹れられた証し。

濃度を調整する
6と同様に粉の表面が少しへこんだら、「の」の字を書くようにしてお湯を注ぐ。ここからはお湯をさらに太くし、エキスを薄めていくイメージで、目的の抽出量に達するまで適宜数回に分けて注ぐ。

（1人前の抽出の様子）
メリタ式の淹れ方

2

1

サーバーの様子 | ポットの様子

STOP

サーバーの様子 | ポットの様子

淹れ方を覚える ▲▲▲

蒸らす
粉の表面がドーム状にふくらんでくる。そのまま20〜30秒ほどおいて、粉を蒸らす。

蒸らしのお湯を注ぐ
カリタ式の**1**〜**3**と同様にしてドリッパーにフィルターをセットしてコーヒー粉を入れ、サーバーに抽出液が落ち始めるくらいを目安に、中心から「の」の字を書くようにして全体にお湯を細く注ぐ。コーヒー粉とフィルターの境にはかけないこと。

> カリタ式と同様に、お湯の温度は80〜84℃が適正。

40

Chapter 1
おいしいコーヒーの淹れ方

メリタ式の淹れ方

3
お湯を注ぐ
お湯を **1** よりも太くして「の」の字を書くようにして全体に注ぎ、粉を十分にふくらませる。

ここでの目的の抽出量は1杯分

サーバーの様子 / ポットの様子

ここからお湯を注ぎ続けて、目的の量まで一度に抽出する。

4
お湯を速く注ぐ
粉が十分にふくらんだら、湯溜まりができるようにお湯をさらに太くし、「の」の字を書くようにして注ぐ。目的の抽出量まで達したら、ドリッパーの中にお湯が残っていてもすぐにはずす。

サーバーの様子 / ポットの様子

ドリッパーをすぐにはずすのは、えぐみなどが混ざるのを防ぐため。なおカリタ式とは異なり、メリタ式は湯溜まりができ粉の周縁部まで浸かるため、抽出後の表面は大きくくぼむ。

（2人前の抽出の様子）
コーノ式の淹れ方

▼▼▼ 淹れ方を覚える ▲▲▲

2 サーバーの様子 / ポットの様子

1 サーバーの様子 / ポットの様子

平らにする
ドリッパーの側面を手のひらで軽く叩いて、粉の表面を平らにならす。

コーヒー粉を入れる
ドリッパーにペーパーフィルターをセットし、コーヒー粉を入れる。

平らにすることで、お湯が均一に浸透しやすくなる。

フィルターをセットしたあと、お湯でぬらさないこと。抽出のバランスが悪くなる。

Chapter 1
おいしいコーヒーの淹れ方

コーノ式の淹れ方

4

3

サーバーの様子　ポットの様子

ここでの目的の抽出量は2杯分

サーバーの様子　ポットの様子

注ぐ範囲を広げる
抽出液がサーバーの底を覆うくらいまで溜まったら、お湯を垂らす範囲を500円玉くらいの大きさまで広げる。浮き出た泡が沈まないように加減しながら、お湯の量を少し増やして注いでいく。

抽出液がサーバーに落ちていくペースと、お湯を垂らすペースが同じくらいになるのが理想。

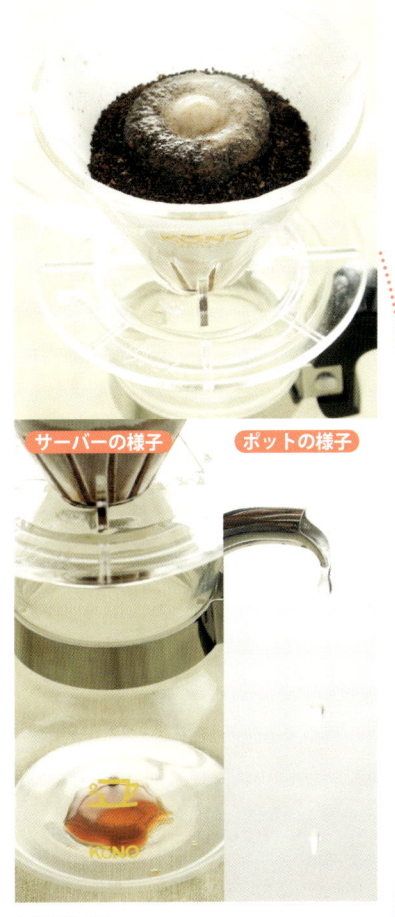

お湯を垂らす
中央のほぼ一点を狙い、抽出液の最初の1滴が30秒ほどでサーバーに落ちてくるように、お湯をポタポタと垂らす。

粉にじっくりとお湯をしみ渡らせて、コーヒーの成分を抽出しやすくする。お湯の温度は2人前なら90℃程度、4人前なら93℃程度が適正。

コーノ式の淹れ方 （続き）

6

サーバーの様子 **ポットの様子**

ひと回り外側に注ぐ
泡が白っぽくなってきたら、そのひと回り外側を狙っていく。お湯の速さや注ぎ方は**5**と同様。

> 泡が白っぽくなるのは、成分が出き ったため。注ぐ範囲を広げて、味が薄くならないようにする。

5

粉とフィルターの境には最後までお湯をかけないこと

サーバーの様子 **ポットの様子**

範囲をさらに広げる
抽出液が1/3に達したら、お湯をさらに少し速めて、浮いた泡が沈まないように加減しながら、**4**とほぼ同じ範囲に円を描くように断続的に注ぐ。

▼▼▼ 淹れ方を覚える ▲▲▲

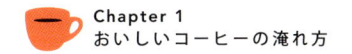

Chapter 1
おいしいコーヒーの淹れ方

コーノ式の淹れ方

7 泡を浮かせる
2/3まで抽出したら、お湯がドリッパー上部まで溜まるよう全体的にお湯を太く注ぎ、表面の泡を浮かせる。目標の抽出量になるまでこの状態を保つよう注ぎ続ける。

> 表面の泡（アク）をリブよりも上に押し上げることで、抽出液への混入を防ぐ。

8 ドリッパーをはずす
抽出量まで達したら、ドリッパーを上部までお湯が溜まっている状態ではずし、垂れてくるお湯を受けるためのほかの容器に移す。

> お湯が残っている状態ではずすのは、アクやえぐみの混入を防ぐため。トータル4分を目安に抽出を終了する。

（2人前の抽出の様子）
ハリオ式の淹れ方

淹れ方を覚える

1 コーヒー粉を入れる
サーバーにドリッパーをのせてフィルターをセットし、フィルター全体が湿るようにお湯を注ぐ。サーバーに落ちたお湯を捨てたら、ドリッパーに粉を入れて平らにならす。

> お湯でドリッパー、フィルター、サーバーを温める。ハリオ式はリブがらせん状に長くついており、空気の抜け道が確保できるため、ぬらしてもOK。

2 蒸らす
粉とフィルターの境には最後までお湯をかけないこと

サーバーに抽出液が落ち始めるくらいを目安に、中心から「の」の字を書くようにして粉とフィルターの境から2cmくらい内側までお湯を細く注ぐ。そのまま20〜30秒ほどおいて蒸らす。

> お湯の温度は83℃くらいが適正。

46

Chapter 1
おいしいコーヒーの淹れ方

ハリオ式の淹れ方

4

サーバーの様子 | ポットの様子

速く注ぐ
粉が十分にふくらんだら、粉の表面が水平よりも少し上になるようにお湯を太くし、フィルターとの境から2cmくらい内側まで「の」の字を書くようにして注ぐ。目的の量まで達したら、ドリッパーの中にお湯が残っていてもはずす。

> お湯が残っている状態で外すのは、アクやえぐみの混入を防ぐため。トータル3分を目安に抽出を終了する。

3

サーバーの様子 | ポットの様子

ここでの目的の抽出量は2杯分

お湯を細く注ぐ
「の」の字を書くようにして、粉が十分にふくらむまで中央あたりに断続的にお湯を細く注ぐ。

> ここからお湯を断続的に注いで、目的の量まで一度に抽出する。粉がよく膨張するはじめのうちは、細く注いでいく。

スペシャルティコーヒーの個性を活かす淹れ方

スペシャルティなら
また違った表情が楽しめる

スペシャルティコーヒー（P92）は、一般的な豆とは違って欠点豆の混入がないうえ、味や香りの総量が多いため、お湯の温度や粉の細かさなどを変えると、ベーシックな淹れ方のときとはまた違った表情が楽しめる。プロのカッパー（味をみる審査員）が、審査の際、コーヒー液の香味が温度の低下とともにどう変化していくか意識しているように、温度などのちょっとした違いで、隠れていた個性が現れたり、個性がより強調されたりする。スペシャルティクラスの豆の個性を、より際立てて飲むためのカリタ式での淹れ方を紹介する。

※抽出時の諸要素による味の変化の仕方はP26〜29で解説しているので、参考にしてください。

お湯の温度、注ぎ方、粉の大きさや量といった要素は、どれかひとつかふたつだけ、少し変える程度で試すこと。変える要素の数が多かったり、変更の度合いが大きかったりすると、味が崩れてしまうので注意。

酸味が特徴の豆と味の厚みが特徴の豆の場合

調整一例
酸味の質を楽しむ場合

メッシュ｜粗め　or　注ぎ方｜速め

粉をやや粗くするか、お湯をやや速く注ぐ。

重厚感を際立たせて淹れる

メッシュ｜細かめ　＋　湯温｜高め

粉をやや細かくして、少し湯温を上げる。

酸味に特徴があるスペシャルティコーヒーの場合、その良質な酸味を強調して味わうためには、お湯を注ぐ速度を少し速めたり、お湯の温度を若干低めにしたり、コーヒー粉を粗くしてみたりするとおもしろい。コクや濃度感は弱まるが、ひと口目が軽やかな飲み口になり、酸味の質が楽しめる。味の厚みに特徴がある豆の場合は、コーヒー粉を少し細かくしてお湯の温度を気持ち上げるか、コーヒー粉を粗めにして量を多く使うと、その重厚感が際立つ。

おもな対象銘柄

酸味系
ニカラグア ラ・コパ・デ・カサ・ブランカ、エルサルバドル シャングリラ農園、パナマ エスメラルダ・ゲイシャなど

ボディ系
エチオピア イルガチェフG2、インドネシア ナチュラルマンデリンなど

淹れ方を覚える

Chapter 1
おいしいコーヒーの淹れ方

果実味や甘さの特徴を持つ豆の場合

調整一例
なめらかな口あたりに淹れる

メッシュ ＋ 湯温 ＋ 注ぎ方
粗め　　　低め　　　ゆっくりめ

粗めの粉にして、低めの湯温でややゆっくり注ぐ。

おもな対象銘柄
コロンビア・マグダレナ、グアテマラ エル・インヘルト・パカマラ、エルサルバドル シャングリラ農園など

収穫の際の熟度がよく、果実のようなジューシーさや甘さが評価されるスペシャルティコーヒーは、なめらかでシルキーな口あたりになるように淹れて楽しみたいもの。そのような一杯に抽出するためには、コーヒー粉は粗めにし、お湯の温度を少し下げて、ゆっくりめにお湯を注いでいくとよい。お湯の温度が下がるため、フレーバーは弱まるが、抽出後に軽く温めると香りが立ってくる。

抽出後の温めは電子レンジでもOK。加熱しすぎると風味がとんでしまうので注意。

フレーバーに特徴のある豆の場合

調整一例
フレーバーを際立てる淹れ方

メッシュ＆粉の量 ＋ 注ぎ方
粗め＆多め　　　　速め

粉はやや粗くして通常よりも多めに用い、お湯を少し速く注ぐ。

おもな対象銘柄
パナマ エスメラルダ・ゲイシャ、イエメン アル・マッカなど

フレーバーに特徴のある豆は、お湯の温度を若干高くすると、淹れたてを口に含んだときに、その個性がいっそう強く感じられる。これでもし苦味がきつく感じられるようになったなら、コーヒー粉は粗めにして多めに使用し、お湯（温度は高めのまま）の注ぐ速度を少し速くして抽出するとバランスがとれるだろう。このようなフレーバーを強調する淹れ方をした場合は、冷める前に飲むようにしよう。

高めの温度のお湯で淹れると、フレーバーは引き立つ反面、香りがとびやすくもなる。抽出後は温かいうちに楽しむのがおすすめ。

アイスコーヒーを淹れる

粉の大きさや分量などを調整する

口の中が冷たくなると味覚は鈍くなるので、アイス用のコーヒーは苦味を強くして濃く淹れるのが基本。コーヒー粉は深煎りのものをたっぷりと使用し、お湯も高めの温度のものをゆっくりと注いで濃く抽出する。ここではカリタ式での淹れ方を紹介。深煎りの細挽きを使用して抽出し、氷の入ったグラスに注いで作る。なおハリオ式では出来上がりの濃さを通常の倍にして抽出（4人前の粉で、2人前を抽出）して作る。

コーヒー粉は、深煎りの細挽きを20g使用（2人前）。ホットのときよりも粉を多く用いるとともに、抽出量は200ccと少なくして濃く淹れる。

2
2回目の注湯。サーバーの底が抽出液でうっすらと覆われるまで、「の」の字を書くようにしてフィルターとの境近くまでお湯をごく細く注ぐ。

1
P36のカリタ式の**1**〜**2**と同様に手順を進める。中心から縁近くまで「の」の字を書くようにして、サーバーに抽出液が落ちるか落ちないか程度にお湯をごく細く注ぎ、20〜30秒蒸らす。湯温は高めの88〜90℃。

4
熱いうちに氷の入ったグラスに100ccずつ注いで完成。急冷することで香りがとばず、良好な風味が保てる。

3
粉の表面が軽くへこみ抽出液が落ちきる一歩手前で、3回目のお湯を注ぐ。抽出量が100ccに達するまで、「の」の字を書くようにしてごく細く注ぐ。以降はお湯を気持ち太くし、200ccに達するまで「の」の字を書くように注湯をくり返す。

淹れ方を覚える

Chapter 1
おいしいコーヒーの淹れ方

鮮度の落ちた豆で上手に淹れる

お湯の温度と注ぎ方がポイント

焙煎から1か月ほどたち、鮮度が落ちてしまった豆(保存の仕方によっては、1か月の経過はその限りではない)を、カリタ式で少しでもおいしく淹れるためのテクニック。基本的にはP36〜39で紹介している淹れ方と同様だが、新鮮なコーヒー豆にくらべて湿気を吸ってお湯を保持する力が弱いので、抽出の際はお湯をやさしく注ぐことがポイント。またお湯の温度も、低いといやな酸味が出てしまうため、高温で淹れることが大事。

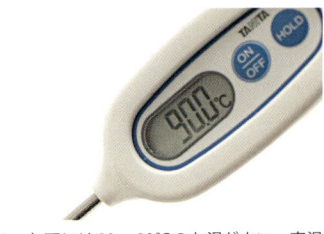

古くなった豆には88〜90℃のお湯がよい。高温のお湯を用いるのは、味が出やすくなるため。

3回目の注湯シーン

古くなっているため、泡の出方に力がない

3回目の注湯までは通常のカリタ式の淹れ方と同様だが、4回目からの注湯は、お湯にあまり勢いをつけず、若干速くするくらいでやさしく注いでいく。粉を踊らせると雑味が出る。

お湯の勢いの比較

新鮮な豆の場合

太い

古い豆の場合

細い

4回目以降の注湯の比較。写真上は新鮮な豆で淹れているときのもので、下は鮮度の落ちた豆で淹れているときのもの。鮮度の落ちた豆のときのほうが、お湯の勢いが弱いことがわかる。

ネルドリップ風味に抽出する

**粗挽きのコーヒー粉を使用し
温度が低めのお湯でじっくりと**

カリタ式ドリッパーでも、まろみのあるネルドリップのような味わいを淹れることが可能。中深煎りで粗挽きのコーヒー粉をたっぷりと使い、とがった苦味にならないようお湯の温度を低め（77℃程度）に調整して、1滴1滴お湯を垂らすように淹れていく。鮮度のよい中深煎りの粗挽き×低めの湯温の掛け合わせにより、重厚さがありながらもいやな苦味のない味に仕上げることができる。

コーヒー粉はふつうのときよりもたっぷりと使う。中深煎りの粗挽き20〜22g使用（2人前）。これで300ccを抽出する。

2
20〜30秒ほどそのままおいて蒸らす。1滴ずつお湯を垂らしていくため、ふつうに淹れたときにくらべて粉の表面はややでこぼこしている。

1
P36のカリタ式の**1**〜**2**と同様に進める。中心からフィルターとの境近くまで「の」の字を書くようにして、サーバーの底が抽出液でうっすらと覆われるまで、お湯をポタポタと垂らしていく。

3
目的の抽出量に達するまで、お湯を中心からフィルターの境近くまで「の」の字を書くようにしてポタポタと垂らしていく。ここからはサーバーに流れ落ちる抽出液のペースと、お湯を垂らすペースをいっしょにするのがポイント。

淹れ方を覚える

Chapter 1
おいしいコーヒーの淹れ方

薄めて使える！コーヒーエキス抽出法

時間がたっても味が変わりにくいのが特徴
抽出液をお湯で割って楽しむ

コーノ式ドリッパーを使った、ちょっと変わったコーヒーの楽しみ方。うま味成分が凝縮したエキスだけを抽出し、それをあとでお湯で割り、ちょうどよい濃さにして飲むという方法。コーヒーの抽出は、はじめにうま味の成分が出て、そのあと雑味となる成分が出てきやすくなるが、この方法はうま味成分の段階で抽出をストップ。エキスだけを抽出しているので、常温保存で1日おいても良好な風味が楽しめる。お菓子作りの隠し味にも使える。

コーヒー粉は、中～中深煎りの中挽きを36g使用。抽出量は120cc（3杯分）で、飲むときは90～95℃のお湯で3倍に希釈。1杯あたり、抽出液40ccに対して80ccのお湯で割る。

2
90℃程度のお湯を、くぼみにのせるように細く静かに注ぐ。このときの湯量は粉の量とほぼ同量で、サーバーには抽出液が落ちてこないのが目安。表面がふくらんだら、30秒ほどおく。

1
P42のコーノ式の**1**～**2**と同様に作業する。お湯が行き渡りやすくなるよう、中心にスプーンで直径3cmのくぼみを作る。

4
サーバーに抽出液が出てきたら、お湯を垂らす範囲を縁から1cmくらい内側まで広げる。サーバーに落ちる抽出液が細い線のようになったら、注ぐお湯のペースもそれに合わせ、120ccになるまで抽出する。

3
中心にポタポタとお湯を垂らす。泡が出てきたら、お湯の垂らす範囲を500円玉くらいの大きさまで広げる。

One point lesson ❷

Check
厚み
飲み口が薄いカップは口あたりがよく、澄んだ味に感じやすい。厚めのカップは口をすぼめて飲むため、口の中に空気が多く入り、味の感じる幅が増すとも。

Check
内側の色
内側の色が濃いものはコーヒーの色も濃く見えるため、実際より味を苦く感じてしまう場合がある。コーヒーの色を楽しむためには白色系などの薄い色がおすすめ。

ワンポイントレッスン
❷

コーヒーカップ

コーヒーカップにはさまざまな種類があり、
カップによって味わいが大きく変わります。
この機会にカップの知識も深めてみましょう。

コーヒーカップの形状で味や香りの感じ方は変わる

　カップの形状の違いは、コーヒーの味の感じ方に大きく影響を与えると言われています。その理由は、舌の味覚を感じる部分と大きく関係があるとされています。

　舌は先のほうで甘味、側面で酸味、奥の方で苦味を感じます。そのため飲み口が広がったカップだと、舌の側面にまでコーヒーが行き渡り、酸味をより感じやすくなります。また、マグカップのような真っすぐな形のものだとコーヒーがダイレクトにのどに向かうため、舌の奥のほうが刺激され苦味を感じやすくなります。つまり、コーヒーを口に含んだとき、舌の上でどう広がるかによって味の印象が違ってくるのです。

　カップの色も視覚的印象で味の感じ方に影響を与えるといわれます。これらをふまえ、豆に合わせてカップを使い分けられるようになると、よりおいしく楽しめることでしょう。

取材協力／UCCコーヒー博物館（DATAはP271）

about coffee cup

カップの種類とマナー

専用カップならよりおいしく

　カフェでエスプレッソやカフェ・オ・レなどを注文すると、それ専用の器で出されることがあります。理由は明快で、専用のカップがその飲み物をいちばんおいしく飲めるようになっているから。たとえば、カプチーノカップは泡（フォームドミルク）と液体が最後までバランスよく口の中に入ってきます。また、エスプレッソカップは飲みごろの温度で提供できるよう、厚みがあって冷めにくい作りになっています。カップにもこだわって、おいしさをより引き立てましょう。

カフェオレボウル
200〜250cc入る大きめのカップで、持ち手のないボウルのような形をしている。カフェ・オ・レにパンを浸して食べていたフランスの習慣から生まれたものと言われる。

エスプレッソカップ
エスプレッソ専用で容量60〜90ccほどの小さなカップ。厚みがあるため冷めにくく、おいしい温度で提供しやすい。

カプチーノカップ
カプチーノの醍醐味でもある泡と液体が、ちょうどよいバランスで口に入ってくる形状。最後までおいしく楽しめる。

マグカップ
大型のカップで取っ手のついた筒型のカップ。アメリカンコーヒーなど、たくさん飲める薄めの味わいのものに適している。約240ccのものが主流。

覚えておきたい
コーヒーのマナー

　コーヒーのマナーで気をつけたいのは、取っ手の向きとスプーンを置く位置。テーブルマナーでは右利きが前提のため、取っ手もスプーンの柄も基本は右向きに置きます。ただし、角砂糖といったやや溶けにくい砂糖を添える場合は、スプーンでかき混ぜる際に音をたてないよう左手でカップを固定するために、取っ手を左向きに置く場合もあるそうです。

　また、使い終わったスプーンはカップの後ろへ置くこと。最近では最初からスプーンをカップの後ろに置いてサーブする店も増えてきました。その理由はブラック派が増えたことや、ヘルシー志向で砂糖やミルクを使わない人が増えてきたからだと言われています。

　また、カップの底に手を添えて飲むのは避けたいもの。とくに欧米ではマナー違反になるので注意しましょう。

カップの取っ手とスプーンの柄は右向きに置くのがスタンダード。ただし、砂糖が溶けにくい角砂糖の場合、左手でカップを押さえるため、取っ手を左向きに置いてもかまわない。

ネルドリップ

じっくりとお湯を注いで角のない味わいに

使う道具

ネルドリッパー
とんがり帽子のような形のものや、U字形のものなどがある。取材協力の大坊珈琲店では、粉の層を厚くとれるU字形タイプを使用。

コーヒーサーバー
ここでは手でネルドリッパーを持って抽出するので、広口のものがおすすめ。

コーヒーポット
ドリップ用の細口タイプを使用。

メジャースプーン

▼▼▼ 淹れ方を覚える ▲▲▲

ネルという素材特性 豆のうま味が出やすい

コーヒー愛好家に根強いファンがいるネルドリップ。ペーパードリップと抽出原理は同じですが、ネルドリップで淹れたコーヒーは、舌の上にしっかりとのるような、まろやかで厚みのある味が出ると言われます。これはネルという素材に由来します。ペーパーフィルターにくらべて繊維が密ではないため、いろいろな成分が抽出されやすく、取材協力の大坊珈琲店では、淹

たとえばペーパードリップでは、油脂分はフィルターで遮られるほんど抽出液に混ざりませんが、ネルで淹れたコーヒーには含まれます。そして、上手に淹れられると、味にも色にもつややかさ（透明感）が出ると言われます。また、ペーパードリップよりもろ過速度が速いため、少量を淹れる場合は、淹れ方で味に差が出やすい点も奥深くおもしろいところです。

れ方の技術はもちろん、豆の焙煎度の見きわめも重視しています。コーヒー豆は焙煎が進むごとに、酸味や苦味のバランスが変化し、豆によってその最良の焙煎度は異なります。同店ではベストな焙煎で引き出した豆の個性を余すことなく表現できる淹れ方として、この抽出法を採用しています。
ネルドリップは、ネルの扱い方も重要。味に影響が出るので、コツをしっかりと押さえましょう。

取材協力／大坊珈琲店（DATAはP269）

56

Chapter 1
おいしいコーヒーの淹れ方

ネルの扱い方と淹れ方のプロセス

起毛のない側に粉を入れる
メンテナンスも味に影響

ネルには起毛している側とさらっとしている側がある。どちらを内側にするかは、さまざまな意見があるが、さらっとしたほうを内側にして使うと目詰まりを防ぎ、洗浄もしやすくてよい。使用後は洗剤を使わずに水洗いし、水けを絞ってから、水をはったタッパーなどに入れて冷蔵庫へ。天日干しは厳禁で、ネルにしみ込んだコーヒーの油脂分が酸化し、悪臭を放つことも。

起毛している側（写真左）とさらっとした側（写真右）の比較。目詰まりすると味が重くなるので、さらっとしたほうを内側にするのがおすすめ。

新品のネルは糊が付着しているので、必ず一度煮沸する。その際、コーヒー粉を鍋にいっしょに入れるとなじみがよくなる。なお、抽出速度や味に変化が現れたと感じられるようになったら、新品のネルに交換するとよい。

抽出後は水洗いし、水をはった容器に入れて冷蔵庫で保管する。淹れるときは軽く水洗いし、水けを絞ってから使用。

ネルらしいまろやかな
一杯を淹れる基本のコツ

1滴1滴垂らすようにお湯を注ぎ、蒸らしの時間などはとらずに目的の量までいっきに抽出するのが淹れ方の大まかな要領。ごくゆっくりとお湯を注ぐのは、ネルはろ過速度が速く、注ぐペースが速いと味が薄くなりやすいため。また、ネルドリップらしい深煎りによる甘味を引き出すためには、コーヒー豆は粗挽きにし、お湯も温度が低めのもの（80〜85℃）で淹れることもポイント。

ネルドリッパーを手に持ち、傾けて回しながらお湯を注いでいく。ネルのほうを動かすのは、注ぐお湯の量をごく細くキープしながら、粉全体にまんべんなく浸透させやすいため。

Advice
ドリッパーを置いて淹れる方法も

ネルドリップは、手でドリッパーを持って淹れるスタイルのほかに、やぐらと呼ばれる三脚や専用のサーバーにドリッパーをセットして淹れる方法もある。自分のやりやすい方法で試してみるとよい。

ネルドリップでの淹れ方

1 湯温を落ち着かせる
苦味を抑えて、煎りの深い豆ならではの甘味が引き出せるよう、お湯をやかんからコーヒーポットに移して、温度を80〜85℃に安定させる。

> よりおいしく楽しめるよう、サーバーとカップにもお湯を注いで温めておくとよい。どちらも水けをよく拭きとってから使用。

2 中央付近に注ぐ
1滴1滴垂らすように、中央付近の一点を狙ってお湯を注ぐ。

> 5までお湯の注ぐペースは一定。

3 浸透させる範囲を広げる
粉がぷくっと盛り上がってきたら、ネルを傾けて回しながら盛り上がりの範囲（お湯を浸透させる範囲）を広げるようにお湯を注ぐ。

> 傾けた上側を狙って注ぎ、浸透させる範囲を広げる。

4 縁近くまで広げる
盛り上がりの中から外れないように3と同様にしてお湯を注ぎ、縁近くまで浸透の範囲を広げる。

使用する基本のコーヒー粉

焙煎度とメッシュ	分量
中深煎りの粗挽き	1人前（抽出量100cc）⇒20g
	2人前（抽出量200cc）⇒40g

2人前を淹れる場合、味が濃いようなら粉の量を少し減らしてもよい。

淹れ方を覚える

Chapter 1
おいしいコーヒーの淹れ方

⑥ 若干ペースを速める
目的の抽出量の2/3まで達したら、滴が数珠つながりになる程度に注湯のペースを速め、全体的にムラなく注いでいく。

> 慣れないうちは味が薄くなりがちなので、**1〜5と同様のペースで注ぎ続けてもOK。**

⑤ まんべんなく注ぐ
縁近くまでお湯を浸透させると、抽出液がようやくサーバーに落ちてくる。なおも同様のペースを保ちながら、全体的にムラなくお湯を注いでいく。

> ネルに直接お湯がかかると、粉に伝わらずそのまま落ちてしまうので注意。

⑧ カップに注いで完成
目的量に達したら、ドリッパーをすぐにサーバーからはずす。抽出時間はトータルで約3分が目安。温めておいたカップにコーヒーを注いで完成。

⑦ 余分なお湯を溜めないように注ぐ
粉が盛り上がりすぎて余分なお湯を溜め込まないように気をつけながら、目的の抽出量に達するまで⑥と同様に注ぐ。

Advice
注ぎ口を細く改造

一滴一滴垂らすようにお湯を注ぎやすくするため、ネルドリップを得意とするカフェのなかには、コーヒーポットの注ぎ口を細く改造しているところも多い。細くする方法は、注ぎ口をハンマーなどで叩くだけ。本格的にネルドリップを楽しみたいなら、試してみるのもよいだろう。

> フレンチプレス

手軽で簡単 良質な豆で 真価を発揮

使う道具

フレンチプレス
軸つきの金属フィルター（プランジャー）をポットに挿入して使用。

メジャースプーン

タイマー
お湯を注いでから、粉を浸漬する時間を計る際に使う。

▼▼▼ 淹れ方を覚える ▲▲▲

スペシャルティコーヒーを活かす淹れ方として人気

　近年日本でも、コーヒーの淹れ方としてすっかり定着しているフレンチプレス。1930年代にイタリアで開発され、第二次世界大戦後、パリのカフェなどでよく使われるようになったことから、フレンチプレスの名前で親しまれています。コーヒープレス、プランジャーポットと呼ばれることもあります。日本ではこれまで紅茶を淹れる器具というイメージも強かったようですが、もともとはコーヒーのための器具です。
　ポットにコーヒー粉を入れてお湯を注ぎ、一定時間が過ぎたとこ

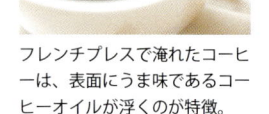

フレンチプレスで淹れたコーヒーは、表面にうま味であるコーヒーオイルが浮くのが特徴。

取材協力／丸山珈琲（DATAはP271）

60

Chapter 1 おいしいコーヒーの淹れ方

淹れ方と道具選びのポイント

豆の品質と湯温がカギ

フレンチプレスの最大のコツは、スペシャルティコーヒーのような高品質の豆を使い、高温のお湯で淹れること。フレンチプレスは粉をお湯に浸して待つというシンプルな抽出法のため、ペーパードリップなどにくらべて味のコントロールの自由度が低く、豆のよさもわるさもダイレクトに出やすい。つまり、高品質の豆でこそ活きる淹れ方といえる。高温のお湯を使うのは良質な豆の成分をしっかりと出すため。抽出時間は4分が目安。

豆の品質が味に直結する淹れ方なので、フレンチプレスではスペシャルティクラスの上質な豆を使うのが望ましい。

沸騰したてのお湯を使う。豆が良質なら、お湯の細かい温度は気にしなくてOK。

フレンチプレス選びの着目点

フレンチプレスの金属フィルターは製品によって目の細かさが異なる。目が細かすぎるものは目詰まりして、うま味成分であるコーヒーオイルが分離したときに粉のほうに留まりやすく、逆に目が粗すぎるものは抽出液に、粉が多く混入しやすい。目の細かさのバランスがよいものを選ぶようにしよう。

フィルターの目が細かすぎず粗すぎないものがよい。取材協力の丸山珈琲では、ボダム社製を使用。

プランジャーはプロペラのような円形の板と、金属フィルター、バネを重ねてネジ方式で留めた構造。使用後は中性洗剤を使い流水で洗うが、すき間にコーヒー粉がつまったり、金属がくすんできたりしたら分解して中性洗剤で洗う。

ろでフィルターを押し込んで抽出液と粉を分離するという手軽さも魅力のフレンチプレスですが、近年はスペシャルティコーヒー（P92）の登場により、いっそうの人気を集めています。その理由は、コーヒー粉が直接熱湯にふれている時間が長いので、豆に含まれる油脂分や風味などがダイレクトに出やすく、スペシャルティコーヒーの高さも魅力のひとつです。

ーのユニークなキャラクターを存分に引き出せるため。逆を言えば、品質の劣る豆では、わるさもそのまま出てしまうということでもあります。

粉の大きさと量、お湯の温度と量、お湯を注いでからおく時間の長さを決めておけば、いつも同じ味を作ることが可能。この再現性

61

フレンチプレスでの淹れ方

2 お湯を注ぐ
タイマーを4分にセットしてスタートさせたら、熱湯を容器の1/3の高さまで静かに注ぐ。

1 コーヒー粉を入れる
分量のコーヒー粉をポットの中に入れる。

メジャースプーンだけでなく、はかりできちんと重量を量れるとベスト。

4 再度お湯を注ぐ
さらに目的の抽出量（お湯は容量350mlのものでトータル330ml、500mlのもので480mlを使用）まで、粉を踊らせないようにお湯を静かに注ぐ。

3 蒸らす
30秒ほどそのままおいて、コーヒー粉をじっくりと蒸らす。

淹れ方を覚える

使用する基本のコーヒー粉

焙煎度とメッシュ	分量
浅～深煎りの中粗挽き	350mlのフレンチプレス⇒16g
	500mlのフレンチプレス⇒24g

焙煎度は浅～深煎りで、好みのものを使用。

Chapter 1
おいしいコーヒーの淹れ方

6 抽出を待つ
プランジャーを上げたまま、タイマーがゼロになるまでそのままおく。

> しっかり4分おくこと。早いと味が薄くなるので注意。

5 ふたをセットする
プランジャーを一番上まで引き上げて、ふたをセットする。

8 出来上がり
プランジャーを下げたまま、カップにコーヒーを注ぐ。

> 注ぎ口についているコーヒー粉が気になる場合は、はじめにほかの容器に少し注いで落とすとよい。

7 プランジャーを下げる
時間がきたら、プランジャーをゆっくりと押し下げる。

> サイフォン

上手な火力調整がおいしく淹れる最大の秘訣

注目度が再びアップ
演出効果も魅力的

サイフォンで作るコーヒーは、アルコールランプで加熱しながら抽出するので、出来上がりの温度の高さが特徴。そのため、コーヒーの香りが強く感じられ、クリアな味と香りが楽しめます。アルコールランプで熱せられたサイフォンはお湯の量や抽出時のお湯が、フラスコ内の気体の膨張によってロートに押し上げられコーヒー粉と混ざり、抽出が行われます。そして火を止めると、膨張していた水蒸気が収縮し、コーヒーがフラスコに引き込まれます。この理科の実験のような、演出効果の高さも魅力でしょう。

ガラス製で扱いに気をつけなければいけないため、一時は人気が落ち着きましたが、近年は日本だけでなく、アメリカなどでも再び注目を集めています。

使う道具

サイフォン
理科の実験器具のような独特のデザインも人気の理由。ガラス製なので扱いに注意。

メジャースプーン

サイフォン用アルコールランプ
フラスコのお湯（水）を熱する。専用アルコールは、コーヒー器具店や大手雑貨店などで購入可能。

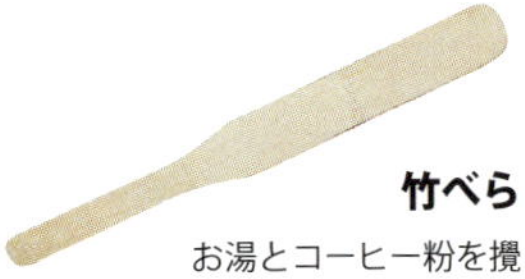

竹べら
お湯とコーヒー粉を攪拌する際に使用。

▼▼▼ 淹れ方を覚える ▲▲▲

各部の名称

❶ フィルター（ネル）
フラスコにコーヒーが落ちていくときに粉をこす。小さな穴のあいた円形のフィルターを、ネルでくるんである。

❷ ロート
コーヒー粉を入れる部分。底にフィルターをセット。フラスコからお湯が上がり、ここでコーヒーを抽出。

❸ フラスコ
はじめにお湯（水）を入れておく部分。抽出されたコーヒーが戻ってくる。

Chapter 1
おいしいコーヒーの淹れ方

淹れ方と扱い方の要領

淹れ方のコツは火力のコントロール

サイフォンはほかの抽出器具とは違い、淹れている間にお湯の温度が下がらない特徴がある。お湯が熱すぎると苦味の立った味になるので、アルコールランプの火力は上手に調整しよう。また、サイフォンで淹れたコーヒーはすっきりとした味が魅力だが、反面、重厚さを出しにくくもある。味に厚みを出したい場合は、ガスが適度に抜けて油分がよくまわった豆を使うとよい。

焙煎後1週間くらいたった豆が、適度にガスが抜け油分がまわっており、味に厚みを出しやすい。

アルコールランプの火力は、炎の先がフラスコの底にふれるくらいに調整。あたりすぎるとお湯の温度が過剰に高くなり、苦味の強い味に。

フィルターのメンテナンスと交換

抽出を終えたあとのフィルター（ネル）は、洗剤は使わずタワシなどでこすりながら流水で洗う。その後、煮沸してから水をはった容器に入れて冷蔵庫で保管。フラスコにコーヒーが落ちにくくなったり、粉が混ざったりするようになったら、新品に交換しよう。

ネルの劣化のほか、フィルターのバネがゆるんでも抽出液に粉が混入しやすくなる。使用のたびにバネに負荷がかかるので、適宜チェックして、ゆるんでいたら新品に交換。

新しいネルの交換方法。①ネルから出ている糸を水でぬらし、中央にフィルターをのせる。②糸を引っぱって締め込み、しっかり結ぶ。③糸を結び目から1.5cmのところで切り、煮沸する。ネルを煮沸してからフィルターに装着すると、ゆるみができやすいので注意。

抽出後のフィルターは、水洗いをして煮沸し、水の入った容器に入れて冷蔵庫へ。洗剤で洗ったり、乾燥させたりするといやなにおいが出てしまうので気をつけよう。

サイフォンでの淹れ方

2 コーヒー粉を入れる
フィルターをセットしたロートに、コーヒー粉を入れる。お湯が沸騰すると外に噴き出したりするので、それを防ぐためにフラスコに斜めにもたせかけるように挿入する。

1 お湯を加熱する
フラスコにお湯（1人前160cc、2人前320cc）を入れ、アルコールランプに火をつけて加熱する。

> 水から温めてもよいが、お湯を入れたほうが沸騰が早い。

4 お湯の上がりを待つ
そのままお湯が上がりきるのを待つ。

3 ロートを挿入
フラスコの底から気泡が途切れずに出るようになったら、ロートをしっかりと挿入する。

> 火力が適正だと、粉がゆっくりお湯に押し上げられる状態になる。この粉にふれるときのお湯の温度は、92℃が理想。

淹れ方を覚える

使用する基本のコーヒー粉

焙煎度とメッシュ	分量
中〜中深煎りの中細挽き	1人前（抽出量約130cc）⇒ 16g
	2人前（抽出量約260cc）⇒ 28g

Chapter 1
おいしいコーヒーの淹れ方

6

泡
粉
液体

約30秒おく
そのまま30秒ほどおく。火力も攪拌も適正だと、ロート内が泡、粉、液体の3層になる。

5

攪拌する
お湯が上がりきったら竹べらで3〜5回手早く攪拌して、粉とお湯をムラなく混ぜる。

> 混ぜすぎると雑味が出るので注意。

8

出来上がり
フラスコに抽出液が落ちきったらロートをはずし、カップにコーヒーを注ぐ。

> 上手に淹れられると、ロート内の粉はきれいなドーム状になっている。

7

再び攪拌する
火を止め、抽出液がフラスコに落ちる前に、渦ができるように3〜5回手早く混ぜる。

> 混ぜることで、コーヒー粉の層に溜まった成分をスムーズにろ過することができる。

Advice
粉がつまった場合は
抽出後はロートを逆さまにしてコーヒー粉を捨てるが、粉が圧縮されて固まっている場合も。そのようなときは、ロートの開口部分を手のひらでポンと叩き、粉をほぐすとよい。

サイフォンでアイスコーヒーを淹れる

粉の挽き目とお湯の量を変える

ホットで飲むときよりも濃く抽出し、熱いうちに氷に注いで冷ますとともに、溶けた氷で薄めてアイスコーヒーにする。淹れ方の手順は基本的にP66〜67と同様だが、濃く抽出できるようホットのときよりもお湯の量は減らして、コーヒー粉もよりメッシュが細かいものを使用し、1回目の攪拌後におく時間も長くとるようにする。

コーヒー粉の焙煎度は深煎りで、ホットのときよりも細かい細挽きを使用。粉の分量はホットのときと同様だが、お湯は1人前110cc、2人前220ccと、減らして使用。

2
お湯が上がりきったら、手早く3〜5回混ぜる。お湯の量が少ないため、ホットのときよりも混ぜにくいが、3〜5回の攪拌で粉とお湯をしっかりなじませる。

1
P66の**1〜4**と同じ要領で、ロートにコーヒー粉を入れて、フラスコのお湯を熱する。

4
抽出したコーヒーを氷の入ったサーバーに注いで粗熱をとってから、氷を入れたグラスに移して出来上がり。サーバーを介さずグラスに直接注いでもよいが、取材協力のグリーンズコーヒーロースターでは、グラスの氷の美しさを保つために、一度サーバーで粗熱をとっている。

3
ホットのときよりも長めにそのまま1分ほどおいたら火を止め、抽出液が落ちる前に再び3〜5回攪拌する。フラスコに抽出液が落ちるまで待つ。

淹れ方を覚える

Column

ニュークロップと オールドクロップ

収穫年度内の生豆をニュークロップ、3年以上ねかせた豆をオールドクロップと呼びます。最近の主流はニュークロップですが、オールドクロップにも根強いファンがいます。それぞれのよさを知り、その味を楽しみましょう。

ニュークロップとオールドクロップのコーヒーとでは、味の個性は異なる。違いを楽しもう。

ニュークロップ、オールドクロップとは？

米にも新米と古米があるように、コーヒー豆も収穫からの時間経過を表す呼称があります。その年に収穫された新しい生豆をニュークロップと呼び、これに対して前年に収穫された生豆をパストクロップ、それ以前に収穫された生豆をオールドクロップと呼びます。生豆に含まれる水分や諸成分は、時間の経過にともない徐々に減少し、長期間ねかせた豆は緑色から黄褐色に変化していきます。

成分が減少するためです。しかし、どんな生豆でもねかせればおいしくなるかというと、そうではありません。もともとおだやかな風味の豆をねかせると、平板で芯のないような味に。味の成分量が多く、ニュークロップではちょっと個性が強すぎるような豆が向いているといわれます。まるでタンニンの量の多さで熟成の向き不向きがある、ワインのようですね。

喫茶店のなかには、オールドクロップを売りにしているところがあり、さらにはオールドクロップのコーヒーのみを提供する専門店さえあります。そういった古店では、熟成に向く高品質で味や香りが特徴的な豆が使用されており、長い年月をかけて熟成させたコーヒーを楽しむことができます。熟成期間は店によってさまざまですが、10年はざらで、なかには20年以上もねかせているケースも。一度味わってみたいものですね。

どんな豆でもねかせればおいしい？

オールドクロップの風味がマイルドなのは、時間経過により味のどちらに優劣があるわけではありませんが、前者と後者では確かに味の傾向は異なります。ニュークロップは、収穫して間もないため香りが新鮮で、味の輪郭も明確。一方オールドクロップは、個性的な味のものもありますが、総じてやわらかい印象です。スペシャルティコーヒーが浸透しつつある現在は、豆の個性がはっきり感じられるニュークロップが以前と変わらず根強い人気があります。

コーヒー愛好家の間で、ニュークロップとオールドクロップのどちらがおいしいか、話題になることがあります。個人の嗜好なので、

コーヒーメーカー
便利で簡単な器具 コツを押さえて もっとおいしく淹れる

▼▼▼ 淹れ方を覚える ▲▲▲

味の調整は粉の量と挽き具合で調整する

簡単に使えて、誰が淹れても安定した味が楽しめるのがコーヒーメーカーのメリット。使い方のコツを心得ておけば、これほど便利なものはありません。一方、コーヒーメーカーというと決まった味しか出せないように思われますが、これも使い方しだいです。

まずはマニュアルにある分量の粉で淹れてみて、それを軸に、もっとどっしりとした味にしたければ粉の量を増やしたり、逆に味が重いと感じたら粉を少なめにしたりなど、好みや気分に合わせて加減してみるとよいでしょう。基本的にお湯の温度や注ぎ方を変えることはできないので、味の調整は粉の量や挽き具合でしていくことになります。コーヒーメーカーには通常、中挽きや中細挽きが使われますが、たとえば粗挽きにした粉を通常の倍の量を使って淹れてもおいしくなるので、ぜひ試してみてください。

ところで、ヒーターでの保温機能がついたコーヒーメーカーの場合、長時間保温すると煮つまってしまうので、おすすめできません。煮つまると本来の風味が損なわれるので、飲む分量だけ淹れるようにしましょう。

自動的に抽出が行われるコーヒーメーカーでも、粉の量や挽き具合などを変えれば味の調整ができる。好みの味を探してみよう。

70

Chapter 1
おいしいコーヒーの淹れ方

コーヒーメーカーでおいしく淹れる工夫

"蒸らし"のひと手間でおいしさがアップ

コーヒーのおいしさを引き出すために欠かせないのが、抽出時の蒸らし。最近では蒸らし機能のついた機種もあるが、ついていない場合は手動でこの工程を加えると、よりおいしく淹れられる。手順は粉と水をセットしてスイッチを入れ、お湯が粉の半分くらいに行き渡ったと思われるところでスイッチを切り、20〜30秒蒸らしてから再びスイッチを入れればOK。また、はじめに自分でお湯を注いで20〜30秒蒸らしてから、スイッチを入れて抽出する方法もある。

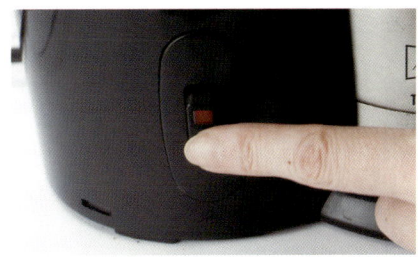

お湯が粉の半分くらいまで行き渡っただろうところでスイッチを切り、20〜30秒蒸らす。蒸らしの時間をとることで、お湯と粉がなじみ、成分が抽出されやすくなる。

器具のメンテナンスもおいしさを得る一要素

コーヒーメーカーを長期間使用していると、お湯を通すチューブ内に水あかなどが溜まり、お湯の通りやコーヒーの味がわるくなってきたりする。これを取り除くには、薬局などで売っているクエン酸や、コーヒーメーカー専用のクリーナーを使って洗うとよい。味に変化などが感じられるようになってきたら、洗浄をしよう。

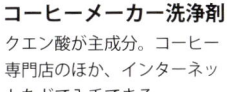

コーヒーメーカー洗浄剤
クエン酸が主成分。コーヒー専門店のほか、インターネットなどで入手できる。

クエン酸洗浄の手順
①500ccの水にクエン酸20gを溶き、空の給水タンクに注ぐ。
②フィルターをつけない状態でドリッパーをコーヒーメーカーにセットし、スイッチをON。タンクの目盛りが半分まで減ったらスイッチを切り、30分おく。
③再びスイッチを入れ、残ったクエン酸液を出しきる。給水タンクに水を満タンまで入れて、サーバーに出す作業を2回くり返す。

エスプレッソマシン

高圧でいっきに香り高い濃厚な一杯を抽出

使う道具

エスプレッソマシン
おいしい一杯を淹れるためには「90℃のお湯」と「約9気圧の抽出圧」、この2つの基本スペックを満たしたものを選ぶこと。写真はカフェポッドにも対応したエスプレッソ・カプチーノメーカー EC200N-R（デロンギ・ジャパン）。

メジャースプーン

各部の名称

❶ **操作パネル**
電源スイッチと抽出、予熱、スチームの機能切り替え。

❷ **スチームノブ**
蒸気の噴射のON／OFF操作を行う。

❸ **スチームノズル**
蒸気の噴射。ミルクのスチーミングを行う。

❹ **プレッサー（タンパー）**
フィルターに入れたコーヒー粉を圧し、平らに詰める。

❺ **コーヒー粉用フィルターホルダー**
フィルター（右）をホルダー（左）にセットし、粉を入れて使用。1杯用と2杯用のフィルターがある。

❻ **カップ受け**
抽出時、カップを置く。このマシンでは2杯同時に抽出できる。

❼ **給水タンク**
抽出するための水を入れる。着脱式で便利。

▼▼▼ 淹れ方を覚える ▲▲▲

マシンの性能だけで味は決まらない

極細に挽いた深煎り豆を、高圧蒸気でいっきに抽出するエスプレッソ。濃厚で味わい深いコーヒーをマシンで淹れるには、目安となる数字がいくつかあります。まず、1杯分のコーヒー粉の基準は8〜9g。これを約20秒かけ30ccのエスプレッソを抽出します。そのために必要とされるのが90℃のお湯と約9気圧の抽出圧で、これがマシンに求められる性能の基準です。

これを一定の目安にして、さらに豆の焙煎度や挽き方、粉の詰め方などでベストなバランスを見つけていきます。とくに挽き方はデリケートで、微調整を加えるだけで抽出の状態や味がガラリと変わるので、こだわりたいところです。

また、よくいわれるイタリアンローストは、苦味が前面に出るので、うま味を楽しむにはフルシティくらいの豆がおすすめです。

取材協力／デロンギ・ジャパン株式会社　専属バリスタ 石井護（DATAはP270）

Chapter 1
おいしいコーヒーの淹れ方

淹れ方のコツとおいしいエスプレッソの条件

味の調整は豆の挽き方とタンピングがカギ

エスプレッソの味は豆の挽き方や、粉を平らに押し固めるタンピングで変わってくる。コーヒー豆は極細挽きにして使うが、微妙な大きさの違いで味が薄くなったり苦いだけになったりする。温度や湿度、マシンによりベストな挽き方はそのつど変わってくるので、抽出や味の具合を見ながら微調整が必要。またタンピングする理由は、高圧の熱湯によって粉が崩れ、抽出に偏りが出ないようにするためで、粉が均一に詰まっていないと味にムラができる。強く押さえすぎるとお湯の通りが遅くなるため苦味が増し、弱すぎると酸味が強くなるので上手に加減しよう。

ミルはエスプレッソ対応で、微妙な挽き具合の調節ができるものを。写真はコーン式コーヒーグラインダー KG364J（デロンギ・ジャパン）。

粉の表面を平らにすることでお湯が均一に通り、うま味成分をしっかり捕まえて抽出することができる。

良質のクレマだと、砂糖を入れたときに一瞬表面に留まり、その後溶けるように沈んでいく。かき混ぜてもすぐクレマが復活するのも特徴。

クレマと抽出後の粉の状態に注目しよう

おいしいエスプレッソの条件として大切なのが、クレマと呼ばれるクリーム状の泡の層。抽出後、これが形成されていると、アロマがとばず、カップの中に留めることができる。上手に淹れたエスプレッソのクレマは、キメが細かくツヤがあり、うま味を守って崩れにくい。また、適正に淹れられたかどうかは、抽出後の粉の状態でも判断できる。指で押してみて、均一に水分が抜けて硬くなっていればOK。穴が開いていたり水っぽい場合は、タンピングの力のかけ方が一定でなかったことなどが原因に考えられる。

抽出後の粉の状態をチェックしよう。穴などがなく、均一に水分が抜けた状態であれば、きちんと抽出が行われた証拠。

Advice
手軽で簡単なカフェポッド

もっと手軽にエスプレッソを楽しみたい人におすすめなのが、カフェポッド。豆を挽いたりタンピングしたりなどの手間のかかる作業がほどこされたうえで、1杯分の粉が真空パックされているので、風味が新鮮で誰でも簡単においしく淹れることができる。種類も豊富なので、一杯ごとに異なる味を楽しむのもよい。

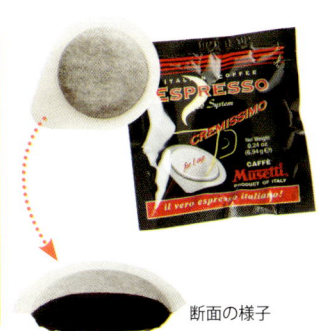

断面の様子

エスプレッソマシンでの淹れ方

2 コーヒー粉を入れる
ホルダーにフィルターをセットしてコーヒー粉を入れる。

1 マシンの準備をする
給水タンクに水を入れる。ダイヤルを「予熱」に合わせ、OKランプの点灯を確かめる。

4 粉をはらい落とす
フィルターの縁にはみ出した粉を、指などではらい落とす。

3 タンピングする
粉をプレッサーにしっかりと押しつけ、プレスする。プレッサーがついてない場合は、タンパー（粉を押し固める専用器具）で。

> 均一に押し固め粉の表面を平らにすることが大事。ただし、強く押しすぎるとマシン故障の原因になる場合も。

淹れ方を覚える

使用する基本のコーヒー粉

焙煎度とメッシュ	分量
深煎りの極細挽き	1人前（抽出量約30cc）⇒8〜9g前後
	2人前（抽出量約60cc）⇒14〜15g前後

フレンチローストあたりを使うと、うま味が出る。

Chapter 1
おいしいコーヒーの淹れ方

6 抽出のスイッチを入れる
カップ受けにカップを置き、ダイヤルを「エスプレッソ抽出」に合わせる。

> カップはあらかじめ温めておいたものを使うと、あとできれいなクレマができる。

5 フィルターホルダーをセット
タンピングを終えたフィルターホルダーを、給湯口にしっかりと取りつける。

8 抽出完了
適正に抽出されたエスプレッソには、しっかりとしたクレマができる。

> ツヤと厚みがあり、縁にタイガースキンと呼ばれるまだら模様が出るのが、クレマの理想的な状態。

7 抽出を行う
30ccほど抽出したら、ダイヤルを「予熱」に戻して抽出を止める。

> 使用するカップのどの辺りが30ccか、おおよその目安をつけておくことも大事。

Advice

お気に入りの濃さや味を見つけよう

粉の量や抽出量を変えれば、さまざまなバリエーションが楽しめるのもエスプレッソの魅力。一般にエスプレッソと言われるカフェ・ノルマーレ（1杯あたり粉8〜9g、抽出量30cc）を基準に、濃さを倍にしたエスプレッソ・ドッピオ（粉14g、抽出量30cc）、さらに濃縮したエスプレッソ・リストレット（粉8〜9g、抽出量15〜20cc）などがあり、こちらも試してみるとよいだろう。

エスプレッソ・ドッピオ 　　エスプレッソ・リストレット

マキネッタ

本場イタリアの家庭で親しまれているエスプレッソを再現

使う道具

マキネッタ
小型で持ち運びにも便利。フィルター部分が金属なので、洗ってくり返し長く使える。1人前用、2人前用など、いろいろなサイズがある。

メジャースプーン

タンパー（適宜）
バスケットに入れた粉を押し固める道具。メジャースプーンの底などで押し固めてもよい。

マキネッタの仕組み

ポット

バスケット

フラスコ

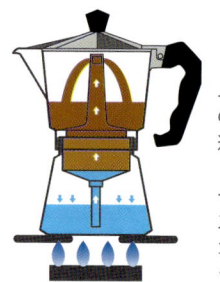

上部のポットと下部のフラスコの2層構造で、間にバスケットがある。お湯がコーヒー粉を詰めたバスケットを通過し、コーヒーとなってポットに噴出する。

▼▼▼ 淹れ方を覚える ▲▲▲

使い込むほどに味が出る器具

マキネッタは、イタリアの家庭で親しまれている直火式のエスプレッソメーカーです。マシンよりもリーズナブルで、気軽にエスプレッソを楽しむことができます。

構造はシンプルで、沸騰したお湯が蒸気圧により押し出されて粉を通過して、コーヒー液が抽出される仕組みです。マシンのように大きな圧力で瞬時に抽出するというわけにはいきませんが、抽出力は意外に強く、十分にコクのある味が楽しめます。器具は使うほどにコーヒーの香りがなじんで、自分の味が出せるようになっていきます。使い込んでいくこの楽しさも魅力といえるでしょう。

なお最近では、内部のセパレートされた場所にコーヒー粉、水、牛乳を入れて加熱すると、自動的にカプチーノができるマキネッタも出ています。

76

Chapter 1
おいしいコーヒーの淹れ方

マキネッタでの淹れ方

2 つなげる
フラスコに熱湯を注ぎ（1人前用約60cc、2人前用約120cc）、フラスコにバスケットをセットし、ポットとしっかりとつなげる。

> 水でもよいが、熱湯を入れたほうがすばやく抽出できる。熱湯の入ったフラスコは、タオルなどでつかむこと。

1 コーヒー粉を詰める
バスケットにコーヒー粉を入れ、メジャースプーンの底やタンパーで少しきつく押さえて、平らになるように詰める。

> 詰め方が軽いと味が薄くなり、きつすぎるとお湯が通過しにくくなるので加減すること。

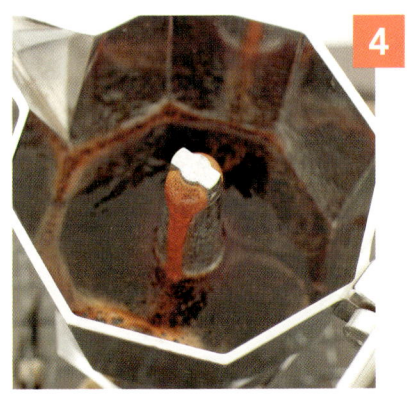

4 抽出する
コーヒー液が上がってきたら弱火にし、上がりきったらすぐに火を止める（写真では説明のためにふたを開けているが、抽出中は開けないこと）。中の様子はコーヒー液の上がる音で判断。

3 火にかける
ガスコンロの上に金網をのせてマキネッタを置き、強火でいっきに沸騰させる。

> 金網を敷くと安定する。

使用する基本のコーヒー粉

焙煎度とメッシュ	分量
中深煎りの細挽き	1人前用（抽出量約50cc）⇒ 8g程度
	2人前用（抽出量約100cc）⇒ 15g程度

バスケットに粉を詰める際の力加減でも味が変わってくるので、いろいろ試してみるとよい。

水出しコーヒー
水で淹れるから透明感のあるやさしい苦味

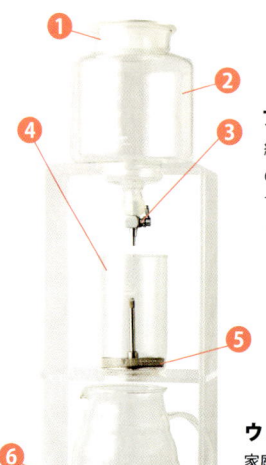

使う道具

やや本格タイプ

フィルター
紙製。粉受ボールに入れたコーヒー粉の上にのせて、まんべんなく水が浸透するようにする。製品によっては付属している。

メジャースプーン

ウォータードリッパー
家庭用のものは高さ45cmくらいだが、業務用では1mを超えるものも。家庭用も業務用も、淹れ方の仕組みは同じ。写真はウォータードリッパー・クリア WDC-6（ハリオグラス）。

お手軽タイプ

水出しコーヒーポット
中のストレーナーにコーヒー粉を入れ、水を注いでしばらく置いておくだけ。価格もリーズナブル。写真は水出し珈琲ポット MCPN-14（ハリオグラス）。

メジャースプーン

▼▼▼▼ 淹れ方を覚える ▲▲▲▲

各部の名称
※構成するパーツや名称は、製品によって異なります。

❶ ガラスフタ
ほこりの混入などを防ぐため、上ボールにつける。ポットにも装着可。

❷ 上ボール
水を入れる部分。下にコックを装着する。

❸ コック
水の出る量を調節する器具。

❹ 粉受ボール
コーヒー粉を入れる部分。金属フィルターをセットしてから使用。

❺ 金属フィルター
抽出液をろ過する器具。

❻ ポット
抽出液を溜める部分。サーバー。

取材協力／ハリオグラス株式会社（DATAはP270）

Chapter 1 おいしいコーヒーの淹れ方

2つの淹れ方の比較

目安どおり抽出してみて好みに合わせて時間を調整

水出しコーヒーポットで淹れるコーヒーは、下のウォータードリッパーにくらべて少し苦味のある味になる。淹れ方の要領はストレーナーに粉を入れ、水を注いで待つだけ。抽出時間は約8時間が目安だが、味が薄く感じるようならこれよりも長めに、濃く感じるようなら短めに調整するとよい。コーヒー粉は、メッシュが細かすぎるとストレーナーの外に微粉が出てえぐみの原因になり、逆に粗いと成分が溶解しにくくなるので、中細挽きが適正。

本来はストレーナーの上から水を注いでコーヒー粉を浸漬させるが、使い続けると目詰まりして水が落ちにくくなる。こういった場合、写真のようにストレーナーの外から水を注ぐとよい。

粉を平らにしてむらなく水を浸透させる

ウォータードリッパーで淹れるコーヒーは、フィルターでろ過されるため、水出しコーヒーポットで抽出したときよりもクリアな味。淹れ方のポイントのひとつは、水を垂らすペース。速すぎると薄い味になり、遅いと抽出に時間がかかりすぎるため、2秒で2～3滴落ちるくらいがちょうどよい。また、抽出の前にコーヒー粉をしっかりと湿らせ、平らにならすことも大切。

粉受ボールにコーヒー粉を入れたら水を注いで混ぜ、粉を湿らせる。湿らせないと味が薄くなるので注意。同様の理由で、湿らせたあとに表面を平らにならすことも重要。

2秒で2～3滴水が落ちるようにコックを調整。抽出は2～3杯分を淹れる場合は3時間ほど、5～6杯分の場合は5時間ほどで終了する。

抽出時間はかかるが特有の風味が楽しめる

水出しコーヒーは、別名ダッチコーヒーともいいます。ダッチとは、オランダのこと。その昔、オランダ領だったインドネシアで、カネフォラ種（ロブスタ）をドリップ式で淹れたときの欠点（クセのある鈍重な苦味）を補うために考え出された淹れ方です。水で淹れるため時間はかかりますが、ホットのときよりも苦味成分などが溶け出さず、マイルドな仕上がり。無論、現代ではアラビカ種の良質な豆を使い、その風味を最大限に引き出すようにして淹れるのが一般的なため、コーヒー好きの間でも人気があります。コーヒーの特有の甘さを楽しめる唯一の淹れ方、と言う愛好者もいるほどです。

一部のクラシックな喫茶店などで、ガラス製の大がかりな器具を見かけることがありますが、水出しコーヒーは高価な器具を使わなくても気軽に作れます。ここで紹介している2つの淹れ方のほか、麦茶パックで麦茶を淹れるように、コーヒー粉の入れたパックを、水の入った容器に浸けて抽出する方法もあります。なお、水出しコーヒーは湯せんで温めてホットにしむこともできますが、透明感のあるやさしい味わいを堪能するためには、そのままアイスで楽しむのがおすすめです。

水出しコーヒーポットでの淹れ方

2 粉を湿らせる
ポットの底をうっすらと覆うくらいまで水を注ぎ、粉を混ぜてまんべんなく湿らせる。

> 鋭利なもので混ぜると、ストレーナーのメッシュが傷むので注意。

1 コーヒー粉を入れる
ストレーナーをポットにセットし、コーヒー粉を入れる。

4 冷蔵庫におく
ポットにふたをして冷蔵庫に入れ、約8時間おいて抽出する。

> 余分な苦味が出ないよう、抽出後はストレーナーをはずしておく。抽出したコーヒーは、冷蔵庫で2〜3日保存が可能。

3 水を注ぐ
ハンドルバンド（ポット上部の黒い帯状の部分）まで水を注ぎ、ストレーナーをしっかりと浸す。

▼▼▼ 淹れ方を覚える ▲▲▲

使用する基本のコーヒー粉

焙煎度とメッシュ	分量
深煎りの中細挽き	5杯用のポット（抽出量600cc）の場合⇒50g
	8杯用のポット（抽出量1000cc）の場合⇒80g

Chapter 1
おいしいコーヒーの淹れ方

ウォータードリッパーでの淹れ方

2 フィルターをのせる
粉の表面を平らにならしたら上にフィルターをのせ、水を少し注いで湿らせる。

> 粉を平らにならさないと、抽出が薄くなるので気をつけること。フィルターをのせると、水がまんべんなく浸透しやすくなる。

1 粉を湿らせる
粉受ボールに金属フィルターをセットしてコーヒー粉を入れる。下から垂れてくるくらいまで全体に水を注ぎ、粉を混ぜて湿らせる。

> 水を注いで混ぜる作業は何回かくり返し、粉をしっかりと湿らせる。作る杯数が少ない場合は、湿らせないととくに味が薄くなりやすいので注意。

4 コックを調整する
水が2秒で2〜3滴落ちるようにコックを調整する。目的の抽出量まで達したら出来上がり。

> 滴の落ちるペースは、上ボールの内圧の影響でしだいに遅くなる。適宜、調節をすること。

3 水を注ぐ
粉受ボールとポット、コックをつけた上ボールをスタンドにセットする。上ボールに水を入れ(淹れる杯数×140cc)、ガラスフタをはめる。

使用する基本のコーヒー粉

焙煎度とメッシュ	分量
深煎りの細挽き	2杯分淹れる場合⇒24g
	6杯分淹れる場合⇒72g

最低2杯からの抽出。コーヒー粉の分量は淹れる杯数×12gで計算。

One point lesson ③

エアロプレス
イブリック
パーコレーター

ワンポイントレッスン
③
個性ある淹れ方

古今東西、コーヒーの楽しみ方はさまざま。
こんな方法も知っておけば、
コーヒーライフがもっと豊かになります。

挑戦してみたい
最新 & 伝統の淹れ方

　ペーパードリップやフレンチプレスなどのほかにも、コーヒーの魅力を深めてくれる個性的な淹れ方があります。

　最近ヨーロッパを中心に注目されているのが、エアロプレスという抽出器具です。これは、注射器のようにピストンで圧力をかけてコーヒーを抽出するもので、豆本来のおいしさを引き出すことができると、日本でもプロや愛好家の間で評判になってきています。レギュラーとエスプレッソ風、どちらのタイプのコーヒーも楽しめる優れものです。

　西部劇にも登場するパーコレーターは、タフさと手軽さを併せ持つ抽出器具です。粉と水をセットして火にかけるだけなので、アウトドアで楽しむにはもってこいです。

　異国情緒たっぷりなのが、イブリックという柄杓形をした器具で淹れるターキッシュコーヒー（トルコ式コーヒー）。これは容器にコーヒー粉を入れて煮出す抽出法で、コーヒーの淹れ方の原点とも言われています。

取材協力（エアロプレス）／有限会社FBCインターナショナル（DATAはP271）

about AERO PRESS
エアロプレスについて

遊び心をくすぐるコーヒーメーカー

　実験器具のようなインパクトのある見た目もさることながら、実際に使用してみると、その理にかなった構造と使い勝手のよさに驚かされるでしょう。エアロプレスは注射器の要領でしっかりと圧力をかけて抽出するため、豆本来の味や香りを引き出せます。スペシャルティコーヒーの味を活かせる手軽な淹れ方として、プロや愛好家の間ではすでに注目されており、淹れ方を競う大会も開かれています。

　シンプルな構造なだけに、自分の手で淹れ方をコントロールできるのが、エアロプレスの大きな魅力。撹拌の仕方、浸漬の時間、押し方などで味わいを変えられるので、さまざまな調整を試せる楽しさがあります。たとえばボディ感を出したいときは、浸漬時間を長くして、ゆっくりとプレスします。粉の量や挽き方、お湯の量を変えれば、味わいのバリエーションはさらに豊富に。極細挽きの粉を使えば、エスプレッソ風のコーヒーを楽しむこともできます。

スペシャルティコーヒーやエスプレッソ風には、別売のステンレスフィルターがおすすめ。ペーパーフィルターでは吸収されがちなコーヒーオイルもしっかりと出る。良質の豆であれば雑味などの心配はなし。

本体の仕組み

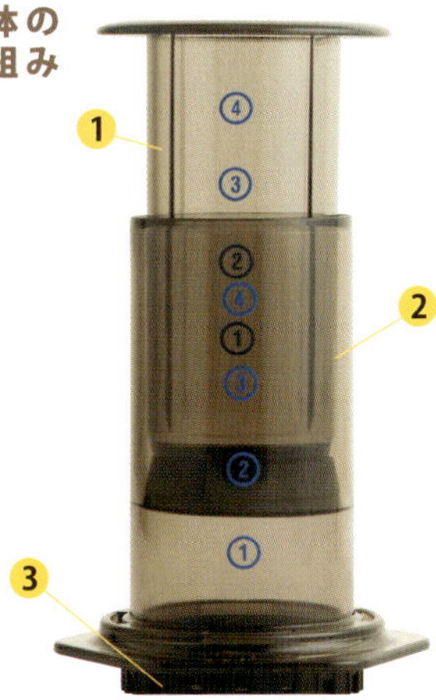

1 プランジャー 　**2 チャンバー**

ピストン部にあたるのがプランジャーで、チャンバーに入れたコーヒー粉とお湯をプレスして抽出する。プレスするスピードで、味に変化が出せる。

3 フィルターキャップ

ペーパーフィルターを入れ、チャンバーの底にセットして使用。ペーパーフィルターに通すことで、雑味や粉っぽさのない、クリアなコーヒー液を抽出できる。

付属しているもの

ペーパーフィルター　ロート　パドル　メジャースプーン

必要なものはすべて揃っているので、コーヒー粉とお湯さえあればどこでも手軽に淹れられる。

about technic

エアロプレスでの淹れ方(レギュラータイプ)

分量 出来上がり約150cc(マグカップ1杯分)／中煎り程度の中細挽き17g、お湯180cc

1 フィルターキャップにペーパーフィルターをセットし、チャンバーの底に取りつける。

2 チャンバーをマグカップなど頑丈な容器の上にのせ、ロートをはめて中にコーヒー粉を入れる。容器に薄いコーヒーカップなどを用いると、プランジャーを押す圧力で破損することがあるので注意。

3 チャンバーにゆっくりとお湯を注ぐ。お湯の温度の目安は85～95℃。

4 パドル(サイフォン用の竹べらが使いやすい)で、10秒ほどかき混ぜてお湯と粉をなじませ、2～4分程度おく。浸漬の時間を長くするほど濃い味に抽出されるので、好みで調整。

5 プランジャーをチャンバーにまっすぐ差し込む。

6 プランジャーを20～30秒かけて底まで押しきる。このとき、プランジャーのゴム部分が斜めにならないよう水平を保つこと。濃いめなら時間をかけて、あっさり味に淹れたいなら速めに押すとよい。

84

7
抽出が終わったら、フィルターキャップをはずす。

8
プランジャーを押して、使用済みのコーヒー粉とペーパーフィルターを捨てる。あと片づけが楽なのもエアロプレスの特徴。

エスプレッソタイプの淹れ方

エスプレッソ風の手順も、レギュラータイプと同じ。ただ、極細挽きの粉を使うので、プレスする力はより必要になる。またエスプレッソ風には、ステンレスフィルターの使用がおすすめ。ペーパーフィルターでは吸収されがちなコーヒーオイルがそのまま出るので、うま味のある味になる。上手に淹れられたかどうかは、抽出後に出るコーヒーケーキ（使用済みの粉のかたまり）をチェック。ひびが入っていたら、そこからお湯が逃げ、コーヒーのうま味を十分に出しきれていない可能性がある。

分量　出来上がり約60cc（デミタス2杯分）／深煎りの極細挽き20g、お湯80cc

漏れを防ぐ淹れ方の工夫

チャンバーにお湯を注ぐと同時にフィルターから液体が少しずつ垂れてくる。これを防ぐ淹れ方としておすすめしたいのが、ひっくり返す方法。プランジャーをチャンバーに差し込み、それをひっくり返してチャンバーの底から粉とお湯を入れ、フィルターとフィルターキャップをつけたら、もう一度ひっくり返して抽出を行う。これなら抽出直前まで液が垂れることがないので、味が薄まるなどの心配はない。なお、プランジャーのゴムの部分を水でぬらしておくと、チャンバーに差し込みやすくなる。

about percolator

パーコレーターでの淹れ方

分量 出来上がり約240cc(コーヒーカップ2杯分)／中深～深煎りの粗挽き25g、水250cc

ポットの中身

フィルター

バスケット

管

パーコレーターのポットの中には、バスケットと管、フィルターが入っている。バスケットは管から取り外し可能。沸騰するとお湯が管から上がり、バスケットに注ぎかかる。フィルターはバスケットにかぶせて使用。

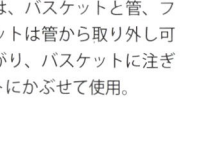

1 ポットに水を注ぐ。

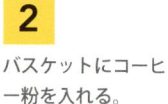

2 バスケットにコーヒー粉を入れる。

3 ポット内の管にバスケットをセットし、フィルターをかぶせる。

4 ポットのふたを閉じて、火にかけて沸騰させ、沸騰したら弱火にする。コンロの上で不安定な場合は、金網を敷いて安定させる。

5 ふたのガラス部分から抽出具合を確認(抽出中はふたを開けないこと)。上がってきた液の色が濃くなったら出来上がり。時間は液が上がりはじめてから2～3分が目安。長時間加熱すると煮つまってしまうので注意。

about ibrik

イブリックでの淹れ方

分量 出来上がり約280cc（2人前）／深煎りの極細挽き20g、砂糖6g、水300cc

1 イブリックにコーヒー粉と砂糖を入れる。

2 コーヒー粉と砂糖を入れたイブリックに水を注ぐ。

3 イブリックを弱火にかけ、焦げつかないようにスプーンなどでときどきかき混ぜながら温めていく。コンロの上で不安定な場合は、金網を敷いて安定させる。

4 沸騰して泡が吹き上がってきたら、火からおろす。落ち着いたら再び火にかける。これを3回ほどくり返し、コーヒーを煮出していく。

5 小ぶりのカップに注ぎ2〜3分待つ。カップの底にコーヒーの粉が沈んだら、その上澄みを飲む。

Column

コーヒーの味を作る
苦味と酸味の法則

コーヒーの味はおおまかに苦味と酸味から構成されていますが、そもそもその味は何に由来しているのでしょう？また、焙煎度で苦味と酸味のバランスが変わってくるのはなぜなのでしょう？理由がわかれば、コーヒーがもっと楽しくなります。

コーヒーのあの味わいは、焙煎時の成分変化から生まれるところも大きい。

焙煎が深いほど苦味が強くなる理由

コーヒーの味というと、まず特有の苦味を思い浮かべる方も多いことでしょう。コーヒーの苦味成分としてはカフェインが有名ですが、豆の全成分の割合からみればその量はわずか。じつはコーヒーの苦味は、カフェイン以外のものによるところが大きいのです。

乾燥後のコーヒーの生豆には、多糖類（植物の骨格を形作る繊維など）を中心に、たんぱく質や脂質、小糖類（甘さのあるショ糖など）、クロロゲン酸類、リンゴ酸・クエン酸・キナ酸などの酸、カフェインなどが含まれています。焙煎すると豆が茶色くなるのは、小糖類とクロロゲン酸類、アミノ酸が主となって褐色の色素が作られるため。そして、この色素が苦味のひとつの要素でもあるのです。

褐色の色素は大きさによって大別することができ、大きなものほど苦味は強くなります。浅煎りでは小さな色素が多く、深煎りになるにつれ大きな色素が増える傾向があります。つまり焙煎が深くなるほど苦味が強くなるのは、この色素の変化が影響しているのです。

コーヒーの酸味の主要成分はキナ酸

コーヒーを飲んだときの酸味は、生豆に含まれているリンゴ酸やクエン酸などの酸味成分をそのまま感じているわけではありません。それは焙煎の加熱で化学反応を起こし、新たに作られた酸によるところが大きいのです。クロロゲン酸類が分解してできるキナ酸はその主要なところで、酸味成分のなかでも酸味の増強効果の高さが特徴です。また、酢酸やリン酸なども多く含まれています。

生豆を焙煎すると、浅煎りにも達しないかなり浅い段階までは、酸（とくにキナ酸）の総量は増えていきます。そこからさらに温度が高くなると今度は熱分解が始まり、焙煎が進むにつれて酸の量は減少していきます。深煎りほど酸味が弱くなるのは、こういった理由があるからです。

なお生豆が含有する小糖類、クロロゲン酸などの成分の量は、アラビカ種とカネフォラ種の原種の違い、さらには栽培環境などによっても異なります。この差異が豆の個性にも影響しているのです。

Chapter 2

コーヒー豆 A to Z

おいしいコーヒーには理由があります。
生産地の様子や豆の最新事情など
奥深いコーヒー豆の世界を
楽しくひもといてみましょう。

コーヒー豆の常識＆新常識

▼▼▼▼▼

コーヒーをより深く知る

古くは秘薬として、その後は嗜好品として長く親しまれてきたコーヒーは、今も進化を続けています。コーヒーの歴史から豆の種類、生産地の最新情報まで、コーヒー豆の常識＆新常識を紹介します。コーヒーをより深く知ることができれば、いつもの一杯もさらに味わい深くなることでしょう。

Delicious coffee around the world

コーヒー豆の世界に新たなキーワードが登場

コーヒー豆を取り巻く状況が、目まぐるしく変化しています。たとえばスペシャルティコーヒー（P.92）の登場がそのひとつ。従来は生産国が定めた規格をもとに豆の取引が行われていましたが、今日では消費者（消費国）の立場に立った基準で、その品質や価値を決める流れが広まりつつあります。また、生産者と消費者の良好な関係の構築や、生産者の生活・人権保障、環境保全などに努め、安定して永続的にコーヒーを作り続けるための、サスティナブルコーヒーという概念も登場しました。時代を読み解くキーワードを押さえながら、栽培や品種など、コーヒー豆の基本を学びましょう。

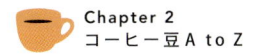

Chapter 2
コーヒー豆 A to Z

タンザニアのキリマンジャロ山のふもとに広がるコーヒー農園。コーヒーは熱帯・亜熱帯地域の高原地帯で栽培されることが多い。

カップクオリティで評価するコーヒーの進化形

スペシャルティコーヒー

(右)完熟豆だけをハンドピック(手摘み)することで、質の高い豆が出来上がる。(左)スペシャルティコーヒーとして高い評価を得るパカマラを栽培するエルサルバドルの農園にて。

コーヒー豆の常識&新常識

コーヒーのおいしさを実際に味わって評価

ここ10年ほどの間に、日本でもスペシャルティコーヒーの名称は急速に広まりました。今や世界の一大マーケットを築くようになったこのコーヒーは、いったいどのようなものなのでしょうか。

スペシャルティコーヒーという概念が誕生する以前のコーヒーの評価基準(P8)は、生産地が独自に決めた標高や豆のサイズなどの規格だけしかなく、グレードの高さが必ずしもおいしさと一致するものではありませんでした。また、複数の生産地の豆が混ぜられることも多く、トレーサビリティ(農園や品種、生産方法や流通などの「履歴」)のはっきりしないコーヒーが多く出回っていました。しかし、そういった生産者本位の規格ではなく、飲む人が実際に味わったときのカップクオリティ(液体にしたコーヒーの風味)を評価して誕

Chapter 2
コーヒー豆 A to Z

産地や品種の特性が際立つ個性的なコーヒー

生したのがスペシャルティコーヒーです。日本スペシャルティコーヒー協会では、「消費者がおいしいと評価して満足するコーヒー」であると謳っています。

スペシャルティコーヒー協会は消費国だけでなく生産国にもあり、それぞれ独自の評価基準を設けています。欠点豆の混入がほぼ無いことはもちろん、トレーサビリティが明確であること。そしてカッピング（ワインでいうテイスティング）でコーヒーの風味特性の評価を得ることで、スペシャルティコーヒーは誕生します。

生産方法に関心を持ち、テロワール（土地固有の風味特性）による個性的なフレーバーを評価する。本当においしいコーヒーを飲みたいという飲み手の思いから生まれたスペシャルティコーヒーは、まだまだ進化の途中です。

（上）コーヒーノキは長時間の直射日光でダメージを受けるため、日陰を作るシェードツリー（日陰樹）を植えて守られる。（左下・右下）高品質の豆を産出するパプア・ニューギニアのシグリ農園。

スペシャルティコーヒーはこうして生まれる

栽培からカップまですべての段階を評価

日本では2003年に日本スペシャルティコーヒー協会（SCAJ）が設立されました。日本でのスペシャルティコーヒーの発展を目指し、日本人がおいしいと感じるコーヒーの風味特性に重きをおいて独自の評価基準を定めています。

具体的には左のようなスペシャルティコーヒーの定義を掲げていますが、この定義をクリアすることが、スペシャルティコーヒーと呼ぶものです。

SCAJでは下のようなカップクオリティの評価項目を定めていますが、これらは以前から行われてきたコーヒー豆の欠点を探すためのカッピングとはまったく異なるもの。カッピングによって、コーヒーの個性や繊細なニュアンスをはっきりと際立たせるために行

ばれるための絶対条件となります。さらにカッピングを行って、カップクオリティ（液体にしたコーヒーの風味）を評価します。

SCAJによるスペシャルティコーヒーの定義
（SCAJの資料より抜粋）

消費者（コーヒーを飲む人）が手に持つカップの中のコーヒーの液体の風味が素晴らしい美味しさであり、消費者が美味しいと評価して満足するコーヒーであること。

♦

風味の素晴らしいコーヒーの美味しさとは、際立つ印象的な風味特性があり、爽やかな明るい酸味特性があり、持続するコーヒー感が甘さの感覚で消えていくこと。

♦

カップの中の風味が素晴らしい美味しさであるためには、コーヒーの豆（種子）からカップまでの総ての段階において、一貫した体制・工程・品質管理が徹底していることが必須である。(From seed to cup)

↓

● 最終的にカップクオリティで評価する

カップクオリティの評価の概要

① カップクオリティのきれいさ
風味に汚れや欠点がまったくなく、透明性があること。

② 甘さ
コーヒーの実が収穫された時点の熟度のよさと、その均一性が直接関係する甘さ。

③ 酸味の特徴評価
酸度の強さではなく、質について評価する。

④ 口に含んだ質感
コーヒーにより伝えられる触覚。質感の品質を評価する。

⑤ 風味特性・風味のプロフィール
味覚と嗅覚で感じる栽培地域の風味の特性。もっとも重要な項目。

⑥ あと味の印象度
コーヒーを飲み込んだあとに持続する風味、香りの特性。

⑦ バランス
風味で何か突出していたり、欠けていたりするところがなく、調和がとれているかどうか。

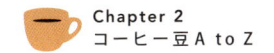

Chapter 2
コーヒー豆 A to Z

主要国＆地域の スペシャルティコーヒーの概況

世界各地に設立されている コーヒー協会

スペシャルティコーヒーという言葉が誕生したのは、1978年。フランスで開かれたコーヒーの国際会議で、アメリカのクヌッセン女史が特別な気象、地理的条件が生み出す特別な風味のコーヒーを称して使用したのが始まりとされています。スペシャルティコーヒーという概念が浸透した今では、たくさんの国に協会が設立されています。そのなかでも、おもなものを紹介します。

アメリカ

1982年に設立されたアメリカスペシャルティコーヒー協会（SCAA）は、今日のスペシャルティコーヒームーブメントの礎となった協会。コーヒー品質研究所や科学部門を担当するスペシャルティコーヒー研究所などが活動・研究をしている。スペシャルティコーヒーの定義はとくに定めていないが、「教育と情報交換を通じてすばらしいコーヒーを育成すること」を信条としている。

SCAAの定めるコーヒー区分

- **スペシャルティコーヒー**：カッピングのスコアが高く、プレミアムコーヒーの上をいく豆
- **プレミアムコーヒー**：生産地や農園、品種などが限定されている、品質のよい豆
- **コマーシャルコーヒー**：産地規格で流通する比較的品質のよい豆
- **ローグレードコーヒー**：安価なレギュラーコーヒーなどに使用される豆

ブラジル

1991年に設立されたブラジルスペシャルティコーヒー協会（BSCA）。ブラジルは世界第1位の生産国であるだけでなく、世界第2位の消費国でもある。スペシャルティコーヒーを消費者へ直接届けるサービス、品質証明制度などさまざまな試みがなされている。

ヨーロッパ

1998年に設立されたヨーロッパスペシャルティコーヒー協会（SCAE）。スペシャルティコーヒーの定義を「From seed to cup」とし、消費者が飲む液体のコーヒーのおいしさを求めている。

スペシャルティコーヒーの評価点数と流通量

スペシャルティコーヒーのカッピングには、おもにSCAA方式とカップ・オブ・エクセレンス（P97）で採用しているCOE方式があり、両者で評価基準は異なる（P192）。SCAA方式では、今後改定になる場合もあるが、評価点数が80点を超えるものがスペシャルティクラス。COE方式は84点以上のものが、表彰対象になる。なおSCAJではCOE方式を採用。日本でのスペシャルティコーヒーの流通量は、全体の約5%程度と言われる。

サスティナブルコーヒー
生産者と消費者を守る人と環境にやさしいコーヒー

環境と人権を守るおいしいコーヒー

「持続可能なコーヒー」と訳されるサスティナブルコーヒーは、価格変動や労働者の人権・生活保障、環境保全などコーヒー生産国の問題を解決し、生産者と消費者がともに繁栄することを目的に誕生しました。生産国のこのような問題の解決に貢献する形で生産され、流通するのがサスティナブルコーヒーです。コーヒー産業全体が健全に持続することに寄与するコーヒーという意味も含まれています。

サスティナブルコーヒーの判断には、トレーサビリティ（生産履歴）や環境保全、労働者の人権問題などをチェックする中立的立場の目が必要です。各国にはサスティナブルコーヒー支援に取り組むさまざまな団体があり、独自の基準でチェックを行い、それをクリアしたものには「認証コーヒー」の名でお墨付きを与えています。

サスティナブルコーヒーの活動に取り組む団体

●**コンサベーション・インターナショナル**　Conservation International　▶アメリカ
生物多様性を保全し、人間社会と自然が調和して生きる道を具体的に示す活動を行う。独自のプログラムによる農家や組合の支援を重視し、認証は他認証団体との連携で獲得する。
● http://www.conservation.or.jp（日本語）　● http://www.conservation.org/Pages/default.aspx（英語）

●**スミソニアン渡り鳥センター**　Smithsonian Migratory Bird Center　▶アメリカ
渡り鳥保護を中心とした環境保護。自然林に近い形で栽培する農園を認証。シェードツリーを使った独自の木陰栽培基準を満たし、かつ有機栽培のものを認証する。
● http://nationalzoo.si.edu/scbi/MigratoryBirds/default.cfm

●**レインフォレスト・アライアンス**　Rainforest Alliance　▶アメリカ
地球環境の保護を目的に、生物多様性の保護や労働者の権利と生産性の高い農業を組み合わせる認証プログラムを実施。認証のための厳しい基準がある。
● http://www.rainforest-alliance.org/ja（日本語）　● http://www.rainforest-alliance.org/（英語）

●**グッドインサイド**　Certified Good Inside　▶オランダ
コーヒー生産者や加工業者が、生産加工の内容について消費者に対して説明、証明するためのサポート、認証を行う。
● http://consumer.utzcertified.org/（日本語）
● http://www.utzcertified.org/（英語）

●**国際フェアトレードラベル機構**　Fairtrade Labelling Organizations International　▶ドイツ
コーヒー生産者の生活保護と公正な取引をおもな目的に、小規模農家を対象に組合単位で認証を行う。「FLOインターナショナル」のロゴで知られる。
● http://www.fairtrade-jp.org/（日本語）　● http://www.fairtrade.net/（英語）

Column

国際的な品評会
カップ・オブ・エクセレンス

近年、コーヒー業界で脚光を浴びているのがカップ・オブ・エクセレンス（COE）です。年に一度、各国で行われる品評会で、評価を受けた豆はオークションで販売されるという画期的なもの。まさにトップ・オブ・ザ・トップのコーヒーを決めるためのシステムです。

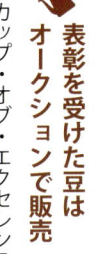

カップ・オブ・エクセレンスのロゴは、選ばれたその年の豆にしか使えない名誉あるもの。

表彰を受けた豆はオークションで販売

カップ・オブ・エクセレンスとは、1999年にブラジルで始まった国際的な品評会です。その年、ブラジルにアメリカ、ヨーロッパ、日本から国際審査員が招かれ、コーヒーのコンペティションが開催されました。そのうちトップ10に選ばれたコーヒーのロットを、インターネットオークションにかけたのが始まりです。このオークションが大成功に終わり、カップ・オブ・エクセレンスのシステムが広く普及していったのです。

現在、開催国はブラジルのほか、ニカラグア、エルサルバドル、ホンジュラス、ボリビア、コロンビア、グアテマラ、ルワンダ、コスタリカの9か国（年度により変更もあり）。各生産国で1年に一度開催され、その年に収穫された豆のなかから最高の品質（トップ・オブ・ザ・トップ）が選ばれるのです。

審査はさまざまな形で行われます。最終段階では国際審査員によるカッピングが行われ、酸の質や甘さ、カップのきれいさ、口に含んだ質感、風味特性、あと味の印象度、バランスなどの項目を点数で評価します。その結果、合計84点以上の豆には「カップ・オブ・エクセレンス」の称号が与えられ、インターネットオークションを通じて、国内外の輸入業者やロースターに販売されます。

この取り組みはおいしい豆の発掘だけではありません。小さな農園でも良質な豆を作れば正当に評価し、それに見合った金額を支払うことで、生産者の意欲向上や生活を助ける意義もあるのです。

2011年に行われた、ニカラグアでの審査シーン。

コーヒー豆の正体

そもそもコーヒー豆とは何なのか？

一杯のコーヒーができるまで

アフリカが原産のコーヒーノキ
低木の常緑樹で、1年に一度、ジャスミンのような香りの白い花を咲かせる。

熱帯地域のコーヒー農園
熱帯植物であるコーヒーノキは、赤道をはさむコーヒーベルトと呼ばれる地帯で栽培。

START

▼▼▼ コーヒー豆の常識＆新常識 ▲▲▲

花後に実を結ぶ
花のあとに実（コーヒーチェリー）がなり、赤く色づいたら収穫。黄色に熟する品種もある。

"コーヒー豆"はいわゆる豆ではなく種子

私たちが"コーヒー豆"と呼んでいるのは、実際には豆ではなくコーヒーノキという植物の果実の種子です。コーヒーノキはアカネ科コフィア属の熱帯植物で、アフリカが原産です。

コーヒーノキの実はコーヒーチェリーとも呼ばれ、その名のとおり、熟するにつれ緑色から赤に色づいていきます。完熟した果肉は甘くて、現地では収穫を手伝う子供たちが口に放り込むこともあります。種子はこの果肉の中にあります。コーヒーノキの実の詳細は左で紹介しているとおりですが、まれに種子が1粒しか入っていないことも。これは、通常の豆と違って丸い形をしているためピーベリー（丸豆）と呼ばれます。受精時や環境的な要因で、本来2粒ある種子のうち、片方の生育が悪くなることでできると言われています。

98

Chapter 2
コーヒー豆 A to Z

これがコーヒー豆の正体！

コーヒーチェリーから取り出した種子
果肉を取り除いて、コーヒーの生豆となる種子を取り出す。

さまざまな生産処理をほどこす
種子は精製、乾燥、選別などの工程を経て生豆となる。

焙煎して粉の状態にする
生豆は焙煎することによってはじめて「コーヒー」らしい色や香りに。粉砕して抽出する。

GOAL

コーヒーの出来上がり

コーヒーの果実と種子

コーヒーの果実の大きさは品種や産地によって異なるが、およそ1.5～2cm程度。完熟の果実はやわらかく、甘味があるのでそのまま食べることもできる。果肉を取り除くと、シルバースキンとパーチメントという薄い皮に覆われた種子が出てくる。ほとんどの種子は、図のように2つが向かい合うように入っていて、2つが接する面が平らなことから「フラットビーン（平豆）」と呼ばれている。まれに種子が1つしか入っていないものがあり、形が丸いことから「ピーベリー（丸豆）」と呼ばれる。全体の10％程度しか採れず、希少であることから高い価格で取引される。

写真右側が、果実から取り出した種子。まだ表面にミューシレージ（パーチメントの表面を覆う粘液質）がついた状態。

ラグビーボールのような丸い形のピーベリー。

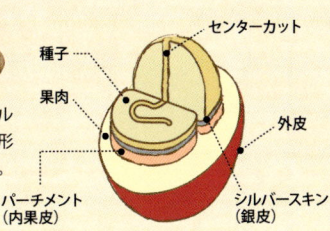

センターカット
種子
果肉
外皮
パーチメント（内果皮）
シルバースキン（銀皮）

コーヒーの品種

コーヒーにはどんな品種がある？

大きく分けて3種類 アラビカ種が栽培の主流

植物学的には約80種が確認されているコーヒーノキ。そのうち実際に飲用のコーヒーとして栽培されているのはアラビカ種、カネフォラ種、リベリカ種の3種です。アラビカ種は世界のコーヒー総生産量の約70％を占め、ティピカやブルボンなど、突然変異や交配によって生じたたくさんの栽培品種があります。カネフォラ種は総生産量の約30％を占めていますが、栽培品種は少なく、代表的な栽培品種名のロブスタと呼ばれることが多いようです。リベリカ種は一部で生産されていますが、非常に少なくほとんど流通していません。アラビカ種とカネフォラ種の栽培品種は、風味はもちろん、見た目にもかなり違いがあります。くらべてみると、形やサイズから豆同士の関連性や相違点などが見えてきておもしろいものです。

▼▼▼ コーヒー豆の常識＆新常識 ▲▲▲

アラビカ種
Arabica

標高450～2300mと、比較的標高の高い地域で栽培されている。気温は15～24℃が適しており、高温多湿に弱く、雨量や土壌などが限定されやすい。病害虫には比較的弱い。突然変異種や交配種など、たくさんの栽培品種がある。優れたフレーバーを持ち、高品質なストレートコーヒーで提供されるのは、ほとんどがこの種である。

ブルボン
Bourbon

ブルボン島（現在のレユニオン島）へ渡った木を起源とする。ティピカとともに二大栽培品種として知られる。豆は小さめで、長方形を思わせる形をしている。

ティピカ
Typica

エチオピアからマルチニーク島へ渡った木を起源とする。世界各地で広く栽培されていて、多くの交配種が生まれている。豆は細長く、先端がすっきりと尖っている。

カトゥーラ
Caturra

ブラジルで生じたブルボンの突然変異種。収量が多く、中米の主要品種となっている。豆はブルボンに似ているが、片方の先がやや尖った三角形に近い形をしている。

Chapter 2
コーヒー豆 A to Z

パカマラ
Pacamara

エルサルバドルで開発された、マラゴジッペとパカス(ブルボンの突然変異種)の交配種。収穫量は少ない。豆は大粒で、マラカトゥと同様に先端がつまった形をしている。

マラゴジッペ
Maragogipe

ブラジルで生じたティピカの突然変異種。収量は比較的少ない。長さもあり、幅も広く、コーヒー豆の中でも非常に大きい品種。ジャイアントビーンとも呼ばれている。

ビジャサルチ
Villa sarchi

ブルボンの突然変異種で、コスタリカ西部の町、ビジャサルチで発見された。収量は少ない。姿は全体にブルボンに似ているが、やや小粒で、少し細長い印象。

アラビカ種の細長い木の葉。カネフォラ種の葉はこれより幅が広めだ。

ゲイシャ
Geisya

ティピカ系のエチオピア原産の栽培品種。希少な品種で、限られた地域でしか栽培されていない。豆は細長く、非常に特徴のある形。見た目と同じく味わいも個性的。

マラカトゥ
Maracatu

ニカラグアで栽培されているマラゴジッペとカトゥアイ(カトゥーラの交配種)を交配させた品種。大粒で先端がつまって平らになり、四角形を思わせる形をしている。

カネフォラ種
Canephora

低地で栽培されることが多く、栽培に適した気温は24〜30℃とアラビカ種よりも高め。病害虫に強く、高温多湿の環境にも適応できる。単位面積当たりの収穫量はアラビカ種よりも多い。強い苦味とロブスタ臭と言われる独特の臭気がある。おもにブレンドの材料やインスタントコーヒーの原料として利用されている。

ロブスタ
Robusta

ビクトリア湖の西を起源とする栽培品種。ロブスタという名前はしばしばカネフォラ種の代わりに使われる。置くと転がるぐらい丸みのあるのが特徴。

コーヒーノキの伝播

原産地から どのように 広まったのか？

▼▼▼ コーヒー豆の常識＆新常識 ▲▲▲

原産地のアフリカから 長い時を経て世界へ

アフリカ原産のコーヒーノキは、そこからどのようにして世界各国に伝わっていったのでしょうか？ 足跡をたどってみましょう。

エチオピアに自生していたとされるアラビカ種は、6～9世紀にイスラム巡礼者の手でイエメンからインドに伝わっていた苗木を、諸国が商業目的から栽培に着手。大航海時代に入ると、ヨーロッパにコーヒーの存在が伝わります。として親しまれたのち、ヨーロッパにコーヒーの存在が伝わります。年近くの間、イスラム世界で秘薬イエメンに伝播します。1000

1699年にオランダの東インド会社がジャワ島へ運び、栽培が始まります。1706年にはジャワ島からオランダ、フランスへ。1720年ごろにはマルチニーク島へ運ばれ、そこからカリブ海・中南米諸国へと広まっていきました。これがティピカの起源です。

コーヒーノキの伝播の様子

インド

1699年

ジャワ島

コーヒーノキが本格的に世界に広まったのは、大航海時代に入ってから。ヨーロッパ諸国の、植民地主義的な海外進出によるところも大きかった。

Chapter 2
コーヒー豆 A to Z

ティピカとは異なるブルボンの伝播

ティピカの祖先がヨーロッパからカリブ海へ渡るのとちょうど同じころ、東インド会社がイエメンからブルボン島（現在のレユニオン島）に、別のルートでアラビカ種を伝えました。しかしこれはティピカとは別の種であることがわかり、のちにブルボンと呼ばれるようになります。ブルボンはケニアやタンザニアなどの東アフリカ、さらに中南米にも広まっていきました。

一方、カネフォラ種はアフリカ・ビクトリア湖の西に自生していて、19世紀になってから発見されました。病害虫に強い品種で、19世紀後半にアラビカ種の病気の大流行が起こったころから、急速に栽培が拡大されていきました。19世紀末～20世紀にかけて、ヨーロッパを経由して東南アジアへ広まりました。

アラビカ種の伝播

- → ティピカの祖先
- → ブルボンの祖先

オランダ 1706年
1713年 フランス
1720年頃
マルチニーク島
ブラジル
イエメン
6～9世紀
エチオピア
東アフリカ
1715～1718年
1877年
ブルボン島（レユニオン島）

栽培と生産処理

栽培から出荷されるまでの過程を知る

▼▼▼ コーヒー豆の常識&新常識 ▲▲▲

コーヒーの栽培に適した土地とは？

コーヒーノキを育て、コーヒー豆を出荷するまでにはたくさんの工程があります。その長い一連の流れを見ていきましょう。

コーヒーの栽培に適した土地は、さまざまな条件があります。コーヒーの産地は赤道をはさんだ南緯25度、北緯25度の間のコーヒーベルトと呼ばれる熱帯・亜熱帯地域に集中しています。このなかでも年間平均雨量が1500〜2000mm、平均気温20℃前後のところが適しているとされます。

また、品種でも適した土地は異なります。P100でふれたように、高温多湿が苦手なアラビカ種は霜害のない冷涼なところが向き、高地を中心に、赤道から離れた地域であれば低地でも栽培されています。寒暖の差が大きいほど実がゆっくりと熟し、味のよいコーヒーができるといわれています。暑

さや病害に強いカネフォラ種は、低地でも栽培が可能です。さらに、アラビカ種は水はけが良好で根を深くはれる弱酸性の土壌を好みますが、カネフォラ種はどんな土壌にも対応できます。

コーヒーの栽培から出荷まで

1 苗木

成長するまでは苗床で栽培

パーチメントのついた状態の種をまくと、40〜60日で発芽。双葉が開き、約1カ月で5〜6cmに伸びる。苗木が小さいうちは日よけで覆われた苗床で栽培され、40〜50cmになると、生育のよいものだけが農場へ植え替えられる。

苗床にまかれた種子が発芽する様子。

Chapter 2
コーヒー豆 A to Z

2 成木

約3年で花が咲き、実を結ぶ

農場へ移植された苗木は、およそ3年で成木になり、実を結ぶようになる。収穫は年に1〜2回行われる。木の寿命は、実をたくさん実らせるようなもので十数年。長いものは何十年も生きる。

3 開花

白く可憐なコーヒーの花

コーヒーノキは乾季後の雨のあとに、いっせいに花を咲かせる。ジャスミンに似た、甘い香りの真っ白く可憐な花で、農園が雪に覆われたような幻想的な光景になる。花は2〜3日でしおれ、約1週間で散る。

4 結実

赤く色づくコーヒーチェリー

落花後、数日で青い実がなる。はじめは小さかった実が、6〜8か月かけて徐々に大きくなり、真っ赤に熟する。熟したときの形や色がさくらんぼに似ていることから、「コーヒーチェリー」と呼ばれている。この果実の中に入っている種子がコーヒーの生豆となる。

5

収穫

手摘みや機械など方法はさまざま

コーヒーの実は同じ枝でも1粒ごとに熟するスピードが違うので、優良な農園は赤く熟したものから1粒ずつ手摘みしている。産地や農園の規模によっては布を敷いて枝から地面にしごき落としたり、機械を使ったりする。

6

生産処理

生産地によって違う処理方法

生産処理とは収穫した果実から種子を取り出し、さらに種子の皮をむいて「生豆」に加工するまでの工程のこと。生産地によってさまざまな処理方法があり、コーヒーの風味や品質を大きく左右する。

7

選別

異物や欠点豆を取り除く

生産処理が終わった豆から石などの異物や欠点豆を取り除いたり、サイズ別に分けたりする工程。機械やスクリーンで行う方法や、人の手で行う方法（ハンドピック）がある。

コーヒー豆の常識＆新常識

8 カップテスト

フレーバーを評価する

商品として売買するために、農園や工場で行われるカップテスト。香りや味に欠点がないか、実際に味わってみて検査、評価される。この結果で値段が決められ、出荷される。

さまざまな生産処理

生産処理は、大きく分けて4つの方法がある。主流となっているのが「ナチュラル（非水洗式）」と「ウォッシュド（水洗式）」の2つ。しかし、これらの方法も、近年の技術革新や環境の変化に伴ってさまざまな開発がなされ、細かく枝分かれしてきている。また、ブラジルで開発された「パルプドナチュラル」や、インドネシアで行われている「スマトラ式」は、先の2つの方法とは違う、独特な生産処理方法である。

ナチュラル（非水洗式）

収穫した果実を粗選別してからそのまま天日乾燥（または機械乾燥）し、果肉とパーチメントを一度に脱穀したあと、天日乾燥か機械乾燥にかけられる。非常に工程がシンプルな方法で、ウォッシュドとは違うフレーバーが得られるが、天日乾燥の負担が大きく、未熟豆や異物の混入が多いなどの難点がある。

ウォッシュド（水洗式）

収穫した果実を大きな水槽に入れ、水に沈む石などの異物や、水に浮く過熟果実などを取り除いてから、パルパー（果肉除去機）にかけて果肉を除去する。パーチメントの表面にはまだ粘液質であるミューシレージがついた状態なので、これを発酵槽に入れ、微生物を利用して取り除き、水洗いしたのち、パーチメントコーヒーの状態で天日乾燥か機械乾燥させて脱穀する。処理の早い段階で精製度が高められるが、水源などととのった環境が求められる。最近では、このミューシレージを発酵ではなく、機械で取り除く方法も増えてきている。

パルプドナチュラル（半水洗式）

収穫した果実をパルパーにかけて果肉を取り除き、ミューシレージの残ったパーチメントコーヒーをそのまま乾燥させる。パルパーにかける際に未成熟果実を取り除くことができるので、ナチュラルにくらべて精製度が高くなる。ミューシレージが残った状態で乾燥させるので、甘味のあるコーヒーに仕上がる。

スマトラ式

インドネシアのスマトラ島で行われている処理方法。果肉を取り除いてミューシレージが残った状態のパーチメントコーヒーを十分に乾燥させずに脱穀し、その後、生豆の状態で乾燥させる。収穫から生豆の状態になるまでが早く、仕上がった生豆は独特の深緑色になる。

生産地と栽培概要

世界約60の産地 どんな品種を栽培している？

コーヒーベルトの中の約60か国で生産

コーヒーの生産国は、コーヒーベルトを中心として世界に約60か国あるとされます。主要国の詳細はP126から解説するとし、ここでは約60あると言われるその具体的な国と、栽培品種の概要を俯瞰しましょう。約60か国のうち、情報の未開拓や内政不安などの影響により、実態があまり明らかになっていないところがあるのも実情。そのため、こういった国はほとんど表に出ることはありませんが、知識のおもしろさとして、どこでどのようなものが作られているのか眺めてみると、興味深い発見があるでしょう。

▼▼▼ コーヒー豆の常識＆新常識 ▲▲▲

COFFEE BELT

ブラジル

パラグアイ

おもな栽培品種

● アラビカ種生産国

● カネフォラ種（ロブスタ）生産国

● アラビカ種＆カネフォラ種生産国

108

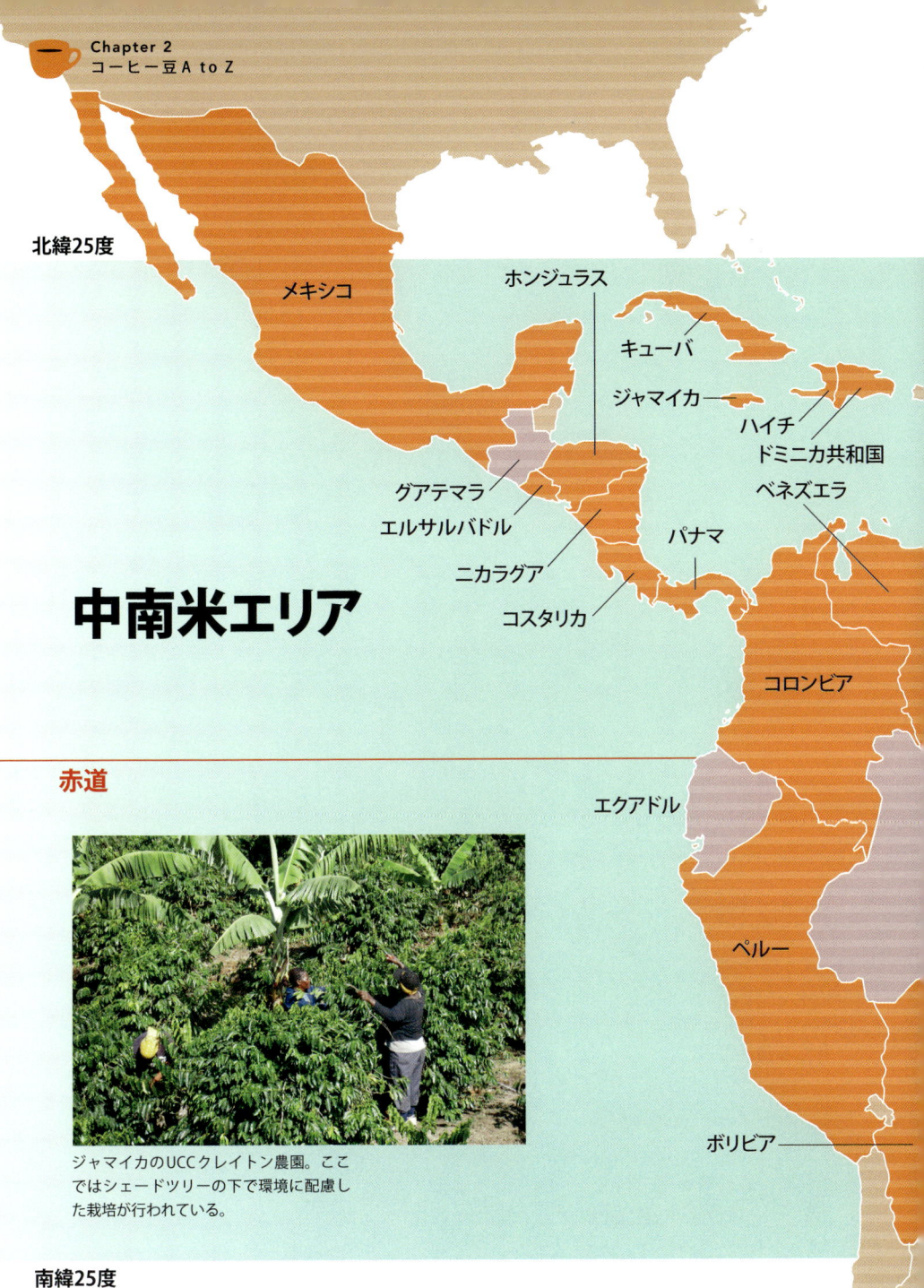

Chapter 2
コーヒー豆 A to Z

北緯25度

メキシコ
ホンジュラス
キューバ
ジャマイカ
ハイチ
ドミニカ共和国
グアテマラ
ベネズエラ
エルサルバドル
ニカラグア
パナマ
コスタリカ

中南米エリア

コロンビア

赤道

エクアドル

ペルー

ボリビア

ジャマイカのUCCクレイトン農園。ここではシェードツリーの下で環境に配慮した栽培が行われている。

南緯25度

アジア・太平洋エリア

北緯25度

赤道

COFFEE BELT

コーヒー豆の常識＆新常識

- ネパール
- 中国
- インド
- ミャンマー
- ラオス
- タイ
- ベトナム
- カンボジア
- マレーシア
- フィリピン
- ハワイ
- インドネシア
- パプア・ニューギニア
- 東ティモール
- オーストラリア

おもな栽培品種
- アラビカ種生産国
- カネフォラ種（ロブスタ）生産国
- アラビカ種＆カネフォラ種生産国

110

Chapter 2
コーヒー豆 A to Z

コーヒー栽培の古い歴史を持つイエメンは、高品質の豆を生産する国としても知られている。

- ギニア
- ガーナ
- トーゴ
- ベナン
- ナイジェリア
- カメルーン
- 中央アフリカ
- ウガンダ
- イエメン
- エチオピア
- リベリア
- シエラレオネ
- コートジボワール
- ガボン
- コンゴ共和国
- コンゴ民主共和国
- ケニア
- ルワンダ
- ブルンジ
- タンザニア
- アンゴラ
- ザンビア
- マラウイ
- ジンバブエ
- モザンビーク
- マダガスカル

南緯25度

アフリカ・中東エリア

コーヒー豆カタログ
▼▼▼
注目のスペシャルティコーヒー

産地や品種の特性を重視して、実際の味わいやフレーバーの評価を受けたスペシャルティコーヒーは、高品質で個性あふれる豆が揃っています。日本でも比較的手に入りやすいおすすめを紹介します。

グアテマラ Guatemala

エル・インヘルト・パカマラ
El Injerto pacamara

ウエウエテナンゴ地域のエル・インヘルト農園が作り出すパカマラ種で、2008年と2009年のCOEで続けて優勝した最高品質の豆。恵まれた環境のもと、農園内にドライミルを所有して、すべての生産処理工程を一貫して行っている。

フレーバー

雑味がなく、透明感のある味わい。フルーツを思わせる香りと、ワインのような風味のコンプレックスなフレーバーが特徴。

パナマ Panama

パナマ エスメラルダ・ゲイシャ
Esmeralda geisya

バル山のふもとに広がるラ・エスメラルダ農園の一角で長年ひっそりと栽培されていたゲイシャ。2004年のパナマ国際オークションで最高落札価格を記録して脚光を浴び、一大ブームを巻き起こした。平均標高1600mの高地で無農薬栽培される最高品質。

フレーバー

ゲイシャフレーバーと言われる独特の味わいを持つ。すっきりとした酸にフローラルなアロマ、柑橘類のフレーバー。

※チャートは、味の各要素の「よさ」を表したものです。収穫年などにより変わる場合があります。

Chapter 2
コーヒー豆 A to Z

カルモ・デ・オロ
Carmo de ouro

ブラジル / Brazil

ブラジルのなかでは小さな生産地域であるカルモデミナスで、コーヒーの完熟果実のみを集中的に収穫して生産処理がほどこされた豆。1回の収穫を1ロットとしており、ロットごとに品種や生産処理方法が異なるため、多彩でユニークなフレーバーが楽しめる。

フレーバー

柑橘系やぶどうを思わせる複雑なフレーバー。生産処理がナチュラルの場合はコクと重みがあり、パルプドナチュラルの場合は上品な味わいになる。

パルプドナチュラルの場合

ニカラグア / Nicaragua

ラ・コパ・デ・カサ・ブランカ
La copa de casa blanca

カサ・ブランカ農園の中でも1400〜1500mともっとも標高の高いラ・コパ地区で生産される。農園では最新の生産処理機械やアフリカンベッド（乾燥棚）などを導入して、品質の向上に努めている。2003年から3年連続でCOE入賞と、世界的な評価も非常に高い。

フレーバー

透明感のある、さわやかな酸味と香り高いフローラルなアロマ、バターのような質感、バニラ、レモンを思わせる風味が楽しめる。

シャングリラ農園
Shangrila farm

エルサルバドル / El Salvador

アパネカのシャングリラ丘陵にある小規模な家族経営のシャングリラ農園。ここで生産されるユニークなブルボンで、2007年にはCOE入賞を果たしている。シェードツリーを利用して栽培された完熟果実だけをハンドピックし、伝統的な製法で処理されている。

フレーバー

レモンを思わせるすっきりとした酸とオレンジの花の香り、バニラやナッツの甘味も感じられる、ユニークで非常にバランスのよい味わい。

コロンビア
Colombia

コロンビア・マグダレナ
Colombia magdalena

ウイラ県の複数の小規模農園によって作られる組合がマグダレナで、コロンビア特有の甘味のあるコーヒーを産出している。各農園の豆をまとめてロットにするので、ロットによって生産地域や品種が違ってくるのが特徴。品種はカトゥーラ、カスティージョ、ティピカなど。

フレーバー

柑橘類のような風味としっかりとしたコーヒー感、明るい酸味と甘味が感じられ、味に厚みがある。口あたりもなめらか。

ファゼンダ・ヘカント
Fazenda recanto

ミナス・ジェライス州に位置するヘカント農園は、環境に配慮した循環保全農業を積極的に行い、レインフォレスト・アライアンスによる認証を受けている。おもにムンドノーボの改良種であるNo.19を栽培している。

フレーバー

ブラジルらしい苦味とコクに適度な酸味を持ったバランスのよい味わい。ビターチョコレートのような甘さと苦味も感じられる。

ブラジル
Brazil

パプア・ニューギニア
Papua New Guinea

シグリAA
Sigri AA

マウントハーゲン地区東部の標高1600mに位置するシグリ農園。ていねいに手摘みした完熟果実を4日かけてウォッシュ処理したのち、10日かけて天日乾燥を行い、大粒の翡翠に似た色の豆を生産している。ヨーロッパを中心に、世界で高い評価を受けている。

フレーバー

深いコクとアロマの感じられる濃厚な味わいで、天日乾燥特有のまろやかな甘味と適度な酸味、ライチーの風味がほのかに感じられる。

コーヒー豆カタログ

※チャートは、味の各要素の「よさ」を表したものです。収穫年などにより変わる場合があります。

Chapter 2
コーヒー豆 A to Z

インドネシア ナチュラルマンデリン
Indonesia natural mandheling

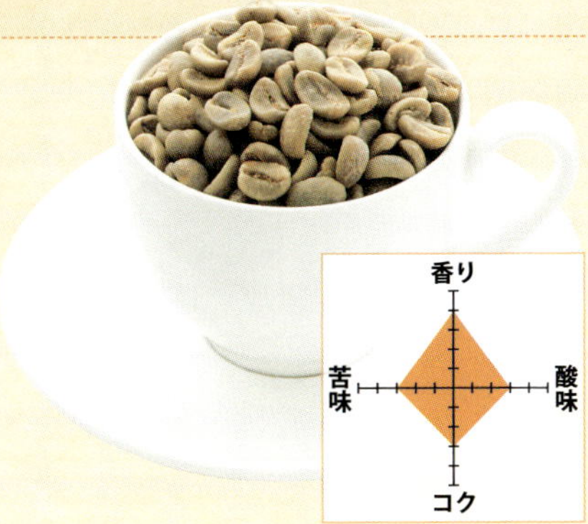

インドネシア
Indonesia

スマトラ島のシディカランにあるワハナ農園で生産される非常にユニークなマンデリン。インドネシアで一般的なスマトラ式ではなく、完熟果実をそのまま乾燥させるナチュラルで生産処理しためずらしい豆。近年の最新機器の導入によってこの生産処理が可能になった。

フレーバー

スマトラ式マンデリンにはない、モカを思わせるような独特な香りを持つ。強い甘味とパッションフルーツのようなフルーティな香りが楽しめる。

イエメン
Yemen

アル・マッカ
Al makha

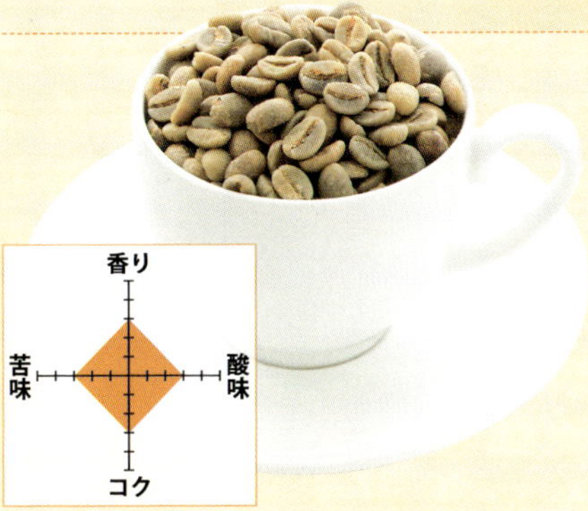

イエメンのハラズ、カイマ、バニ・マタルの3つの地域の小規模農家で栽培されるコーヒーチェリーを、コーヒープロセッシング社の最新式のイタリア製選別機を用い、一貫して生産処理する。高いクオリティと安定した品質でモカのなかでも最上級品として評価されている。

フレーバー

雑味のない透明感のある味わい。深いコクとワインのような豊かな風味、ほどよい苦味と酸味がある。フルーツのような香りが楽しめる。

イルガチェフ G2
Yirgacheffe G2

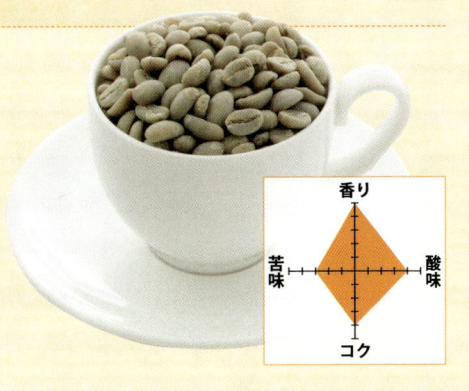

エチオピア
Ethiopia

シダモ地区の奥地、標高が2000mを超えるイルガチェフで産出される豆。有機栽培で育てられたコーヒーチェリーはウォッシュドの処理ののち、アフリカンベッド（乾燥棚）で乾燥。個性的なフレーバーで、エチオピアのコーヒーのなかでもトップクラスの品質を誇る。

フレーバー

やわらかな良質の酸味と、レモンが加わったダージリンを感じさせるフレーバー、赤ワインのような風味、上品な甘味が特徴。

コーヒー豆カタログ

世界の
プレミアムコーヒー

プレミアムコーヒーとは、通常流通しているコーヒー豆のなかでも、生産地や規格、品種などが限定され風味に優れた高品質のコーヒーのこと。値段も手ごろなものも多いので、毎日のコーヒーにぴったり。

ブラジル / Brazil

ブラジル サントス No.2

香ばしさとバランスのよさが人気で、ブレンドコーヒーのベースに使われることも多い豆。ブラジルの輸出規格による等級でNo.1は存在しないため、No.2が最高級品となる。

- 香り ★★★★
- 酸味 ★★
- 苦味 ★★
- コク ★★★

フレーバー
透明感のあるさわやかな酸味と、香り高いフローラルなアロマ、バターのような質感、バニラ、レモンを思わせる風味が楽しめる。

おすすめの焙煎度
中煎りか中深煎りが適している。

コロンビア / Colombia

コロンビア スプレモ

日本でも昔からよく知られる、大粒豆の代表格。コロンビアは豆のサイズで格付けしていて、この「スプレモ」はもっともサイズの大きい高級品質を示す。

- 香り ★★★★
- 酸味 ★★★★★
- 苦味 ★★★★
- コク ★★★★★

フレーバー
豊かな酸味とコクがあり、乾燥したヒマラヤ杉やヘーゼルナッツのような香りがする。

おすすめの焙煎度
中煎りですっきりとした味わい、中深煎り以上で重厚な味わいになる。

※チャートはおすすめの焙煎度で、味の各要素の「強さ」を表したもの。収穫年などにより変わる場合があります。

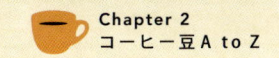

Chapter 2
コーヒー豆 A to Z

中南米エリア

コロンビア マラゴジッペ

コロンビア / Colombia

マラゴジッペ地方で発見されたティピカの突然変異種。大粒で肉厚なため、焙煎がむずかしい。適正に焙煎されたものはしっかりとした味わいと、重厚なコクが楽しめる。

フレーバー
深いコクと豊かな酸味があり、同じコロンビアでもスプレモよりやわらかな味わいが特徴。

おすすめの焙煎度
中深煎りが適している。

香り	★★★
酸味	★★★★
苦味	★★★
コク	★★★★

グアテマラ ウエウエテナンゴ

グアテマラ / Guatemala

肥沃な火山灰土壌が広がるグアテマラ北西部の高地、ウエウエテナンゴで生産。伝統的な農法によるコーヒー作りが行われていて、個性的な味わいが楽しめる。

フレーバー
豊かなコクとフルーツ系の酸味、チョコレートのような香ばしい風味を併せ持つ。

おすすめの焙煎度
中深煎りが適している。

香り	★★★★
酸味	★★★★
苦味	★★★
コク	★★★★

エルサルバドル SHG

エルサルバドル / El Salvador

香ばしさとバランスのよさが人気で、ブレンドコーヒーのベースによく使われる。際立つ個性はないが、ソフトな味わいで日本人好みの豆。

フレーバー
やわらかい酸味で、みかんや桃を感じさせるフレーバーを持つ。

おすすめの焙煎度
浅煎りか中煎りが適している。

香り	★★★
酸味	★★
苦味	★★
コク	★★★

中南米エリア

ニカラグア / Nicaragua

ニカラグア SHG

グレードの高いコーヒーを産出するヌエバ・セゴビア地区にある小規模農園の、いろいろな木の豆が混ざっているユニークなコーヒー。

- 香り ★★★
- 酸味 ★★★
- 苦味 ★★★★
- コク ★★★

フレーバー
すっきりとしたオレンジ系のきれいな酸味。日本人好みの味わい。

おすすめの焙煎度
中煎りが適している。硬い豆は中深煎りで。

コスタリカ / Costa Rica

コスタリカ SHB

タラス地区など山岳の8つの地域で栽培されている。サイズは小〜中粒でまとまっており、肉厚。上手に焙煎されたものは良質な酸味が楽しめる。

- 香り ★★★
- 酸味 ★★★★
- 苦味 ★★★
- コク ★★★

フレーバー
豊かな酸味と、果実がじっくりと熟したような甘さを併せ持つ。

おすすめの焙煎度
中深煎りが適している。

パナマ / Panama

SHB ボケテ

ボケテ地区の標高1400〜1700mの、非常に狭いエリアで栽培されている高品質コーヒー。ジャマイカなどカリブ海地域の豆に近い個性を持っている。

- 香り ★★★★
- 酸味 ★★★
- 苦味 ★★★
- コク ★★★★

フレーバー
適度な酸味と苦味で飲みやすい。コーヒーらしいコーヒーと言える。

おすすめの焙煎度
やや浅煎りか中煎りが適している。

コーヒー豆カタログ

※チャートはおすすめの焙煎度で、味の各要素の「強さ」を表したもの。収穫年などにより変わる場合があります。

Chapter 2
コーヒー豆 A to Z

中南米エリア

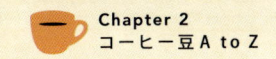

ジャマイカ ブルーマウンテン No.1

ジャマイカ / Jamaica

ジャマイカの最高級ブランドであるブルーマウンテンのなかでも、大粒のものだけを選別したもの。日本でも昔から親しまれている、個性際立つコーヒー。

フレーバー
香りを飲むといわれるほど気品のある花のような香り、コク、甘味が揃う。

おすすめの焙煎度
中煎りが適している。

- 香り ★★★★★
- 酸味 ★★★
- 苦味 ★★
- コク ★★★★

ハラバコア

ドミニカ共和国 / Dominican Rep.

デュアルテ山のふもとの山岳地帯に広がるハラバコア地区で栽培されている。同じ地域からスペシャルティコーヒーも出ている。

フレーバー
風味が強く、濃い飲み口の豆。酸味もきつめで、香りも立つ。

おすすめの焙煎度
中煎りが適している。

- 香り ★★★★
- 酸味 ★★★★★
- 苦味 ★★★★
- コク ★★★★

メキシコ アルトゥーラ ラスヌベス農園

メキシコ / Mexico

産地の標高で格付けされるメキシコのコーヒーのなかで、アルトゥーラは最上級のもの。欠点豆が少なく、価格は比較的リーズナブル。

フレーバー
独特の上品な風味を持つ、さっぱりとした味わい。

おすすめの焙煎度
さほど肉厚でないので煎りやすい。中煎りが適している。

- 香り ★★★★
- 酸味 ★★★
- 苦味 ★★
- コク ★★★

アジア・太平洋エリア

🇺🇸 ハワイ / Hawaii

ハワイ コナ エクストラファンシー

ハワイ島の火山灰質の土壌で栽培される、欠点豆のほとんどない高品質のコーヒー。ミネラル感に満ちて、バターのようなテイストも併せ持つ。

- 香り ★★★★
- 酸味 ★★★
- 苦味 ★★★
- コク ★★★★★

フレーバー
ほどよい酸味とコク、焼きたてのトーストのような香ばしい風味、柑橘系の香りを持つ。

おすすめの焙煎度
中深煎りが適している。

🇮🇩 インドネシア / Indonesia

インドネシア スマトラ マンデリン ブルーバタック

スマトラ島のアチェ州にあるタワール湖のそばで生産される高品質の豆。すっきりと雑味の少ない味わいで、豊かな香りを楽しみたい人におすすめ。

- 香り ★★★★★
- 酸味 ★★★★
- 苦味 ★★★★
- コク ★★★★

フレーバー
熟したトロピカルフルーツ、または根菜やハーブのような甘い香りを持つ。ほどよい苦味と酸味。

おすすめの焙煎度
中深煎りでバランスがよくなる。独特の香りが好きなら中煎りでも。

🇵🇬 パプア・ニューギニア / Papua New Guinea

パプア・ニューギニア AA

標高の高いマウントハーゲン地域で栽培された高級豆。粒が大きく、ブルーマウンテンに似た形をしていて、風味が濃い。

- 香り ★★★★
- 酸味 ★★★
- 苦味 ★★★★
- コク ★★★★

フレーバー
酸味の質がよく、トロピカルフルーツ系のフレーバーと甘味が感じられる。

おすすめの焙煎度
中深煎りが適している。

▼▼▼ コーヒー豆カタログ ▲▲▲

※チャートはおすすめの焙煎度で、味の各要素の「強さ」を表したもの。収穫年などにより変わる場合があります。

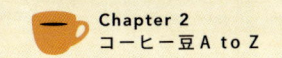

Chapter 2 コーヒー豆 A to Z

アジア・太平洋エリア

インディア APAA ブルックリン農園

インド　India

インドの産地のなかでも標高の高いシェバロイ地区のブルックリン農園で生産。味や香りが複雑で、スパイシーさを感じさせる。

フレーバー
ウコンを思わせるスパイシーな香りと、ほどよい苦味がある。

おすすめの焙煎度
深煎りが適している。

香り	★★★★★
酸味	★★★★★
苦味	★★★★
コク	★★★★★

ベトナム アラビカ

ベトナム　Vietnam

ロブスタ生産国のベトナムで希少価値の高いアラビカの豆。フランス領であった時代に高級豆として栽培がスタートしたと言われている。

フレーバー
酸味も苦味もほどほどで、やさしい味わいのマイルドなコーヒー。

おすすめの焙煎度
浅煎りが適している。

香り	★★
酸味	★★
苦味	★
コク	★★

アフリカ・中東エリア

エチオピア / Ethiopia

エチオピア カファ

アラビカ種の原産地であるエチオピアの南西部に位置するカファで生産されるコーヒー。カファはコーヒーの語源といわれている。

- 香り ★★★★
- 酸味 ★★
- 苦味 ★★★
- コク ★★★

フレーバー
エチオピアの豆のなかでも、とくに上質な酸味とフルーティーな香りが楽しめる。

おすすめの焙煎度
中深煎りが適している。

イエメン / Yemen

イエメン モカ マタリ

モカとはかつてコーヒーが出荷されていた港町の名前。「モカ マタリ」はイエメン産のコーヒーで最高級の位置づけで、深いコクのある味わいが特徴。

- 香り ★★★★
- 酸味 ★★★★★
- 苦味 ★★
- コク ★★★★★

フレーバー
フルーツのような香りと酸味、ワインのような力強い豊かなコクがある。

おすすめの焙煎度
中煎りが適している。

ケニア / Kenya

ケニア AA

ケニアで最高級豆のグレードであるAAがつくコーヒー。ヨーロッパで第一級の豆として扱われる。色、形が揃っていて、品質が安定している。

- 香り ★★★★
- 酸味 ★★★★★
- 苦味 ★★★★★
- コク ★★★★

フレーバー
上質な香りとのびのあるコク、品のある甘さが感じられるコーヒー。

おすすめの焙煎度
中深煎りが適している。肉厚のため、火が通りにくい。

▼▼▼ コーヒー豆カタログ ▲▲▲

※チャートはおすすめの焙煎度で、味の各要素の「強さ」を表したもの。収穫年などにより変わる場合があります。

Chapter 2　コーヒー豆 A to Z

アフリカ・中東エリア

タンザニア AA アサンテ

タンザニア　Tanzania

日本では「キリマンジャロ」の名前で知られる、非常にポピュラーなコーヒー。ケニアとの国境に近いキリマンジャロ山周辺で生産されている。

フレーバー
非常に質のよい酸味、コク、香りを持つ。

おすすめの焙煎度
中深煎り以上で濃厚な味わいになる。

- 香り ★★★★
- 酸味 ★★★★
- 苦味 ★★★★★
- コク ★★★★

ウガンダ アラビカ AA

ウガンダ　Uganda

ロブスタをメインに栽培しているウガンダで、希少なアラビカの豆。近隣のケニア、エチオピアとは違う風味が楽しめる。おもにエルゴ山のふもとで栽培されている。

フレーバー
ナッツ系のスパイシーな香りでキレがよく、適度な苦味がある。

おすすめの焙煎度
中深煎りか深煎りが適している。

- 香り ★★★
- 酸味 ★★
- 苦味 ★★★
- コク ★★★

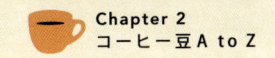

カメルーン アラビカ

カメルーン　Cameroon

先の尖った丸形の大きな豆で、エチオピアのロングベリーに形、風味とも似ている。近年、日本の市場へも出回るようになり、一部で人気を集めている。

フレーバー
レモンまたはレモンティーのような香りが強い。香りにくらべて酸味はほどほど。

おすすめの焙煎度
浅煎りが適している。

- 香り ★★★★
- 酸味 ★★
- 苦味 ★★★
- コク ★★★

| コロンビア スプレモ | | インディア APAA ブルックリン農園 | |
| Colombia | P116 | India | P121 |

| | | ケニア AA | |
| | | Kenya | P122 |

| コスタリカ SHB | | ハラバコア | |
| Costa Rica | P118 | Dominican Rep. | P119 |

| コロンビア マラゴジッペ | | インドネシア スマトラ マンデリン ブルーバタック | |
| Colombia | P117 | Indonesia | P120 |

| SHB ボケテ | | タンザニア AA アサンテ | |
| Panama | P118 | Tanzania | P123 |

| ウガンダ アラビカ AA | | パプア・ニューギニア AA | |
| Uganda | P123 | Papua New Guinea | P120 |

| カメルーン アラビカ | | ニカラグア SHG | |
| Cameroon | P123 | Nicaragua | P118 |

▼▼▼ コーヒー豆カタログ ▲▲▲

プレミアムコーヒー 味のマトリックス

P116から紹介しているプレミアムコーヒーの味のマトリックスです。ここから好みの豆を探してみるのもいいでしょう。

コーヒーの苦味と酸味について

ここで紹介している苦味と酸味は、おすすめの焙煎度で煎った場合のものです。コーヒーは焙煎の度合いで味が異なってきます。一般的に深煎りにすれば苦味は強く、酸味は弱くなり、逆に浅煎りにすれば苦味は弱く、酸味は強くなります。

4　　　5

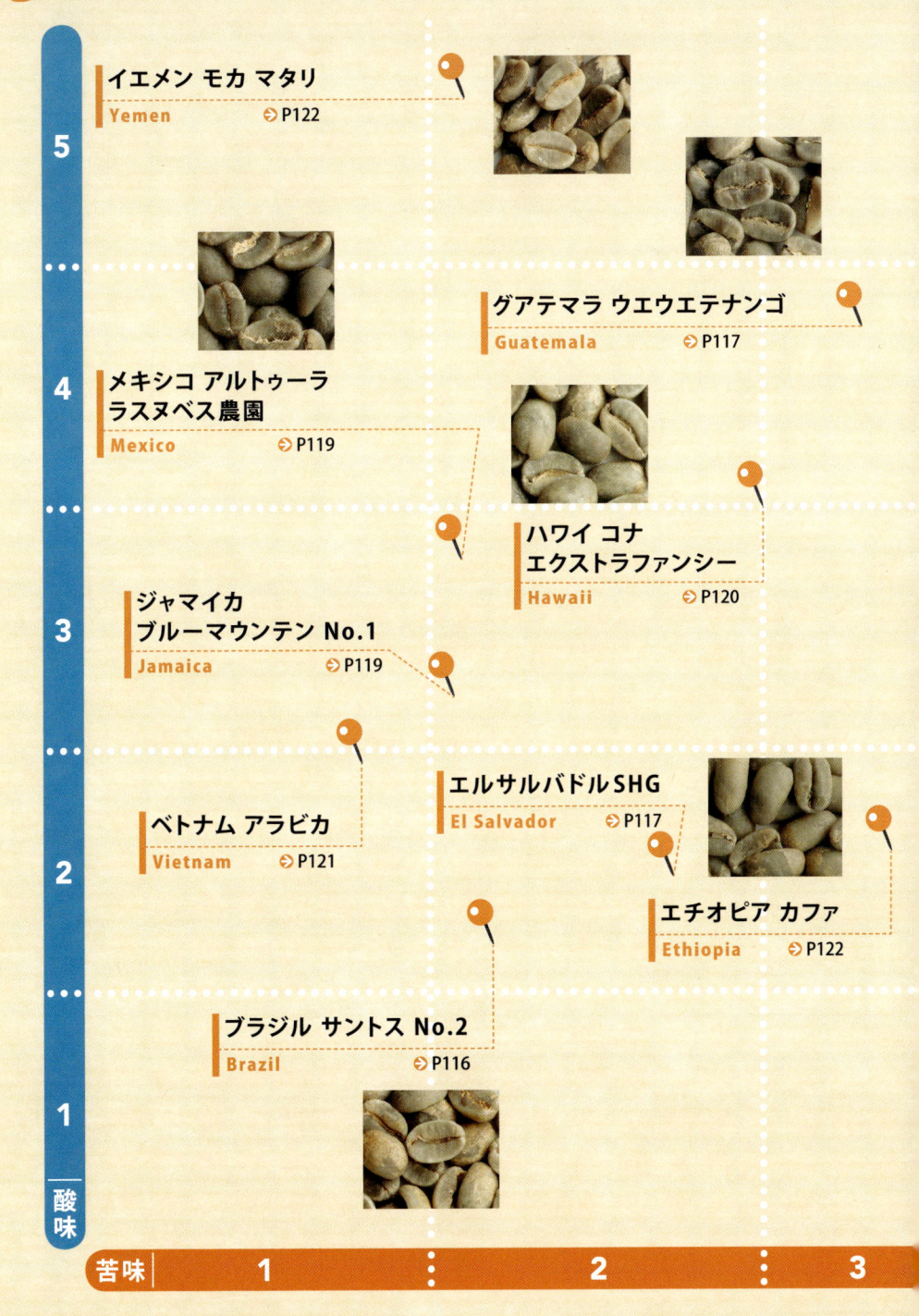

Chapter 2
コーヒー豆 A to Z

5 イエメン モカ マタリ
Yemen　→ P122

4 メキシコ アルトゥーラ ラスヌベス農園
Mexico　→ P119

グアテマラ ウエウエテナンゴ
Guatemala　→ P117

3 ジャマイカ ブルーマウンテン No.1
Jamaica　→ P119

ハワイ コナ エクストラファンシー
Hawaii　→ P120

2 ベトナム アラビカ
Vietnam　→ P121

エルサルバドル SHG
El Salvador　→ P117

エチオピア カファ
Ethiopia　→ P122

1 ブラジル サントス No.2
Brazil　→ P116

酸味

苦味　|　1　|　2　|　3

コーヒー生産地ガイド

産地を知ればコーヒーがもっと身近になる！

スペシャルティコーヒーが登場し、コーヒーの個性が注目される今、その生産地への関心も高まっています。栽培や生産処理など、注目の生産地の様子をのぞいてみましょう。

Check the coffee farm

Coffee Belt

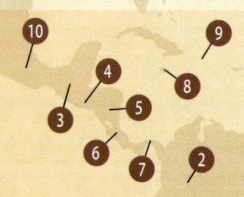

赤道

中南米エリア

① ブラジル Brazil → P128
　生産量世界一のコーヒー大国

② コロンビア Colombia → P129
　小規模農園が作る多様な味わい

③ グアテマラ Guatemala → P130
　伝統的製法による良質な豆

④ エルサルバドル El Salvador → P131
　近年、パカマラで注目を集める

⑤ ニカラグア Nicaragua → P132
　高品質のスペシャルティを生産

⑥ コスタリカ Costa Rica → P133
　独自の生産システムによる高品質の豆

⑦ パナマ Panama → P134
　ボケテのゲイシャで注目を集める

⑧ ジャマイカ Jamaica → P135
　高品質のブルーマウンテンで知られる

⑨ ドミニカ共和国 Dominican Rep. → P136
　山岳地帯で生産される希少性の高い豆

⑩ メキシコ Mexico → P145
　有機栽培のコーヒーの生産も盛ん

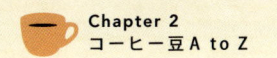

Chapter 2
コーヒー豆 A to Z

アフリカ・中東エリア

⑯ **エチオピア** Ethiopia ➡ P140
アラビカ種の原産国

⑰ **イエメン** Yemen ➡ P141
モカマタリで古くから親しまれる

⑱ **ケニア** Kenya ➡ P142
収穫は年2回。コーヒーの研究も盛ん

⑲ **タンザニア** Tanzania ➡ P143
キリマンジャロなど多様な品種を栽培

⑳ **ウガンダ** Uganda ➡ P145
コーヒーが輸出品目第1位

㉑ **カメルーン** Cameroon ➡ P145
ロブスタ中心だが希少なアラビカ種も

アジア・太平洋エリア

⑪ **ハワイ** Hawaii ➡ P137
厳しい規格による高品質のコナコーヒー

⑫ **インドネシア** Indonesia ➡ P138
スマトラ島のマンデリンで知られる

⑬ **パプア・ニューギニア** Papua New Guinea ➡ P139
冷涼な高原で栽培される高品質の豆

⑭ **インド** India ➡ P144
アジア最大のアラビカ種の生産国

⑮ **ベトナム** Vietnam ➡ P144
ロブスタの生産量世界一を誇る

ブラジル

Brazil

面積 ▶ 約851万1,965km²
人口 ▶ 約1億9,400万人
気候 ▶ 大部分は熱帯気候だが、国土が広いのでほかに亜熱帯気候、半砂漠型乾燥気候、温帯気候の地域がある。

代表的な豆
ブラジル サントス No.2
▶ P116

カルモ・デ・オロ ▶ P113
ファゼンダ・ヘカント
▶ P114

生産量は世界第1位　国内消費も増加中

広大な国土を有するブラジルは、コーヒー栽培においても産出量世界第1位を誇るコーヒー大国です。近年は国内での消費も増加しており、アメリカに次いで世界で2番目に大きな消費国となりました。

ブラジルでコーヒーの生産が始まったのは1727年。栽培に適した気候と肥沃な土壌が広がる東南部のミナス・ジェライス州、サンパウロ州、パラナ州の3州を中心に生産が行われてきました。近年、南部地方が霜害を受けて栽培地域が徐々に北上。現在ではミナス・ジェライス州のセラード地区を中心に、灌漑施設や機械化が進んだ大規模農園での栽培が盛んに行われています。生産されている豆も多岐にわたり、ブルボンなどのアラビカ種のほか、病気に強いカネフォラ種のコロニンも栽培されています。

標高1100～1250mのカルモデミナスで、完熟果実のみを収穫して生産処理されるカルモ・デ・オロは、国際的な品評会で高い評価を受けている。

栽培品種
ブルボン、ムンドノーボ、カトゥアイなどのアラビカ種。カネフォラ種のコロニンも。

生産処理
おもにナチュラルで処理される。一部でパルプドナチュラルも行われている。

評価方法
スクリーンサイズと欠点豆の数によって「タイプ2」から「タイプ6」まで格付けされる。スクリーンサイズがS17（6.75mm）～18（7mm）で、サンプル300g中、欠点豆混入による欠点数11点以下のものが最高ランクの「タイプ2」。

Chapter 2
コーヒー豆 A to Z

コロンビア
Colombia

代表的な豆
コロンビア マラゴジッペ
→P117

コロンビア スプレモ
→P116

コロンビア・マグダレナ
→P114

- 面積 ▶ 約113万9,000km²
- 人口 ▶ 約4,570万人
- 気候 ▶ 標高により熱帯気候、亜熱帯気候、温帯気候、寒帯気候に分かれる。

FNCが管理する高品質のコーヒー

標高5000mを超えるアンデス山系のふもとで行われるコロンビアのコーヒー生産。生産者のほとんどが標高1000～2000mの山の急斜面にある小規模農園でありながら、ブラジル、ベトナムに次ぐ、世界第3位の生産量を誇っています。

コロンビアのコーヒー生産を支えるのがコロンビア国立コーヒー生産者連合会（FNC）です。コーヒーの生産から流通までを管理し、スペシャルティコーヒーへの取り組みも積極的に行っています。シェードツリーを利用した栽培、ハンドピックによる収穫、水の利用を抑えるための小規模農家用の最新機器の導入など、隣国のブラジルとは違ったアプローチで、特徴ある高品質な豆を生産しています。赤道直下にあるため、年に2回収穫期があるのも特徴です。

栽培品種
カトゥーラ、カスティージョ、コロンビア、ティピカなどがおもに栽培されている。

生産処理
収穫は10～1月と4～6月の年に2回行われる。ウォッシュドが中心。

評価方法
スクリーンサイズによって格付けされる。スクリーンサイズがS17（6.75mm）以上の豆は「スプレモ」、S14（5.5mm）～16（6.5mm）のものは「エクセルソ」と分類される。

おもな栽培エリアは国の西側。とくにウイラ県の小規模農園の組合であるマグダレナはその質の高さで知られる。近年、東側のメタも注目されている。

グアテマラ

Guatemala

代表的な豆
グアテマラ ウエウエテナンゴ
→P117

エル・インヘルト・パカマラ
→P112

面積 ▶ 約10万8,889㎢
人口 ▶ 約1,436万人
気候 ▶ 熱帯気候だが、標高によって気温がかなり違ってくる。5〜10月が雨季。

伝統的製法から生まれる個性豊かなコーヒー

3000m級の多くの火山を有するグアテマラの国土は、北の北米平地、標高の高い中部高地、太平洋側の南部沿岸地帯の大きく3つのエリアに分けられます。コーヒーの栽培も高山地帯から北部の平地、太平洋側や大西洋側など、さまざまな条件のもとで行われています。おもな生産地はアンティグア、アティトラン、サンマルコス、コバンなど。また、近年は肥沃な火山灰土壌と気象条件に恵まれたウエウエテナンゴにも注目が集まっています。

グアテマラでは生産者と輸出業者によって運営されるコーヒー機関、アナカフェ（グアテマラ国立コーヒー協会）による農業支援が積極的に行われています。農園は大小がありますが、伝統的な農法で、個性豊かなスペシャルティコーヒーが数多く誕生しています。

栽培品種
ブルボン、カトゥーラ、カトゥアイなど。

生産処理
収穫は9〜4月にかけて。ウォッシュドが中心で、天日乾燥または機械乾燥されている。

評価方法
標高によって等級が分けられているが、フレーバーで決定されることも多い。標高1300m以上が「ストリクトリー ハード ビーン（SHB）」、1200〜1300mが「ハード ビーン（HB）」、900〜1050mが「エクストラ プライム ウォッシュド（EPW）」と分類される。

ウエウエテナンゴのエル・インヘルト農園では、グアテマラのスペシャルティコーヒーの品評会でも毎年上位入賞を果たす、トップクラスの豆を生産している。

▼▼▼ コーヒー生産地ガイド ▲▲▲

Chapter 2
コーヒー豆 A to Z

エルサルバドル
El Salvador

代表的な豆
- エルサルバトルSHG ➡P117
- シャングリラ農園 ➡P113

- 面積 ▶ 約2万1,040km²
- 人口 ▶ 約616万人
- 気候 ▶ 海岸地帯は熱帯気候、高原地帯は亜熱帯気候に分かれる。

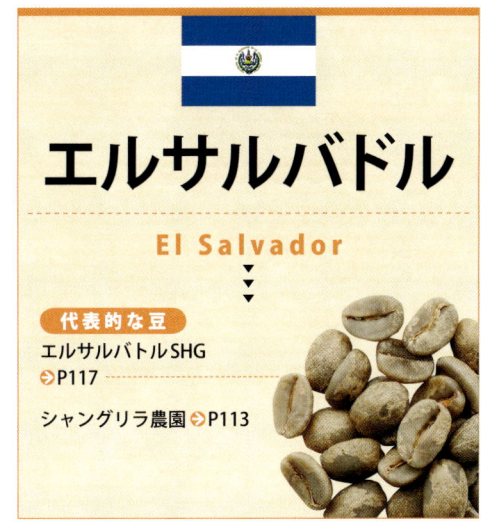

パカマラで注目を集める小さな生産国

エルサルバドルはコーヒー栽培に適した肥沃な火山灰土壌で、古くから世界でも生産性の高い地域として知られていましたが、1980～90年代の内戦でコーヒー栽培にも空白期間が生まれてしまいました。しかし、この時期にコーヒーの木の植え替えが行われず、ブルボン種が多く残るという地域特性が生まれたのです。小規模農園が多く、国立コーヒー研究所が中心となって品種改良や生産技術の向上に努めています。近年、開発されたパカマラ種はスペシャルティコーヒーとして高い評価を受けています。西部のサンタアナや東部のウスルタン、中部のラリベルタなどが代表的な産地として知られています。

栽培品種
ブルボンが多い。パカマラはブルボンの突然変異種パカスとマラゴジッペの交配種で、エルサルバドル特有の品種。

生産処理
収穫は9～4月にかけて行われる。伝統的なウォッシュドが中心で、天日乾燥または機械乾燥を行っている。

評価方法
標高によって1200m以上が「ストリクトリーハイ グロウン（SHG）」、900～1200mが「ハイ グロウン（HG）」と分類される。

西部アパネカのシャングリラ丘陵に広がるシャングリラ農園は、品質にこだわった栽培がされていて、COE入賞の実績を持つ。

ニカラグア

Nicaragua

- 面積 ▶ 約12万9,541㎢
- 人口 ▶ 約574万人
- 気候 ▶ 熱帯気候で、5〜10月が雨季となる。

代表的な豆
ニカラグア SHG
→P118

ラ・コパ・デ・カサ・ブランカ →P113

スペシャルティコーヒーの新しい生産国として注目

広い国土を有するニカラグアは、山岳地帯の中部から西部と、ジャングルが広がる東部に大きく分けられます。コーヒーの栽培が行われているのはおもに西部です。雨季と乾季がはっきりと分かれた温暖な気候で、コーヒー栽培に適した条件に恵まれています。ニカラグアの"コーヒーの首都"とよばれるヒノテガ、マダガルパは大農園の多い伝統的な生産地です。

2002年からはCOEが行われ、高品質のコーヒーの生産国として評価されるようになりました。とくに近年、注目を集めているのがヌエバ・セゴビアです。ホンジュラスとの国境に近い険しい山岳地帯で、標高が高く、小規模農家が多いのが特徴です。生産者の品質への意識が高く、個性豊かなスペシャルティコーヒーを産出しています。

栽培品種
カトゥーラ、カトゥアイ、マラゴジッペ、パカマラ、ブルボンなど。

生産処理
収穫は10〜2月にかけて行われる。ウォッシュドが中心で天日乾燥を行っている。

評価方法
標高によって1500〜2000m以上が「ストリクトリー ハイ グロウン(SHG)」、1300〜1500mが「ハイ グロウン(HG)」、1000〜1300mが「ミディアム グロウン(MG)」、500〜1000mが「ロー グロウン(LG)」と分類される。

ヌエバ・セゴビアの急峻な山岳地帯にあるカサ・ブランカ農園は、ニカラグア初となる最新の生産処理機を導入。COEでの入賞など、世界的評価も高い。

▶ コーヒー生産地ガイド

Chapter 2
コーヒー豆 A to Z

コスタリカ
Costa Rica

代表的な豆
コスタリカSHB
→P118

COSTA RICA
セントラルバレー
サンホセ
ウエストバレー
トレスリオス
タラス

- 面積 ▶ 約5万1,100km²
- 人口 ▶ 約458万人
- 気候 ▶ 熱帯気候だが、標高や地域で変化がある。5〜11月が雨季となる。

コーヒー栽培に最適な環境とコンパクトな生産システム

火山質の肥沃な土壌、高い標高、気象などコーヒー栽培に最適な条件が揃うコスタリカ。同時に経済発展も進む国で、都市化が進む一方、コーヒー農園は減少しつつあります。そんななか、政府や生産者、輸出業者などによってコスタリカコーヒー協会（ICAFE）が組織され、コーヒー産業を全面的にバックアップしています。

小規模農園が多いコスタリカでは、近年「マイクロミル」というコンパクトな生産処理機器を導入し、生産性とクオリティを高めるシステムを作り上げてきました。その結果、スペシャルティコーヒーの分野でも注目を集め、単位面積あたりの収穫量では世界最高を誇る生産国となったのです。おもな産地はタラスやトレスリオス、セントラルバレー、ウエストバレーなどです。

栽培品種
カトゥーラ、カトゥアイなど。ロブスタ種の栽培はコスタリカの法律で禁止されている。

生産処理
収穫は11〜3月にかけて行われる。パルプドナチュラルが主流で、果肉とともにミューシレージまで取り除く方法がとられている。

評価方法
標高によって決定される。標高が高いほうから「ストリクトリー ハード ビーン（SHB）」、「グッド ハード ビーン（GHB）」、「ハード ビーン（HB）」と分類される。

セントラルバレーにあるブルマス・デル・スルキは、120年の歴史を持つ農園。はちみつのような甘味と香りのハニーコーヒーを生産し、国際的な評価も高い。

パナマ

Panama

代表的な豆
SHB ボケテ
→P118

パナマ エスメラルダ・ゲイシャ →P112

面積 ▶ 約7万5,517km²
人口 ▶ 約332万人
気候 ▶ 亜熱帯気候で、5〜11月が雨季となる。

ゲイシャで脚光を浴びた 質にこだわる生産国

東西に長いパナマでコーヒー栽培が行われているのは、おもに西側のコスタリカとの国境近くのバル山を中心とするエリアです。なかでも近年、とくに注目を集めているのが、バル山東側に広がるボケテです。霧が多く、昼夜の寒暖差がはっきりとした冷涼な気候で、リゾート地としても知られています。2004年一大ブームを巻き起こしたゲイシャが生み出されたのがまさにこの産地。今ではゲイシャの栽培も広がりを見せています。ほかにもレナシミエントやボルカンもよく知られた産地です。

パナマはコーヒーの約9割をアメリカに輸出していますが、スペシャルティコーヒーの品評会が開催されるようになり、個性的で高品質なコーヒーが世界に知られるようになりました。

栽培品種
カトゥーラ、カトゥアイが多い。ゲイシャの栽培も増えている。また、中米ではめずらしい品種改良をしていないティピカを、伝統的な農法で栽培している。

生産処理
収穫は9〜3月にかけて。ウォッシュドが中心で、天日乾燥または機械乾燥が行われている。

評価方法
標高によって決定される。標高が高いほうから「ストリクトリー ハード ビーン(SHB)」、「ハード ビーン(HB)」と分類される。

バル山の山すそに広がるボケテ地区にあるラ・エスメラルダ農園は、ゲイシャで一躍脚光を浴びた。ていねいな生産処理で高品質の豆を作り出している。

コーヒー生産地ガイド

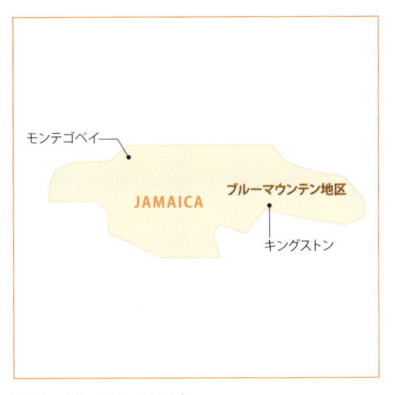

Chapter 2
コーヒー豆 A to Z

ジャマイカ

Jamaica

代表的な豆
ジャマイカ
ブルーマウンテンNo.1
→P119

- 面積 ▶ 約1万1,424km²
- 人口 ▶ 約272万人
- 気候 ▶ 熱帯気候だが、標高が高い地域は気温が低く、降水量が多い。

地図：モンテゴベイ、JAMAICA、ブルーマウンテン地区、キングストン

コーヒーの王様 ブルーマウンテンの生産地

ジャマイカは東部にブルーマウンテン山脈がそびえ、国土の大部分が低い山地地帯という自然豊かな島。ジャマイカの名前は先住民の「XAYMACA（森と水の大地）」に由来します。弱酸性の土壌と豊富な雨量、昼夜の寒暖差が8℃以上というコーヒー栽培に非常に適した環境のもと、高品質な豆が生産されています。

ジャマイカのコーヒーと言えばブルーマウンテン。ジャマイカ政府によるコーヒー・インダストリー・ボード（CIB）が品質管理を行い、世界ではじめて地理的な特定地域のコーヒーをブランドにしたものです。具体的には、ブルーマウンテン山脈周辺のブルーマウンテン地区で栽培された豆で、指定された生産処理工場で処理されたものだけがブルーマウンテンを名乗ることができるのです。

栽培品種
周辺の島々ではカトゥーラが増えるなか、ジャマイカではティピカがほとんどを占める。

生産処理
収穫は10月ごろから始まる。ウォッシュドが中心。

評価方法
ブルーマウンテンには独自の規格があり、スクリーンサイズと欠点豆で決定される。サイズが大きい順に「No.1」「No.2」「No.3」と分類される。そのほかのコーヒーは標高やスクリーンサイズなどで決定される。

UCCブルーマウンテンコーヒー・クレイトン農園では環境への取り組みが積極的に行われていて、カリブ地域の農園としてはじめてレインフォレスト・アライアンス認証を取得した。

ドミニカ共和国
Dominican Rep.

面積 ▶ 約4万8,442km²
人口 ▶ 約1,001万人
気候 ▶ 熱帯気候で、5〜11月が雨季となる。

代表的な豆
ハラバコア
➡P119

希少性の高いカリブ産コーヒー

カリブ海に浮かぶイスパニョーラ島の東側を占めるドミニカ共和国。面積は九州より少し広い程度とそれほど大きくはありませんが、カリブ海地域最高峰のデュアルテ山を中心とする中央山脈をはじめ、4つの大きな山脈が走る、起伏に富んだ国土です。このコーヒー栽培に適した山岳地帯で、希少性の高い高品質なコーヒーの生産が行われています。

おもな生産地は北部サンティアゴ州のシバオや、南部のバラオナの高地です。シバオは豊かなフレーバーで知られています。バラオナのコーヒーはカリブ産特有のやわらかなフレーバーに、ハーブのような香りが特徴です。近年、生産量が減少しているうえ、国内消費が急上昇しているため、日本でも希少な豆となっています。

栽培品種
バラオナにはティピカが多いが、ほかの地域では生産性を重視し、低木で扱いやすいカトゥーラへの移行が進んでいる。

生産処理
収穫は低地は9月ごろから、高地は11月ごろから始まる。ナチュラルが多かったが、近年はウォッシュドが中心となっている。

評価方法
スクリーンサイズによる評価方法はあるものの、シバオやバラオナなど高級品を生産する産地による格付けが主流となっている。

デュアルテ山の西部にあるカロマ農園は、環境に配慮した生産を行う、ドミニカでトップクラスの農園。長年、スイスの老舗ロースターからスペシャルティとして支持され、COE受賞も果たしている。

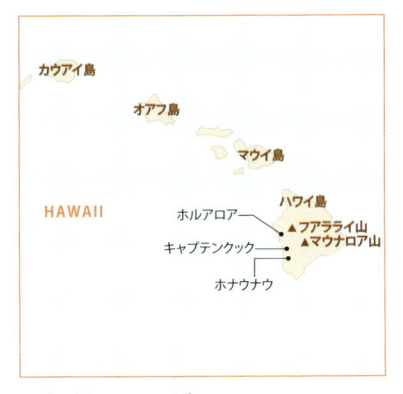

Chapter 2
コーヒー豆 A to Z

ハワイ

Hawaii

代表的な豆
ハワイ コナ
エクストラファンシー
→P120

面積 ▶ 約1万6,635km²
人口 ▶ 約125万人
気候 ▶ ハワイ島は標高差が激しく、ひとつの島の中に11の気候帯があると言われている。

厳しく生産管理された高品質のハワイコナ

ハワイ島は有機質に富んだ火山性の肥沃な土壌に適度な雨量があり、昼夜の寒暖差も大きく、コーヒー栽培に非常に適した環境が広がっています。

おもな栽培地域は、西部のホルアロア、キャプテンクック、ホナウナウを中心としたコナ地区と呼ばれる一帯。北西から吹く風がフアラライ山上空で雲となり、コーヒー農園が点在する西側の斜面に豊かな雨を降らせます。

ハワイ島のコーヒーは、ほかの品種と交配させないように政府によって厳しく管理されています。輸出のための規格も厳しく、高品質の豆だけが安定的に市場に出回っています。ハワイ諸島ではほかにカウアイ島やマウイ島でもコーヒー栽培が行われていますが、ほとんどがアメリカ国内で消費されています。

コナコーヒーベルトと呼ばれるホルアロア周辺に広がるマウカメドウズ農園は、ハワイ島最大規模の農園。理想的な環境のもとで、最高品質のハワイコナが生産されている。

栽培品種
ハワイ島では、ハワイ種と呼ばれるほど個性のはっきりとしたティピカを栽培。

生産処理
収穫は9〜1月にかけて。ウォッシュドが中心で天日乾燥または機械乾燥が行われる。

評価方法
スクリーンサイズ、色、光沢、欠点豆の含有量、湿度、カップテストで決定される。優良な豆から、さらにハワイ州政府の定める厳しい輸出規格をクリアした豆だけが「コナコーヒー」を名乗ることができる。

インドネシア

Indonesia

面積 ▶ 約189万㎢
人口 ▶ 約2億3800万人
気候 ▶ 熱帯気候とモンスーン気候に分かれ、11〜4月が雨季となる。

スマトラ島のシディカランにあるワハナ農園では、通常のスマトラ式ではなく、ナチュラルのマンデリンという非常にユニークなコーヒーを生産している。

代表的な豆
インドネシア スマトラ マンデリン ブルーバタック
➡ P120

インドネシア ナチュラルマンデリン
➡ P115

栽培品種
カチモール、ティピカ、ロブスタなど。

生産処理
収穫は4〜9月と11〜3月の2回に分けて行われる。生産処理はナチュラルが中心だが、一部でウォッシュドも行われている。

評価方法
スクリーンサイズと欠点豆によって格付けされている。スクリーンサイズは大きいものから「ラージ」「スモール」と分類される。欠点豆は少ないものから「グレード1」〜「グレード5」まで5段階に分類される。

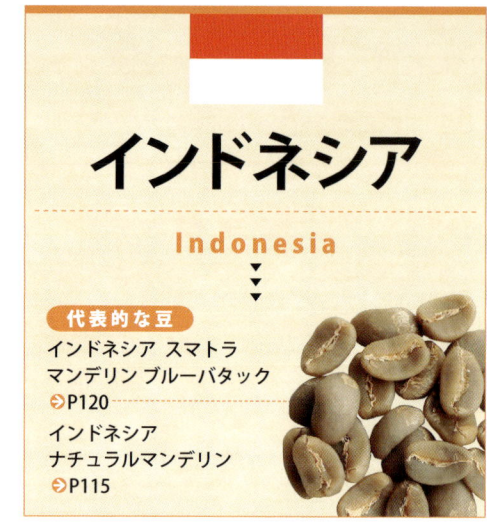

世界的に評価の高いスマトラ島のマンデリン

インドネシアは約17000の島々からなり、スマトラ島、ジャワ島、スラウェシ島がおもな産地となっています。コーヒー栽培は古くから行われていますが、1860年代にサビ病が発生し、アラビカ種が壊滅状態となってからは、病害虫に強いカネフォラ種のロブスタに転作し、現在では世界第4位のコーヒー生産国となりました。

インドネシアのコーヒーの代名詞ともいえるのが、スマトラ島のアチェ州を中心に栽培されるマンデリンです。一般的にスマトラ島のアラビカ種がマンデリンと呼ばれていて、スペシャルティコーヒーとしても評価されています。ほかにもスラウェシ島のトラジャも多くの支持を受けるコーヒーです。また、インドネシアでは生豆の状態で乾燥させるスマトラ方式という独特な生産処理がなされているのも特徴です。

コーヒー生産地ガイド

Chapter 2
コーヒー豆 A to Z

パプア・ニューギニア
Papua New Guinea

代表的な豆

パプア・ニューギニア AA
→ P120

シグリ AA
→ P114

面積 ▶ 約46万2,840km²
人口 ▶ 約673万人
気候 ▶ 熱帯気候で、12〜3月が雨季となる。

冷涼な気候と豊かな雨量 世界でも新しい産地

南太平洋に浮かぶニューギニア島の東半分と約600の島々からなるパプア・ニューギニア。1928年に商業的なコーヒー栽培がスタートした、世界でも比較的新しい産地です。ジャマイカのブルーマウンテンからアラビカの種子が移植されて、本格的な栽培が始まりました。ほかにもケニアから持ち込まれたアルシャなどの品種が栽培されています。

おもな産地は、マウントハーゲンを中心とするニューギニア中央高原一帯です。ここは「一日で一年の気候をくり返す」といわれるほど気候の変化に富んだエリア。標高が高く冷涼な気候で、降水量が多いという、コーヒー栽培に最適な条件が揃っています。

マウントハーゲンのワギバレー地区にあるシグリ農園では、ヨーロッパを中心に評価の高い、最高品質のティピカやブルボンを生産している。

栽培品種
ティピカ、ブルボン、アルシャなどがおもに栽培されている。

生産処理
収穫は4〜9月に行われる。生産処理はウォッシュドが行われている。

評価方法
スクリーンサイズと異物混入の度合いによって等級が分けられる。近年は輸出奨励産業であるという観点から、スクリーンサイズだけでなく、アピアランス、カップ、ローストの度合いによる評価基準も採用されている。

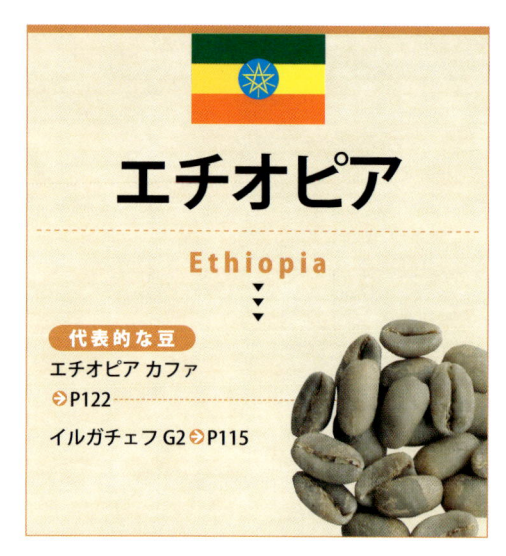

エチオピア

Ethiopia

代表的な豆
エチオピア カファ
→P122

イルガチェフ G2 →P115

- 面積 ▶ 約109万7,000km²
- 人口 ▶ 約7,910万人
- 気候 ▶ 亜熱帯気候だが、標高や地域で変化がある。6〜9月が雨季となる。

コーヒーの名産地が点在するアラビカ種の原産国

国土の大部分を山岳地帯が占め、東部には砂漠が広がるエチオピア。アラビカ種の原産国として知られていて、今も野生のコーヒーノキが自生しています。栽培はアビシニア高原を中心に、国内の広い範囲で行われています。おもな産地は、コーヒーの名前の由来となった南西部のカファ、東部のハラー、南部のイルガチェフを含むシダモなど。生産量の90％以上が小規模農家で栽培されています。

またエチオピアは、世界でもっとも古くからコーヒーが飲まれてきた国でもあります。アフリカのほかの国がコーヒーのほとんどを輸出するのに対し、エチオピアでは生産量の40％程度が国内での消費にあてられています。

栽培品種
ティピカがおもに栽培されている。ほかにもエチオピア固有の品種が多数ある。

生産処理
伝統的なナチュラルが多いが、ウォッシュドの割合も増加してきている。

評価方法
欠点豆の数で評価される。欠点豆の少ないものから「グレード1」〜「グレード8」の8段階に分類される。このうち輸出されるのは「グレード5」以上のものと定められている。

シダモ（イルガチェフ）地区の小規模農家が集まるコチャレ・ステーションでは、アフリカンベッドを使って、高品質で個性的なフレーバーの豆が生産されている。

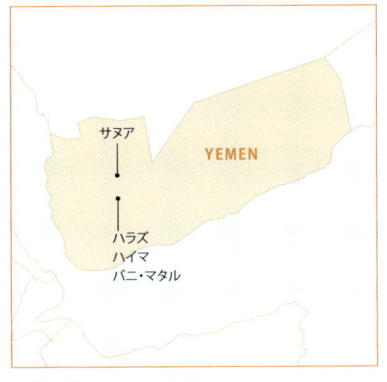

Chapter 2
コーヒー豆 A to Z

イエメン

Yemen

面積 ▶ 約55万5,000㎢
人口 ▶ 約2,358万人
気候 ▶ ほとんどが砂漠気候だが、地域や標高で変化がある。高原地帯は8〜9月に雨季がある。

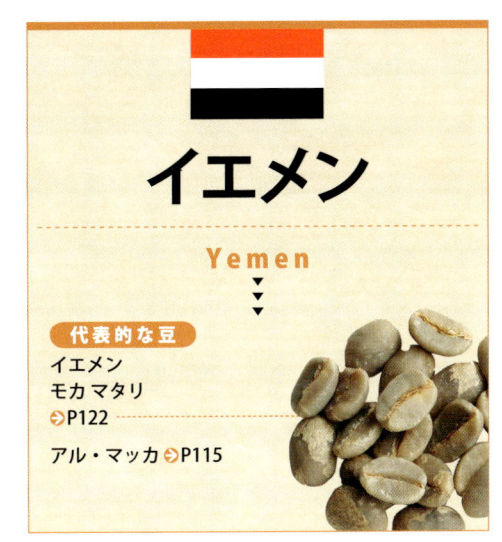

代表的な豆
イエメン
モカ マタリ
➡ P122

アル・マッカ ➡ P115

モカマタリで知られる歴史ある生産国

エチオピアと同じくコーヒー栽培の古い歴史を持つイエメン。アラビアで生産されたコーヒー豆を積み出したモカ港を有し、モカマタリというコーヒーの名前にもなって古くから親しまれています。

国土の中央には高原地帯が広がり、コーヒーはおもにこのエリア周辺で栽培されています。首都サヌアの近くに位置するハラズやハイマ、バニ・マタルは、高品質な豆の産地として知られています。

イエメンには2つの独特の栽培方法があります。ワディと呼ばれる涸れ谷で行われる農法と、標高の高い高地の斜面を利用したテラス(棚畑)で行われる農法で、いずれの豆も高級品として世界的に評価されています。

栽培品種
ティピカ、ブルボンなどがおもに栽培されている。ほかにもイエメン固有の品種がある。

生産処理
収穫は手摘み、生産処理は大部分がナチュラルで行われる。乾燥は、各農園の屋根などで天日乾燥される。

評価方法
とくに規格はなく、マタリ、ハラジなどの銘柄で取引されている。銘柄の名称の大部分は、生産地域名に由来している。

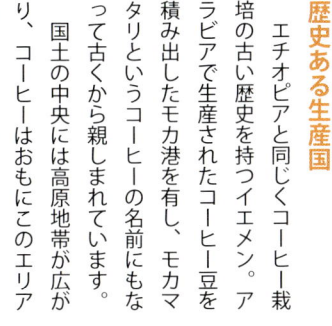

ハラズ、ハイマ、バニ・マタル地区の小規模農園の豆を、イエメンコーヒープロセッシング社が一括して処理したものが、スペシャルティコーヒーとして評価されるアル・マッカだ。

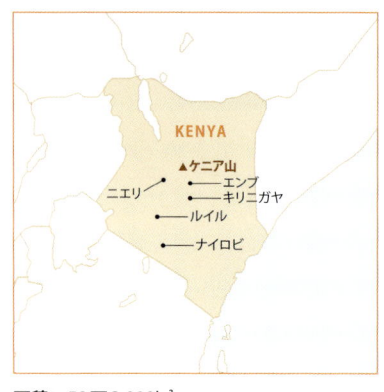

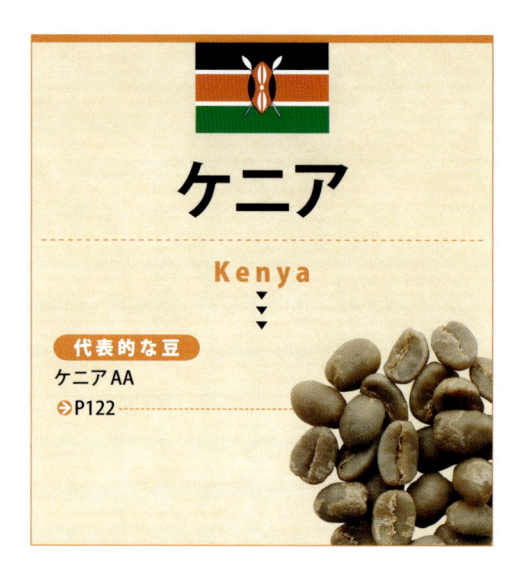

ケニア

Kenya

代表的な豆
ケニアAA
⇒P122

面積 ▶ 58万3,000km²
人口 ▶ 約3,980万人
気候 ▶ 地域によって熱帯気候、温暖湿潤気候などに分かれる。雨季は3〜5月と10〜12月の年2回。

調査、研究をもとに作られる良質のケニアコーヒー

アラビカ種の原産国エチオピアに隣接しているケニアですが、コーヒーの栽培は19世紀末からという比較的新しい産地です。しかし、世界で最初のコーヒー研究機関であるコーヒー研究財団が、コーヒーの栽培やマーケティングの研究を行い、質の高いコーヒーが産出されています。

赤道直下のケニアは雨季が年に2回あり、収穫も2回行われるのが特徴です。ケニア山周辺のエンブやキリニャガ、ニエリ、ルイルなどがおもな産地で、とくにルイルはスペシャルティコーヒーの産地としても注目されています。いずれも標高が高く、肥沃な火山灰土壌のコーヒー栽培に適した環境が広がって、伝統的な生産が行われています。ケニアコーヒーはフルーツのような風味、コクが感じられるのが特徴です。

ルイルにあるムチャナ農園は、4つの農園が合併してできた巨大農園。ていねいな生産が行われていて、グッドインサイド認証も受けている。

栽培品種
おもにブルボンの選抜種であるSL28とSL34を栽培。SLとはナイロビにあったコーヒーの研究所「Scott Laboratory」の略。

生産処理
収穫は9〜12月と5〜7月の年に2回行われる。生産処理はウォッシュドが多い。

評価方法
スクリーンサイズで評価される。スクリーンサイズがS18（7mm）以上の豆が「AA」、S15（6mm）〜S17（6.75mm）の豆が「AB」と分類される。ピーベリーの「PB」という格付けもある。

▼▼▼ コーヒー生産地ガイド ▲▲▲

Chapter 2
コーヒー豆 A to Z

タンザニア
Tanzania

代表的な豆
タンザニア AA アサンテ
→P123

- 面積 ▶ 約94万5,000km²
- 人口 ▶ 約4,248万人
- 気候 ▶ 地域によって熱帯気候や半温帯気候などに分かれる。雨季は3～5月と11～1月の年2回。

小規模農家が栽培する高品質で個性的なコーヒー

東アフリカ最大の面積を誇り、豊かな自然に恵まれているタンザニア。キリマンジャロの銘柄でよく知られるコーヒーがありますが、この豆はキリマンジャロ山のふもとのアルーシャで栽培されていて、重要な輸出品となっています。ほかの産地も国土の周縁部の高原地帯に広がっていて、同じくキリマンジャロ山周辺のモシ、南部のムベヤ、ムビンガ、西部のキゴマ、北西部のブコバなどで良質の豆が栽培されています。

どの産地も小規模農家が多く、コーヒー生産の90%を占めています。近年は小規模農家をグループ化し、セントラル・パルパリー・ユニット（CPU）という水洗設備を使って、高品質なコーヒーを生産するようになってきました。また、フェアトレード認証のコーヒーも登場しています。

栽培品種
ブルボンやケントがおもに栽培されている。カネフォラ種も一部で栽培されている。

生産処理
収穫は6～2月に行われる。生産処理はウォッシュドがメインで、カネフォラ種や一部のアラビカ種でナチュラルが用いられている。

評価方法
スクリーンサイズで評価される。スクリーンサイズがS17（6.75mm）以上の豆が「AA」、S15（6mm）～S16（6.5mm）の豆が「AB」と分類される。

キリマンジャロ山の西に広がるアスコナ農園では、園内をさまざまな条件のもと細かい区画に分けて、それぞれ特徴のある豆を「マイクロロット」として販売している。

インド
India

アジアではベトナム、インドネシアに次ぐ第3位のコーヒー生産国で、アラビカ種の生産量はアジアで最大。約45%がアラビカ種、55%がロブスタとなっている。おもに南部地方で栽培されてきたが、最近は東部や北東部にも生産地が広がっている。

代表的な豆
インディア APAA ブルックリン農園 ➡ P121
インド・ブルックリン農園で生産されるコーヒー。スパイシーな香りと複雑な味わいが特徴。

おもしろい豆を育てるエリア
ユニークな生産地

約60か国あるコーヒー生産地の中には、P128から紹介した産地のほかにも、ユニークで個性的な豆を産出する国があります。そのなかでも注目の生産地を紹介します。未知なる味を楽しんでみましょう。

> コーヒー生産地ガイド

ベトナム
Vietnam

近年、生産量を非常にのばしているベトナムは、インドネシアを抜いて世界最大のロブスタ生産国となった。おもな栽培地域は中部から南部へかけての高原地帯。生産されるのはほとんどがロブスタで、アラビカ種は希少品として人気がある。

代表的な豆
ベトナム アラビカ ➡ P121
一部の地域だけで栽培されている、ベトナムの希少なアラビカ種。やさしくてマイルドな味わい。

Chapter 2
コーヒー豆 A to Z

メキシコ
Mexico

メキシコで生産されるコーヒーの大部分がアラビカ種で、有機栽培などの高品質コーヒーも生産されている。高原地帯の小規模農園での栽培が多いが、戦後に機械化が進み、生産量も増加した。ほとんどがウォッシュドで生産処理されている。

代表的な豆
メキシコ アルトゥーラ ラスヌベス農園 ➡P119
メキシコでも最高クラスの豆で、酸味と苦味のバランスが非常によい、上品な味わいのコーヒー。

カメルーン
Cameroon

カメルーンのコーヒー栽培はロブスタがほとんどで、アラビカ種はほんの一部の地域で作られる希少なもの。最近市場にも出回るようになった。コーヒー栽培には最適な環境がととのう西部の高原地帯がおもな産地で、小規模農園により生産されている。

代表的な豆
カメルーン アラビカ ➡P123
エチオピアのロングベリーにも似たコーヒーで、レモンのフレーバーを感じる高品質の豆。

ウガンダ
Uganda

生産するコーヒーの約90%がロブスタという、アフリカでも有数のロブスタ生産国。アラビカ種も少量ではあるが、おもにエルゴン山のふもとで栽培されている。近隣のケニアやエチオピアとはまた違う味わいの、ハイクオリティのアラビカ種が楽しめる。

代表的な豆
ウガンダ アラビカAA ➡P123
大粒の豆で、ナッツやチョコレート系の香りと、キレのいい苦味が楽しめる。

Column

幻のコーヒー「コピ・ルアク」

コピ・ルアクという変わった名前のコーヒーをご存知でしょうか？ インドネシア語で"ジャコウネコのコーヒー"という意味で、非常に希少価値が高く、幻のコーヒーと呼ばれています。果たしてどんなコーヒーなのでしょうか。

コーヒー好きの動物がもたらす豆

コピ・ルアクの「コピ」とはインドネシア語でコーヒー、「ルアク」とは同じくハクビシンと同類のジャコウネコのこと。直訳すると"ジャコウネコ・コーヒー"という不思議な名前のついたこのコーヒーは、非常にユニークな経緯で生まれます。

インドネシアのコーヒー農園では、熟したコーヒーの果実が、野生のジャコウネコに食べられてしまう被害がたびたび発生していました。ジャコウネコは、完熟した甘くおいしい果実だけを上手に選んで食べます。しかし、消化できるのは果肉の部分のみ。種子は消化されずに、パーチメントがついた状態で糞といっしょに排泄されるのです。この糞から種子を取り出して、きれいに洗浄したあと、パーチメントを脱穀して出来上がるのがコピ・ルアクです。

コピ・ルアクの味わいは、ほかのコーヒーにはない独特なもの。これは、ジャコウネコの体内に取り込まれた種子が、消化酵素や細菌によって特殊な影響を受けたためと考えられています。甘さが感じられる複雑な風味と、独特の強い香りが特徴です。

世界にはほかにも、同じようにコーヒー好きの動物がもたらすユニークな豆があります。ブラジルではジャクーという鳥が熟したコーヒー豆をついばみ、ジャコウネコと同じプロセスを経て、コーヒー豆が作られています。独特の香りと深みのある味わいで「ジャクー・コーヒー」として珍重されています。また南インドやフィリピンのジャコウネコ、台湾やアフリカのサル、ニューギニアのリスなど、世界各地でさまざまな動物が関与したユニークなコーヒーが生まれています。いずれも生産量が少なく、高い価格で取引されるのが幻のコーヒーと言われる由縁。その独特な風味と香りを、ぜひ一度は味わってみたいものです。

コピ・ルアクは映画「かもめ食堂」や「最高の人生の見つけ方」などで、ストーリーの鍵として登場している。

Chapter
3

アレンジコーヒー集

ストレートに味わうだけでなく、
多彩なバリエーションがあるのも
コーヒーの魅力のひとつ。
毎日のコーヒータイムをより豊かにする
アレンジレシピとデザインカプチーノを紹介します。

定番＆個性派コーヒードリンク

いつでも自宅でカフェ気分

ほんのひと手間加えるだけで、新たな味わいが楽しめるアレンジコーヒー。定番から個性的なメニューまで、合わせて18種類を紹介。いつもとちょっと違うコーヒーで、気分を変えてみませんか？

Have a good coffee time !

コーヒーの香味を理解しさらなるおいしさを創造

世界中で愛されているコーヒーは、それぞれの気候や風土、食生活などに合った、さまざまな飲み方で楽しまれています。また、香り高い良質のコーヒーは、ミルクをはじめ、フルーツやスパイス、リキュールなどとも相性がよく、多彩なアレンジが可能です。

ここでは、家庭で手軽に楽しめる定番のアレンジレシピと、スペシャルティコーヒーの個性を活かした独創性のあるレシピを紹介。いずれも長い時間をかけて完成されたレシピなので、はじめはレシピどおりに作ってみて、そこから好みに応じていろいろと試してみるのもよいでしょう。

ミルクやクリームなどの分量はもちろん、豆の焙煎度なども大切なポイント。コーヒーの香味をよく理解し、さらなるおいしさを引き出しましょう。

Chapter 3
アレンジコーヒー集

定番レシピ

MEMO
豆は深煎りのものを使うこと。苦味を強くすることで牛乳の味に負けず、バランスのよいおいしさになる。

コーヒー＆ミルクの親しみやすい味わい

カフェ・オ・レ
Café au lait

深煎りベース

深煎りコーヒーとミルクが織り成す、
やさしい味わいが人気。
コーヒーと牛乳のバランスをとるのが、おいしく作るコツです。

HOT

材料 (大きめのコーヒーカップ1杯分)
深煎りのコーヒー（中挽き）……………… 20〜40cc
牛乳……………………………………… 100〜120cc

抽出方法
ペーパードリップもしくはネルドリップ、コーヒーメーカーなど

作り方
1 牛乳を手鍋で温める。表面にはった膜は茶こしなどで取り除く。
2 フレンチローストなどの深煎りの豆を中挽きにして、85〜90℃の高温のお湯でコーヒーを淹れる。
3 大きめのカップにお湯を注ぎ、カップを温める。
4 カップのお湯を捨ててコーヒーを注ぎ、温めた牛乳を加える。

定番レシピ

スパイシーなアレンジコーヒーの名作
シナモン・コーヒー
Cinnamon coffee

深煎りベース

エキゾチックなシナモンの芳香が
コーヒーとマッチ。
シナモンスティックでかき回しながら味わいます。

HOT

定番＆個性派コーヒードリンク

材料（コーヒーカップ1杯分）

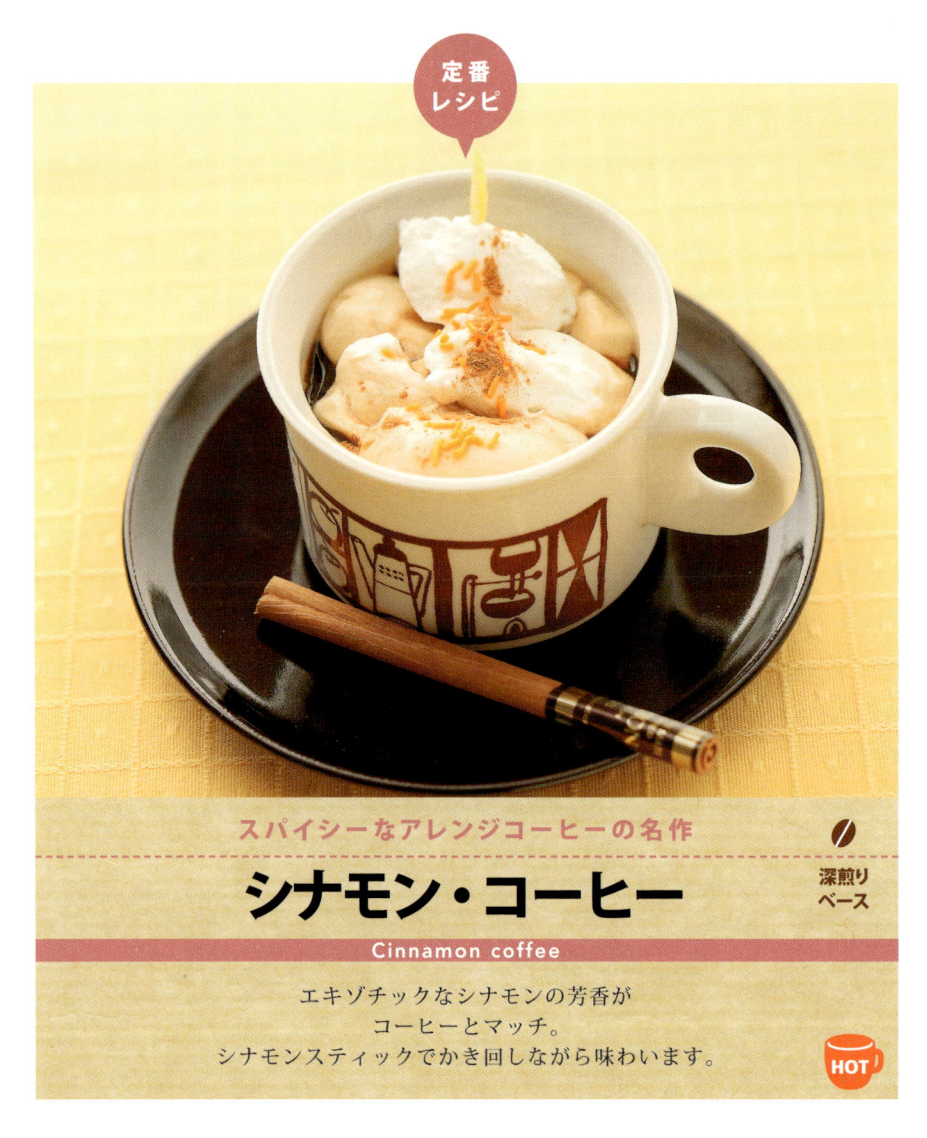

深煎りのコーヒー（中挽き）……………………100cc
グラニュー糖……………………………………小さじ2
生クリーム、カラーシュガー、シナモンパウダー、
　レモンの皮（オレンジの皮でも可）…………適量
シナモンスティック………………………………1本

抽出方法
ペーパードリップもしくはネルドリップ、コーヒーメーカーなど

作り方
1 生クリームをかためにに泡立てる。
2 深煎りの豆を中挽きにし、コーヒーを淹れる。手鍋に移し、沸騰しない程度に温める。
3 グラニュー糖を入れたカップにコーヒーを7分目あたりまで注ぎ入れ、泡立てた生クリームをのせる。
4 カラーシュガーとシナモンパウダーを振り、レモンの皮を飾ってシナモンスティックを添える。

Chapter 3
アレンジコーヒー集

定番レシピ

香りを楽しむ大人のコーヒーカクテル

アイリッシュ・コーヒー
Irish coffee

深煎りベース

体の芯から温まる、アイルランドの知恵が生んだレシピ。
コーヒーとウイスキーが熱く溶け合い、
気高い香りが広がります。

HOT

材料（グラス1杯分）

深煎りのコーヒー（中挽き）	100cc
アイリッシュウイスキー	20cc
ザラメ糖（白色のもの）	小さじ2
生クリーム	適量

抽出方法

ペーパードリップもしくはネルドリップ、コーヒーメーカーなど

作り方

1. 生クリームをかために泡立てる。
2. グラスにザラメ糖を入れて、電子レンジなどで温めたアイリッシュウイスキーを加える。
3. 深煎りの豆を中挽きにしてコーヒーを淹れる。手鍋などに移して沸騰しない程度に温め、グラスに注ぎ入れる。
4. コーヒーに、泡立てた生クリームをそっと浮かべる。

定番レシピ

MEMO
粗挽きの粉なので、お湯の注ぎ方が速いと味が薄くなる。点滴のように注いで濃く抽出。

炭酸水とともに楽しむ濃厚なコーヒー

カフェ・シュヴァルツァー
Café schwarzer

深煎りベース

1滴1滴抽出したコーヒーに、
こってり甘い焼き菓子を合わせます。
口直しの炭酸水で、すっきり爽快な気分に。

HOT

定番＆個性派コーヒードリンク

材料 (小ぶりなコーヒーカップ1杯分)
深煎りのコーヒー（粗挽き）……………………100cc
炭酸水……………………………………………適量
焼き菓子（適宜・生チョコレートも適）

抽出方法
ペーパードリップもしくはネルドリップ

作り方
1 イタリアンローストなどの深煎り豆を約30g用意し、粗挽きにする。
2 ドリッパーにセットし、お湯を点滴のように注いで、ゆっくりコーヒーを抽出する。
3 小ぶりのカップに注いだら、グラスに入れた炭酸水と焼き菓子を添える。

Chapter 3
アレンジコーヒー集

定番
レシピ

コーヒー（モカ）とチョコ（ジャバ）のリッチな出合い

ホット・モカ・ジャバ
Hot mocha java

中深煎り
ベース

HOT

チョコレートシロップが溶け込んだ甘いコーヒーに、
生クリームを浮かべた、
デザート感覚の贅沢な味わい。

材料 （コーヒーカップ1杯分）

中深煎りのコーヒー（中挽き）··············80cc
チョコレートシロップ·······················20cc
生クリーム（泡立てたもの）···················20g
チョコレート································少量

抽出方法

ペーパードリップもしくはネルドリップ、
コーヒーメーカーなど

作り方

1 中深煎りの豆を中挽きにし、コーヒーを淹れる。手鍋に移し、沸騰しない程度に温める。
2 チョコレートシロップを別の手鍋で温めたら、コーヒーといっしょにカップに入れて混ぜる。
3 泡立てた生クリームをコーヒーの上にのせ、チョコレートを削って散らす。

定番レシピ

温度差のコントラストを楽しむ
アイン・シュペンナー
Einspänner

中煎りベース

そのまま混ぜずに、
上唇で生クリームの冷たさを、下唇でコーヒーの温かさを
感じながら味わいましょう。

HOT

定番＆個性派コーヒードリンク

材料 （コーヒーカップ1杯分）

中煎りのコーヒー（中挽き）	100cc
グラニュー糖	小さじ2
生クリーム	適量
カラーシュガー	適量

抽出方法
ペーパードリップもしくはネルドリップ、コーヒーメーカーなど

作り方
1. 生クリームをかために泡立てる。
2. 中煎りの豆を中挽きにし、コーヒーを淹れる。手鍋に移し、沸騰しない程度に温める。
3. カップにグラニュー糖を入れ、コーヒーを注ぐ。
4. 表面を覆うように泡立てた生クリームをのせ、カラーシュガーで飾る。

Chapter 3
アレンジコーヒー集

定番レシピ

ナポレオンがこよなく愛した高貴な一杯

カフェ・ロワイヤル
Café royal

中煎りベース

青い炎を上げるブランデーが演出効果満点。
豆は苦味と酸味に優れた
ブルーマウンテンなどがグッド。

HOT

材料（コーヒーカップ1杯分）
中煎りのコーヒー（中挽き）……………100cc
ブランデー（コニャック）…………………20cc
角砂糖……………………………………1個

抽出方法
ペーパードリップもしくはネルドリップ、コーヒーメーカーなど

作り方
1. 中煎りの豆を中挽きにしてコーヒーを淹れ、カップに注ぐ。
2. カップの上にスプーンを渡し、角砂糖をのせる。
3. 角砂糖にブランデーを垂らし、全体にしみ込んだら、マッチなどで火をつける。
4. 火が消えたところでスプーンごとコーヒーに落とし、かき混ぜて飲む。

定番
レシピ

レモンの酸味で、すっきり飲みやすく

ローマン・エスプレッソ
Roman espresso

エスプレッソ
ベース

レモンをひと搾りするだけで、
苦味がおだやかに。
イタリアの家庭で親しまれている飲み方です。

HOT

定番＆個性派コーヒードリンク

材料（デミタスカップ1杯分）

エスプレッソ（極細〜細挽き）・・・・・・・・・・・・60cc
レモンのスライス（半月切り）・・・・・・・・・・・・1〜2枚

抽出方法

マキネッタもしくはエスプレッソマシン

作り方

1　深煎りの豆を極細〜細挽きにし、エスプレッソコーヒーを淹れる。
2　抽出を待つ間にレモンを薄くスライスし、半月切りにする。
3　デミタスカップにエスプレッソを注ぎ、レモンを添える。飲みはじめにレモンを搾る。

Chapter 3
アレンジコーヒー集

定番レシピ

MEMO
豆は深煎りのものを使うこと。苦味を強くすることで牛乳の味に負けず、バランスのよいおいしさになる。

生クリームをプラスして深まる味わい

アイス・カフェ・オ・レ
Ice café au lait

深煎りベース

味がぼやけないように、注ぐ前にグラスの水はしっかりきりましょう。
仕上げにクリームを加えることで、
ぐっと味がひき締まります。

COLD

材料(グラス1杯分)
- 深煎りのコーヒー(中挽き)……………80cc
- 牛乳……………………………………50cc
- シュガーシロップ………………………適量
- 生クリーム………………………………少量
- 氷…………………………………………適量

抽出方法
ペーパードリップもしくはネルドリップなど

作り方
1. フレンチローストなどの深煎りの豆を中挽きにして、85〜90℃の高温のお湯でコーヒーを濃いめに淹れる。
2. グラスに氷を多めに入れて余分な水分はきり、シュガーシロップを入れる。
3. コーヒーを注ぎ入れたら、牛乳を加える。
4. 生クリームを表面に浮かべるように静かに注ぐ。

定番レシピ

深煎りコーヒーとはちみつのハーモニー

ハニー・コールド
Honey cold

深煎りベース

深煎り豆のコクにはちみつのナチュラルな甘さがマッチ。
加糖タイプのはちみつで作ると
すっきりしたおいしさに。

COLD

定番&個性派コーヒードリンク

材料（グラス1杯分）

深煎りのコーヒー（中挽き）·················100cc
はちみつ··小さじ2
氷···適量

抽出方法

ペーパードリップもしくはネルドリップなど

作り方

1. イタリアンローストなどの深煎りの豆を中挽きにして、85〜90℃の高温のお湯でコーヒーを濃いめに淹れる。
2. コーヒーにはちみつを加え、マドラーなどでよくかき混ぜる。
3. グラスに多めの氷を入れて余分な水分はきる。
4. はちみつが入ったコーヒーを熱いうちにグラスに注ぎ入れ、よく混ぜる。

Chapter 3
アレンジコーヒー集

定番
レシピ

エスプレッソをカクテル気分でシェイク

カフェ・シェケラート
Café shakerato

エスプレッソ
ベース

エスプレッソを氷とシェイクするとまろやかに。
キメ細かな泡が立ち、
2層になって見た目もスタイリッシュ。

COLD

材料（グラス1杯分）

エスプレッソ（極細〜細挽き）	60cc
シュガーシロップ	10cc
氷	適量

抽出方法

エスプレッソマシンもしくはマキネッタ

作り方

1. 極細〜細挽きにした深煎り豆をエスプレッソマシンなどで抽出する。
2. シェイカーにエスプレッソ、シュガーシロップ、氷を入れる。
3. 十数秒、手がキンと冷たくなるまでシェイクしたら、グラスに注ぐ。

定番レシピ番外編

なめらかな口あたりと
コーヒーの存在感が活きたミルキーさ

世界一の カプチーノ
Cappuccino

エスプレッソベース

エスプレッソのアレンジメニューのなかでも人気のカプチーノ。ワールド バリスタ チャンピオンシップ2007において日本代表として出場し、カプチーノの世界ナンバーワンに輝いた宮前みゆきさん直伝のとっておきレシピを紹介。

▼▼▼ 定番&個性派コーヒードリンク ▲▲▲

宮前みゆき さん

イタリアンバール「カフェラ」勤務。ジャパン バリスタ チャンピオンシップ2007のエスプレッソ部門にて、女性初の王座に輝く。同年、日本代表として世界大会に出場。総合4位、ベストカプチーノ賞を受賞。

材料 （カプチーノカップ1杯分）

エスプレッソ	30cc
牛乳	125cc

抽出方法

エスプレッソマシン

作り方

1. 深煎りの豆を極細挽きにし、エスプレッソを淹れる（詳細はProcess.1）。
2. 60℃程度を目安に、きめ細かなフォームドミルクを作る（詳細はProcess.2）。
3. エスプレッソの入ったカップに、フォームドミルクを注ぐ（詳細はProcess.3）。

取材協力／カフェラ 大丸神戸店・大丸梅田店（DATAはP268）

Chapter 3
アレンジコーヒー集

はじめに
カプチーノ作りの基本とは？

ポイントはここ！

ふわっとした口あたりとミルキーな味わいが人気のカプチーノ。エスプレッソとフォームドミルクだけというシンプルなレシピゆえ、味に差が出にくい飲み物のように思われがちだが、エスプレッソのクレマの状態の見きわめや、ミルクをほどよい温度で泡立てるテクニックが求められるなど奥が深い。ひとつひとつのポイントをしっかりと押さえて、最高の一杯を目指そう。

おいしさの秘訣3か条

その❶
おいしいエスプレッソを淹れる

その❷
キメ細かで適度な温度のフォームドミルクを作る

その❸
飲んだときの泡と液体の配分が同じであること

Process.1
エスプレッソを淹れる

エスプレッソは、抽出の際にお湯とコーヒーのうま味成分が乳化し、それが独特の味を生み出す。一般的には乳化が終わる直前の25〜30ccがおいしい抽出量といわれるので、適正に淹れて抽出量をしっかり守ること。適切に淹れたエスプレッソの表面には、クレマと呼ばれる泡が浮かぶ。抽出後にクレマができていないと、ミルクを注いでもただ白濁してしまうので、ひとつひとつの作業を確実に行うことが大事。
※家庭用エスプレッソマシンでの淹れ方はP72参照。

適切に淹れた表面には、クレマと呼ばれる泡のようなものができる。

フィルターへの粉の入れ方やならし方、押し固め方（タンピング）でも味は大きく変わる。宮前さんは業務用マシンで淹れる場合、約20kgの力でタンピングしている。

Process.2
フォームドミルクを作る

キメ細かなフォームドミルクを作ると口あたりはなめらかになるが、エスプレッソマシンのスチーム機能で泡立てる場合、あまり時間をかけすぎると温度が高くなり、ミルクの甘さが損なわれてしまう。ミルクの甘さを強く感じる温度は60℃程度。つまり、60℃程度でキメ細かな状態に仕上げることがフォームドミルク作りの理想。ミルクはよく冷えたものを使い、最初の温度が低いうちに空気をいっきに含ませ、その後の泡を細かくする撹拌の時間をできるだけ長くとるようにすることがポイント。

※家庭用エスプレッソマシンでの泡立て方はP172参照。

作り方

1. ぬれぶきんなどで押さえながら、スチームを空ぶかしして、ノズル内に残った水分を取り除く。
2. ミルクジャグに牛乳を入れ、牛乳の表面にノズルの先を浸けたら、スチームのレベルをいっきに上げて2～3秒、牛乳に空気を抱き込ませる。「ツツツツーッ」という音がしたら空気を抱き込んでいるサイン。
3. しっかり空気を含んだら、ノズルを深く入れて撹拌する。ミルクジャグに添えている手が熱くて添えられないくらいになったら約60℃。
4. ミルクジャグの底をテーブルなどに軽く打ちつけて、粗い気泡をつぶす。ミルクジャグを円を描くように軽く回し、泡と液体をなじませる。

Process.3
カップに注ぐ

フォームドミルクが出来上がったら、縁近くからエスプレッソの入ったカップに注いで完成。ただし、フォームドミルクを一度に2杯分以上作っている場合は、1杯分を別のミルクジャグに分けてから注ぐとよい。ラテアートに挑戦する際は、ミルクが表面に浮いてきたらそれをまた底へ押し込むような感覚で注いでいく。こうして表面をいったん茶色にすることで、模様を描きやすくするのが宮前流。

一度に2杯分以上のフォームドミルクを作った場合は、連続して注ぐと泡と液体のバランスが崩れるので、別のミルクジャグに分けてから注ぐ。

4 デザインを描き始める
3 いったん表面を茶色にする
2 浮いてきた泡を狙って注ぐ
1

定番＆個性派コーヒードリンク

Chapter 3 アレンジコーヒー集

個性派レシピ

甘酸っぱいあんずと生クリームが
リッチな味わいを演出

アプリコット・コーヒー
Apricotte coffee

深煎りベース

スペシャルティコーヒーのよさを活かした一品。甘酸っぱいあんずジャムと泡立てた生クリームとがあいまって、豊かな味わいが広がります。好みで生クリームにグラニュー糖を加えて泡立ててもよいでしょう。

HOT

MEMO
使うコーヒーは、スペシャルティコーヒーのなかでも、産地の標高が高くて実がじっくりと熟した、フルーツのような香味があるものがおすすめ。

材料 (コーヒーカップ1杯分)
深煎りのコーヒー（中挽き）……………110cc
あんずジャム………………………大さじ2程度
生クリーム………………………………適量

さわやかな酸味のあんずジャム。

抽出方法
ペーパードリップもしくはネルドリップなど

作り方
1 生クリームを8分立て程度に泡立てる。
2 カップにあんずジャムを半量入れ、ホットコーヒーを注いだら、よく混ぜて溶かす。
3 泡立てた生クリームをのせ、残りのあんずジャムを上から模様を描くようにしてかける。

泡立てた生クリームは、表面に浮かべるようにそっとのせる。

取材協力／堀口珈琲（DATAはP270）

個性派レシピ

ほどよい酸味と華やかな彩りが
ロマンチックな気分を誘う

チェリー・コーヒー
Cherry coffee

深煎りベース

チェリージャムのほどよい酸味は、良質のコーヒーの香味とバランスがよく、すべてが一体となってやさしい味わいに。白いクリームにジャムの赤い色が映える、見た目のコントラストのよさも魅力です。

HOT

MEMO
ジャムはチェリージャムのほか、ブルーベリーやラズベリー、カシスジャムも好相性。コーヒーの香味と酸味の調和が楽しめる。

定番＆個性派コーヒードリンク

材料（コーヒーカップ1杯分）

深煎りのコーヒー（中挽き）	110cc
チェリージャム	大さじ2程度
生クリーム	適量

鮮やかな色合いのチェリージャム。

抽出方法
ペーパードリップもしくはネルドリップなど

作り方

1 生クリームを8分立て程度に泡立てる。

2 カップにチェリージャムを半量入れ、ホットコーヒーを注いで溶かす。

3 泡立てた生クリームに残りのチェリージャムを加えて軽く混ぜ、上にのせる。

チェリージャムを加えたら、マーブル状になるくらいで混ぜるのをやめる。クリームがだれずに、見た目のアクセントにもなる。

164

Chapter 3
アレンジコーヒー集

個性派レシピ

エスプレッソの濃厚な風味の中から
立ち上るオレンジの香りが爽快

オレンジ・マキアート
Orange macchiato

エスプレッソベース

スペシャルティコーヒーが持つ、良質な酸味を活かしたドリンク。オレンジとチョコレートはコーヒーと相性抜群で、香味に華やかさとコクをプラスします。何度でも作りたくなる、バランスのよいおいしさです。

HOT

MEMO
使うコーヒーは、スペシャルティコーヒーのなかでも、産地の標高が高く、柑橘系の酸味を感じさせるものがおすすめ。

材料（デミタスカップ1杯分）

エスプレッソ ダブル	50cc
グラニュー糖	小さじ1
ココアペースト＊	小さじ1
牛乳	150cc
オレンジジュース（果汁100％）	60cc

＊ココアパウダー100g、牛乳200cc、グラニュー糖80gを合わせて弱火にかけ、30分練り込んだもの。チョコレートソースでも代用可。

風味豊かな手作りのココアペースト。

抽出方法
エスプレッソマシン

作り方

1. 容器にココアペーストを入れ、エスプレッソを注いだら、グラニュー糖を加えて混ぜる。
2. 牛乳にオレンジジュースを加え、スチーマーにかけて60〜65℃に温めながら泡立てる。
3. **2**をデミタスカップに入れ、ミルクの表面に**1**のコーヒーを注いで、しみ模様を作る。

牛乳にオレンジジュースを加えてスチーマーにかけるのがポイント。

個性派レシピ

スパイスと生クリームで
上品なアジアンテイストに変身

オールスパイス・コーヒー
Allspice coffee

深煎りベース

良質なコーヒーの複雑な香味と、シナモン、クローブ、ナツメグの香りを併せ持つオールスパイスの組み合わせの妙。ゆるめに泡立てた生クリームに混ぜ込んで使います。りんごジュースでフレッシュさをプラスするのもポイント。

COLD

MEMO
りんごジュースは、コーヒーの色が濁らないようにクリアタイプのものを使うのがおすすめ。出来上がりの味のバランスもよい。

定番＆個性派コーヒードリンク

材料（グラス1杯分）

アイスコーヒー（深煎り・中挽き）	80cc
りんごジュース（クリアタイプ）	40cc
シュガーシロップ	20cc
生クリーム	適量
オールスパイス	適量
氷	適量

ジャマイカのピメントという木の実を乾燥させた「オールスパイス」。

抽出方法
ペーパードリップもしくはネルドリップなど

作り方

1. 生クリームを7分立て程度に泡立てる。
2. コーヒー、りんごジュース、シュガーシロップをよく混ぜてから、氷を入れたグラスに注ぐ。
3. 泡立てた生クリームにオールスパイスを加えて混ぜ、上にのせる。

コーヒーの味をこわさないように、オールスパイスは1～2振り程度にとどめる。

Chapter 3
アレンジコーヒー集

個性派レシピ

コクのある黒蜜とバナナの甘さが
コーヒーの風味に絡み合う

黒蜜バナナ・カフェ
Black honey & banana café

エスプレッソベース

黒蜜とバナナが奏でる厚みのあるハーモニーが絶妙で、クセになるおいしさです。このレシピはアイスクリームもなくてはならない存在で、エスプレッソと黒蜜、バナナの味わいをひとつにまとめてくれます。

COLD

MEMO
バナナはかならず完熟したものを。熟れていないものを使うと、風味に青っぽさが出て、全体のバランスが崩れてしまうので注意。

材料（グラス1杯分）

エスプレッソ ダブル	60cc
バナナ（完熟）	1/3本
黒蜜	大さじ1
バニラアイスクリーム	50g
氷	適量

作り方

1 バナナを輪切りにする。
2 氷以外の材料をミキサーに入れ、なめらかになるまで撹拌する。
3 氷を入れたグラスに注ぐ。

バナナはミキサーで混ざりやすくなるよう、適当な大きさにスライスする。

抽出方法

エスプレッソマシン

ミキサーにしっかりかけてなめらかな口あたりに仕上げる。

個性派レシピ

甘酸っぱくほろ苦い
大人味のデザートドリンク

ラズベリー・モカ

Raspberry moca

深煎り
ベース

ラズベリーと良質のコーヒーの甘酸っぱく繊細な調和に、ココアを加えて厚みを出します。一見するとコーヒードリンクには思えないピンク色がラブリー。女性にぴったりのちょっと贅沢なプレミアムドリンク。

COLD

定番＆個性派コーヒードリンク

MEMO

ラズベリーのほか、ブルーベリーなどほかのベリー類で作ってもおもしろい。ラズベリーは冷凍ではなく、生のものを使ってもOK。

材料（グラス1杯分）

アイスコーヒー（深煎り・中挽き）	80cc
ラズベリー（冷凍）	8粒
シュガーシロップ	10cc
ココアペースト（P165参照・チョコレートソースでも可）	少量
バニラアイスクリーム	50g
氷	適量
ラズベリー（冷凍、飾り用）	適量

ラズベリーならではの、甘酸っぱさと独特の風味を活かす。

抽出方法

ペーパードリップもしくはネルドリップなど

作り方

1 アイスコーヒー〜バニラアイスクリームまでの材料をミキサーに入れ、なめらかになるまで攪拌する。
2 氷を入れたグラスに注ぎ、飾り用のラズベリーをのせる。

黒蜜バナナ・カフェ同様、ミキサーにしっかりかけて口あたりよく。

Chapter 3
アレンジコーヒー集

One point lesson ❹

ワンポイントレッスン ❹
フォームドミルクの作り方

カプチーノなどのアレンジコーヒーに使われる
フォームドミルクは、家庭でも気軽に作ることができます。
上手に作るためのポイントを覚えましょう。

フォームドミルクに適した牛乳について

　フォームドミルクとは泡立てた牛乳のことで、アレンジコーヒーやデザインカプチーノ（ラテアート）でお馴染み。作り方はいくつかの方法がありますが、ハンディータイプのミルクフォーマーかエスプレッソマシンのスチーム機能で作るのが一般的です。

　フォームドミルク作りでまず大切なのは、牛乳の種類。低脂肪乳や加工乳は泡立ちがよくないので、必ず乳脂肪分3.0％以上の成分無調整のものを使いましょう。また泡立ちやすくするために、牛乳は温めてから使いますが、一度温めたものは再加熱しても泡立ちがよくならないことも留意しておきましょう。泡立てた牛乳は上層が泡で、下層は液体になっています。泡だけを使いたい場合はスプーンですくって、またカプチーノなどの泡と液体の両方を使うドリンクを作る場合は、泡立てた容器から直接注ぎ入れるなどします。

取材協力／ハリオグラス株式会社（DATAはP270）、デロンギ・ジャパン株式会社 専属バリスタ 石井護（P270）

about milk foamer

ハンディータイプでの泡立て方

牛乳を底の丸い容器に入れて作業すると泡立ちやすい

　ハンディータイプのミルクフォーマーにはいくつかの種類がありますが、下の写真のような、本体の先端が輪になった電動タイプが広く普及しています。輪が高速回転し、牛乳を攪拌して泡立てる仕組みです。

　このようなミルクフォーマーでは攪拌する容器に、底に丸みがあるものを使うのもひとつのポイント。直角のものよりも上手に泡立てられます。ハンディータイプで作ったフォームドミルクは泡が軽すぎるため、ラテアート（注ぎだけでカプチーノに絵柄を描くこと）にはむずかしいですが、簡単なデザインカプチーノ（楊枝などを使いカプチーノに絵柄を描くこと）やアレンジコーヒーには十分です。

ミルクフォーマー（電動ハンディータイプ）

容器とセットになったタイプで、本体のみの商品もある。本体先端の金属の輪が高速回転し、牛乳を泡立てる。写真は容器に目盛りがついて使いやすい、クリーマー・キュート CQT-45（ハリオグラス）。

1
容器の1/4程度の高さまで牛乳を入れる（目盛りがついている場合はそれに従う。多すぎると攪拌の際に飛散するので注意）。電子レンジに入れ、40～60℃に温める（500Wでは50～60秒、600Wでは40～50秒）。

2
本体の先端部分を容器の牛乳の中に入れ、スイッチをオン。容器を少し傾け、牛乳を1か所に集めるようにして泡立てていく。

3
泡が容器の上のほうまでふくらんだら（体積が4倍くらいになるのが目安）、出来上がり。

about steaming

スチーム機能での泡立て方

牛乳をしっかりと冷やして泡立てる時間を長くとる

　エスプレッソマシンのスチーム機能で作るフォームドミルクは、泡のキメがつまっていて適度な重みがあり、ラテアート用としてもぴったり。エスプレッソマシンには業務用と家庭用があり、ボイラーのパワーの違いにより一度に泡立てられる牛乳の量などは異なりますが、家庭用でもコツをつかめば簡単に状態のいいフォームドミルクが作れます。

　スチーム機能を使って作る場合は、まずよく冷えた牛乳を使うことが大切。というのも、熱い蒸気で泡立てるため牛乳の温度は徐々に上がっていきますが、温度が上がりすぎると牛乳臭さが出てきたり、泡がぼそぼそになったりします。つまり、ぬるい牛乳だと温度がすぐに高くなってしまい、撹拌の時間を長くとれないため、冷たい牛乳を使うのです。なお、泡立て終えたときの温度は60〜70℃くらいが理想です。

ミルクジャグ
ミルクジャグは、入れる牛乳の倍量程度のサイズのものが適当。

使用後のメンテナンスは、ノズルについた泡を拭きとり、スチームを全開にしてスチーム管の内部についた牛乳を出せばOK。

1 エスプレッソマシンのスイッチを「スチーム」マークに合わせる。

2 OKランプが点灯したら、スチームノブを1〜2秒程度全開にしてスチーム管の中の水分と空気を抜き、スチームノブを閉じる。

3
ミルクジャグによく冷えた牛乳を1/3〜1/2の高さまで入れる。量が少なすぎると粗い泡になりやすく、多すぎるとふきこぼれやすいので注意。ノズルを牛乳に3cm程度沈めて、スチームノブを全開にする。

4
ノズルが1cm程度浸かる状態になるように、ミルクジャグをやや下げる。

5
牛乳の体積が1.5倍くらいまで増えたら、ミルクジャグを少し傾け、ノズルを側面にあてながら泡立てる。ノズルを側面にあてると牛乳が対流し、泡立ちやすくなる。

6
手を添えられないくらいにミルクジャグが熱くなったら、スチームノブを閉じる。

7
ミルクジャグの底を台などに軽く打ちつけ、粗い気泡を消す。さらに、大きくゆっくりと円を描くようにミルクジャグを回して、状態を均一にする。

8
キメのつまったつややかなフォームドミルクの出来上がり。

デザインカプチーノ入門

▼▼▼

キュートさが味に花を添える

味だけでなく目でも楽しませてくれる、カフェで人気のデザインカプチーノ。こんもり盛り上がった泡にハートや動物などのキュートな絵柄を自分で描けたら、なんて楽しいことでしょう。

Let's try design cappuccino

アイデア次第でモチーフは無限に

デザインカプチーノは、エスプレッソにフォームドミルクを注いで、ピックやスプーンなどを使って絵や模様を描くもの。道具は使わず、フォームドミルクを注ぐだけでデザインを描くラテアートと区別されることも多いようです。複雑な注ぎのテクニックが必要とされるラテアートとくらべると、初心者でも手軽に楽しめ、描くモチーフもバリエーション豊富なのが魅力です。

デザインカプチーノの基本は、ミルクを注いで絵を描くためのベースとなるキャンバスを作ること。これさえマスターすれば、動物から季節のモチーフまで、アイデアしだいで何でも自由に描くことができます。ここではそんなデザインカプチーノのテクニックと、ラテアートの定番モチーフの描き方を紹介しましょう。

取材協力／デロンギ・ジャパン株式会社 専属バリスタ 石井護（DATAはP270）

Chapter 3
アレンジコーヒー集

デザインカプチーノに使う道具

ピック
デザインカプチーノで大活躍する道具。カプチーノの表面に浮いたミルクの泡に絵を描いたり、細かい模様をつけたりする。爪楊枝や竹串などで代用してもよい。

ミルクジャグ
ミルクピッチャーともいう。フォームドミルクを作り、エスプレッソに注ぐために必要。350〜400cc程度の大きさで、注ぎ口がくちばし形になったステンレス製のものが使いやすい。また、底に丸みがあるほうがミルクの対流が起こりやすいので、キメの細かいフォームドミルクに仕上がる。写真は注ぎやすさが良好な、ステンレス製 ミルクジャグ（デロンギ・ジャパン）。

スプーン
2タイプ用意すると便利。丸い形で大きめのものは、フォームドミルクを注ぐときに泡をせき止めたり、すくったりするのに活用。ティースプーンは泡をすくって飾りつけたり、トッピングしたりする際に使う。

Advice
適したカップについて
デザインカプチーノは、エスプレッソとミルクの対流を利用してベースのキャンバスを作るので、カップは底に丸みのあるものが望ましい。また肉厚のカップのほうが冷めにくいため、デザインが長もちする。通常カプチーノには150〜180ccの比較的小ぶりのカップが使われるが、サイズは好みで。描くデザインによってはもっと口径の大きなカップを使ってもよい。

まずはおいしいカプチーノを準備

デザインカプチーノに必要なのは、クレマが浮いたエスプレッソとなめらかなフォームドミルク。クレマがないとミルクがのらずただ白濁してしまいます。エスプレッソを抽出したらクレマが消えないうちにミルクを注ぎましょう。

なめらかなフォームドミルクを作るにはコツがあります。泡立てた直後にできる大きな泡を、ミルクジャグの底を台に打ちつけて消し、注ぐ直前までミルクジャグを回して泡を均一にしておきます。また泡が軽すぎてもミルクとエスプレッソがうまく対流せず、液面に浮いてきません。できのよいフォームドミルクはキメ細かで適度な重みがあり、きれいに絵を描くことができます。エスプレッソの作り方はP72〜75、フォームドミルクの作り方はP170〜173で紹介しているので習得しましょう。

茶色 & 大きい丸の キャンバスの作り方

![1]
![2]
![3]

スプーンを使って液体と泡を分けるのがコツ

スプーン（丸形で大きめのもの）をミルクジャグの注ぎ口にあて、フォームドミルクの泡をせき止めながら、液体のみをカップに注ぐ。ミルクとエスプレッソが混ざり合い、茶色の泡となって浮いてくる。この状態をカップの口に達するまで続ければ、茶色のキャンバスの出来上がり(1・2)。茶色のキャンバスがカップの8分目くらいまで達したところで、ミルクジャグに残っている泡をスプーンでかき出して、カップ全体に丸くのせれば大きい丸の完成(3)。

3種類の キャンバスの 作り方

フォームドミルクを注ぎ、表面にデザインをほどこすためのキャンバスを作りましょう。キャンバスには3つの種類があり、描く絵柄に合わせて使い分けます。P178～179で各キャンバスをベースにした絵柄を紹介しているので、ぜひチャレンジしてみましょう。

キャンバス①　茶色
ミルクの泡で描く花や四つ葉のクローバー、ミニハートなどのベースに

キャンバス②　大きい丸
クレマで描く線画などのベースに

キャンバス③　小さい丸
動物や人の顔、フルーツ、雪だるまなどの絵柄に

デザインカプチーノ入門

Chapter 3
アレンジコーヒー集

小さい丸のキャンバスの作り方

カップとミルクジャグの距離がポイント

カップを手前に傾け、フォームドミルクをエスプレッソの中心めがけて勢いよく注ぐ(1)。液面がカップの半分ほどに達したら(2)、ミルクジャグをカップの口にあたるくらいまで近づけ、ミルクの泡をのせていく。液面に白い泡が丸く浮かんできたら、カップを水平に戻していく(3・4)。500円玉大になったら、ミルクジャグを振り切るように上げ、カップから離す(5・6)。

3種類のキャンバスを使った絵柄

> ベース
> 小さい丸の
> キャンバス

> ベース
> 小さい丸の
> キャンバス

デザインカプチーノ入門

Pig

ブタ

**耳は泡をすくって作る
コツはそっとのせること**

ティースプーンの柄を使ってミルクジャグの中に残った泡をすくい、丸のベースに足して耳の部分を作る(a)。多めにクレマをつけたピックを泡に深く刺して耳を描き、さらに鼻、目、口を順に描く(b)。

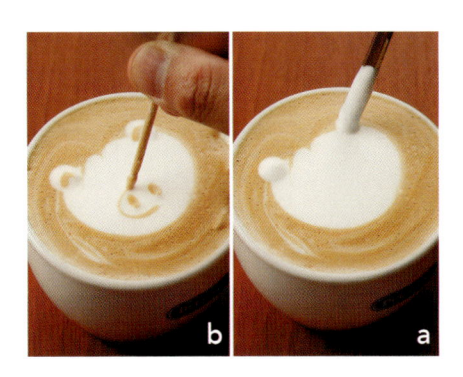

Baby

赤ちゃん

**ピックを筆にして
キャンバスに表情を描く**

液面のクレマをピックにつけ、泡の上に浅く刺し、表面を滑らせるように顔を描いていく。髪の毛と耳を描いたら(a)、顔へ。顔を描くときは、中心の鼻から描くとバランスがとりやすい(b)。

Chapter 3
アレンジコーヒー集

ベース
茶色の
キャンバス

ベース
大きい丸の
キャンバス

Clover & Mini heart
クローバー&ミニハート

**泡をのせてピックで描く
ハートのアレンジ**

クローバーはスプーンの柄で泡をのせ、小さい丸を4つ作り、ピックで丸を半分に切るようになぞって4つのハートを描き(a)、ピックで茎を描く。ハートは同様に3つの丸を作り、ピックで半分に切るようになぞる(b)。

Dog
いぬ

**クレマで丸を作る
動物の目鼻を描く必須テク**

ピックにクレマをつけて、白い丸の中に顔の輪郭を描き、中に鼻、口、目を描く。鼻は多めにクレマをつけたピックを深く刺して大きめの丸を作り(a)、目は浅く刺して小さめの丸を作る(b)。

ラテアート①

ハート

Heart

カフェ気分が味わえる
ラテアートの定番

デザインカプチーノ入門

ハートはラテアートの基本のモチーフ。ミルクとエスプレッソのグラデーションが美しい。

Chapter 3
アレンジコーヒー集

ハートの描き方

注ぎ口を左右に振りながら、いっきに注いでいく

カップを手前に傾けフォームドミルクを注ぎ、中央あたりを狙う（1）。液面がカップの半分まで上がってきたら、ミルクジャグをカップに近づける（2）。泡が丸く浮かんできたら、注ぎ口を左右に軽く振りながら注ぎ、カップを水平に戻していく（3）。左右に振ることでエスプレッソとミルクのグラデーションができる。最後にピッチャーを少し上げ、手前から奥に向かって切るようにミルクを流す（4）。

ラテアート②

リーフ

Leaf

カップに浮かぶ一枚の葉
繊細かつ大胆な注ぎの技に挑戦

デザインカプチーノ入門

葉脈まで美しく表現したラテアートの傑作。上級者向けだが、練習を重ねてコツをつかめば描けるように。

Chapter 3
アレンジコーヒー集

リーフの描き方

細かな振りが美しさの決め手になる

カップを手前に傾け、フォームドミルクをやや奥に注ぐ(1)。液面がカップの半分まで上がってきたら、ミルクジャグをカップに近づける(2)。泡が丸く浮かんできたら、カップを水平に戻しながら、注ぎ口を左右に振ってリーフを描いていく(3)。振り幅を徐々に小さくしながらカップの手前まできたら(4)、注ぎ口を少し上げ、奥に向かって切るようにミルクを流して、木の葉の芯を作る(5)。

ラテアート③

チューリップ

Tulip

みんなの心に春を呼ぶ
癒しのモチーフ

デザインカプチーノ入門

ハートを連ねると愛らしいチューリップに。絵柄を組み合わせるのもラテアートの楽しみ。

Chapter 3
アレンジコーヒー集

チューリップの描き方

ミルクの量を加減しながらリズムよく注いでいく

カップを手前に傾け、フォームドミルクを中央に注ぐ(1)。液面がカップの半分まで上がってきたら、ミルクジャグをカップに近づける(2)。泡が丸く浮かんできたら、少し振ってつぶれた丸にし、注ぎ口を上げて注ぐのを止める(3)。ミルクを注ぐ量を徐々に減らしながら、同じことをリズムよく3回くり返し、カップを水平に戻していく(4)。最後に手前から縦に切るようにミルクを流す(5)。

Column

プロが技を競い合う
コーヒー選手権

バリスタ（Barista）とは、イタリア語で、バールのカウンターに立ってサービスに携わる人のことを指します。つまり、コーヒーを淹れるプロのこと。そのプロたちが極めて高いレベルで能力を競い合うコーヒー選手権が、昨今大きな注目を集めています。

バリスタたちのプライドをかけた勝負

「コーヒーに競技会!?」と思う方もいるかもしれませんが、日本のコーヒー文化の啓蒙と普及を目的に設立された「日本スペシャルティコーヒー協会（SCAJ）」が毎年開催している、日本最大のコーヒー展示会のイベントのひとつに「ジャパン バリスタ チャンピオンシップ（JBC）」というものがあります。これは、バリスタの育成とモチベーションの向上を目指して2000年から開催されている競技会。全国から集まったコーヒーのプロフェッショナルたちが、技術、創造性、サービスのパフォーマンスを競い合います。当初はスペシャルティコーヒーの周知を図るために行われていましたが、バリスタという職業が広く認識されるようになった昨今、この競技会に対する関心が高まり、関係者だけではなく、一般の人も多くの観戦に訪れ、熱い視線を送っています。回を重ねるたびに大きな注目を集め、今では展示会の目玉イベントとなっています。

総合力が問われる厳しい競技内容

厳しい予選を勝ち抜いてきた精鋭たちが、世界大会であるワールドバリスタチャンピオンシップ（WBC）への切符をかけて繰り広げられる白熱の戦い。その競技内容とはいったいどのようなものなのでしょうか？

厳しい予選を勝ち抜いて、ようやく立てる晴れ舞台。

いくつかある競技部門のうち「バリスタ チャンピオンシップ」は、エスプレッソ、カプチーノ、シグネチャービバレッジの3つの種目で競われます。シグネチャービバレッジは、エスプレッソをベースにさまざまなアレンジをほどこして、コーヒーを自由に表現するという創作ドリンクで、バリスタの創造性が問われます。これらを15分の制限時間内に4杯ずつ作り、味のバランスや専門的技術のほか、サービスパフォーマンスなどが審査されます。

短時間に12杯分のコーヒーを作らなければならないので、正確かつスピーディーなパフォーマンスが要求されるうえ、プレゼンテーションまでもが審査の対象となるので大変です。ジャッジをお客さんとしてみなし、自己紹介やバリスタという職業に対する熱意やこだわりなどをさりげなく織り交ぜながら、言葉だけでなく全身全霊でコーヒーのおいしさや魅力を伝えていきます。技術や知識、経験だけでなく、高いプレゼンテーションスキルも持ち併せていなければいけないため、バリスタとしての総合的な能力が問われる大変厳しい世界なのです。

競技会の拡大と国際化の傾向

2003年からは、ジャパンバリスタ チャンピオンシップのサイフォン部門として、「ジャパン サイフォニスト チャンピオン

流れるような所作も見所のひとつであるサイフォン部門。

シップ(JSC)」が設けられました。競技では、2種類のブレンドコーヒーの抽出技術を競います。当初は国内大会でしたが、2009年には「ワールドサイフォニスト チャンピオンシップ(WSC)」も開催されるようになりました。

また、2009年からは、スペシャルティコーヒーの基本となるカッピングの普及を目的とした「ジャパン カップテイスターズ チャンピオンシップ(JCTC)」も開催。カップテイスターとは、ワインでいうソムリエのようなものです。この競技は、目の前に出された3つのコーヒーのうちから、1つだけ産地の違うコーヒーを早く正確に当てるというもので、より実践的で高いカッピングスキルが求められます。

ほかにも、ロー
スターの焙煎技術を競う、「ローストマスターズ チャンピオンシップ」というイベントも開催されています。これは地域ごとに編成されたチームによる団体戦で、各店のチームが焙煎した課題の豆を当日に抽出して審査するというものです。

さらに、同展示会内ではありませんが、2009年から「ジャパン ラテアート チャンピオンシップ(JLAC)」もスタート。ラテアートとは、カプチーノの表面をキャンバスにして、フォームドミルクを注いで絵柄を描くこと。デザインのバランスやコントラストのほか、正確な抽出やスチーミング(牛乳の泡立て方)、カップへの注ぎ方なども審査されます。どの大会も年々参加者が増えるものですが、予選を通過するだけでも大変ですが、腕に覚えのあるコーヒーのプロたちが果敢に挑戦し、優勝を目指して日々鍛錬しています。

2010年に日本人初の世界チャンピオンも誕生したラテアート部門。

明日につながるおいしい一杯

多くのプロフェッショナルは、最高の一杯が淹れられるよう、お店に訪れた人を喜ばせるための努力を日々怠っていません。コーヒー選手権は、そんな彼らにとって己を試し、磨く場でもあります。

バリスタ同士が切磋琢磨することで、高い意識が生まれ、日本のレベル向上につながっているのです。その結果、世界大会においても、日本のトップバリスタたちが、世界の強豪相手に、互角に渡り合って上位入賞を果たすなど、目覚ましい活躍を遂げています。

トップバリスタたちのパフォーマンスには、見るものを魅了する鮮やかな技、心のこもったもてなしの精神があふれています。彼らに憧れてコーヒーの道を目指す人が出てくることも、私たちにとっては明日のおいしい一杯につながるのかもしれません。

Chapter 4

目指せ！ホームバリスタ

おいしく淹れられるようになったら、
深遠なるコーヒーの世界へ
もう一歩踏み込んでみませんか？
豆の違いを味わったり、自家焙煎に挑戦したり
目指すは我が家のトップバリスタ！

カッピングのすすめ

コーヒーの味を知る

いろいろなコーヒーの味を知り、評価するカッピング。奥の深いコーヒーの世界への入口として、自分の好みのコーヒーを見つけるために、手軽にできるカッピングから始めてみましょう。

Guide to coffee cupping

カッピングとは何か？

カッピングはコーヒー流通のさまざまな過程で行われています。どういった場で、どのように行われるのでしょうか？まずはカッピングの基礎知識から。

カッピングの修練を積んでいるところも少なくありません。

カッピングの方法を簡単に言うと、豆を挽いてお湯を注ぎ、香りや味をチェックするというもの。国や団体別にさまざまな評価方式があり、それぞれ規定されたカッピングフォームを用いて採点評価が行われます。

このように、カッピングは本来、コーヒー業界のプロが扱う商品を評価するために行う作業ですが、手順自体は家庭にある道具を使って簡単にできます。カッピングをマスターし、さまざまなコーヒーを評価すれば、自分の好みの味や種類がわかってコーヒー選びももっと楽しくなるでしょう。

コーヒーのカッピングとは品質を客観的に評価すること

ワインにおけるテイスティングのように、コーヒーが持つ風味特性（ポテンシャル）を判定、識別し、その品質を客観的に評価することを、コーヒーの世界では「カッピング」と呼びます。

コーヒーの生産地・生産国では消費国への輸出に向けた品質チェックのために、消費国では生豆輸入業者や小売店が購入を決める場面で行われています。なかでもスペシャルティコーヒー（P.92）を扱う商社や小売店では、その際立つ風味特性を的確に評価してよりよいコーヒーを仕入れるため、日々

取材協力／カフェ・バッハ（DATAはP.268）

カッピング概観

スペシャルティコーヒーのカッピング

おいしさを評価する「SCAA方式」と「COE方式」

スペシャルティコーヒーのカッピングでは、おもに2つの評価方式が使われている。アメリカスペシャルティコーヒー協会（SCAA、P95）による「SCAA方式」と、カップ・オブ・エクセレンス（COE、P97）による「COE方式」である。SCAA方式は個々のロットやサンプルを評価するものだが、COE方式はコンペティション（品評会）で使用できる評価方式で、SCAA方式を基に発展した。両者は評価項目や点数の尺度などが少しずつ異なるが、どちらも"消費者の側に立ったコーヒーのおいしさを評価する"ためにあることには変わりがない。なお、日本スペシャルティコーヒー協会（SCAJ、P94）は、COE方式を公式に採用している。

SCAJのロゴマーク（左）と、同協会が開催するカッピング競技会の様子。

従来のカッピング

品質管理が目的の欠点チェック方式

従来のカッピングは、ブラジルのカッピング方式を基本とした欠点チェック方式。この方式は異質な味やにおいなどの欠点チェックを重視するもので、それによって輸出規格に適合するかどうか、品質管理することがおもな目的である。ブラジルやコロンビアをはじめとするコーヒー生産国では、現在も欠点チェック方式を最重視している。風味の欠点を厳密にチェックするものや欠点豆を外見から厳しくチェックするものなど、カッピングにおける評価基準は国によってさまざま。

生産国で行われるカッピング風景。

欠点チェック方式から特徴を評価する方式へ

現在、世界で多く流通し、汎用品とされるコマーシャルコーヒーは、欠点豆の混入率が高いため、これを評価するカッピングでは欠点チェックを重視します。一方、2000年以降普及したスペシャルティコーヒーを評価するカッピングは、コマーシャルコーヒーのそれとは対極にあります。スペシャルティコーヒーはもともと欠点豆の混入率が低いため、カッピングではカップクオリティ（コーヒーの液体の風味の特徴）を評価します。

世界でスペシャルティコーヒーの競技会や品評会が盛んに開かれるようになり、コスタリカやパナマなど、それまで欠点チェック方式を導入していた国々や団体にもスペシャルティコーヒーのカッピング方式は波及し、現在も広がりを見せています。

カップクオリティの評価

コーヒーの液体の風味（カップクオリティ）を評価するため、方式ごとに評価基準が定められています。ここではCOE方式を軸に解説します。

評価ポイントは8項目 多様な風味を持つほどよい

コーヒーの世界ではカッピングする人をカッパーと呼びます。彼らがカッピングをする際に使用するのが、カッピングフォームといわれる書き込み式の採点シートです。プロの現場では公平性を期すために複数のカッパーが集まってカッピングを行います。そして、点数を集計し、平均をとったものがそのコーヒーの評価になります。

SCAJが準拠するCOE方式は、前述のとおりスペシャルティコーヒーを対象とした評価方式です。この方式での評価ポイントは、フレーバー、甘さ、カップのきれいさ、酸の質、後味の印象度、口に含んだ質感、ハーモニー・均衡性、総合評価という8つの項目です。項目それぞれは8点満点（計64点）で、それに定数36点を加えて100点。さらにそこからマイナス点を引いたものが評価の最終的な点数になります。いろいろな風味を持つものほどよいコーヒーで、カッピングの得点が高いほど栽培地域の特性（テロワール）がしっかりと表現されていると言えます。

8項目のうち、フレーバー、甘さ、カップのきれいさ、総合評価の4つは、カッピング初心者でも比較的容易に感じ取ることのできる基礎項目です。まずはこの4項目を捉えることから始めましょう。

SCAAの評価項目

SCAA方式の評価項目は右記の11項目。SCAJが準拠するCOE方式と項目数は違うが、どちらも風味の特徴、おいしさ、印象度を主たる評価対象とすることに変わりはない。SCAA方式の場合1項目最高10点で、①〜⑨と⑪の合計で100点となり、そこから⑩を引いたものが最終的な点数。なお、スペシャルティクラスの豆が前提で審査されるため、⑦〜⑨は10点満点になることが多く、⑩は出る事例が少ない。

カッピングフォームの比較

SCAA方式

採点は6点から。0.25点刻みでつけられる。

SCAJ方式（COE方式）

4点が中心点となり、それ以下がマイナス、それ以上がプラスに相当。0〜5点までは1点刻み、6〜8点までは0.5点刻みでつけられる。

①**フレグランス／アロマ**
フレグランスはコーヒー一粉の香り、アロマは注湯後のコーヒーの香り。

②**フレーバー**
口に含んだときに感じる香りと味。

③**アフターテイスト**
後味の印象。口の中に残る風味。

④**アシディティ**
風味を形成する酸味の質と強さ。

⑤**ボディ**
口に含んだときのコクや重量感。

⑥**バランス**
フレーバーやアフターテイストなどの要素の調和。

⑦**ユニフォーミティ**
サンプル5カップのフレーバーの統一性。

⑧**クリーンカップ**
濁りや雑味のなさ、味の透明性。

⑨**スウィートネス**
口の中でほのかに感じる甘味。

⑩**ディフェクト**
いやな香りや味などの欠点。

⑪**オーバラル**
サンプルに対する、カッパーの個人的な総合評価。

▼▼▼ カッピングのすすめ ▲▲▲

評価 8 項目

この 4 項目の評価から始めてみよう！

1 フレーバー

味と香りを総合した印象のこと。質、強度、複雑さなどを評価し、複雑であるほど評価は高くなる。「花のような香り」や「チョコレートのような味わい」のように植物や食べ物にたとえて表現することが多い。フレーバーについてはさらにP197で詳しく解説している。

2 甘さ

豆がよい環境で育ち、適切に精製処理されたことの表れが"ほどよい甘み"である。口の中で甘さの感覚がどのように広がり、持続し、消えていくか、あるいは感覚が現れてこないかを評価。辛さのある苦味や刺激的な酸味、渋味があるとこれが感じにくい。

3 カップのきれいさ

カップとは容器のことではなく、抽出したコーヒーのこと。濁りや雑味がなく"透明性"があるかをみる。濁りや雑味があると、栽培地域の特性（テロワール）が隠れて正しく感知できない。甘味と同様、豆がよい環境で育ち、適切に精製処理されたことの表れと言える。

4 総合評価

フレーバーに複雑さや立体感、奥行きがあるか、あるいは単純でも心地よいコーヒーであるかを判定する。この項目では、カッパー自身の好みか否かという嗜好も加味してよい。

慣れたら残る 4 項目に挑戦！

5 酸の質

良質の酸味はコーヒーに生き生きとした印象を与えるもの。酸の明るさやさわやかさ、繊細さなどを評価する。反対に、刺激的でいやな酸味やキレのない酸味は、マイナスポイントになる。

6 後味の印象度

コーヒーを飲んだあとで持続する風味のこと。アフターテイストともいう。"口に残るコーヒー感"が甘さの感覚で消えてゆくか、あるいは刺激的でいやな風味が残るかを判定する。

7 口に含んだ質感

口に含んだときに感じられる粘りけや濃さ、舌ざわりのなめらかさなどを指す。感触の強さではなく質を評価する。ある程度の時間、コーヒー液を口の中に含んだほうが感じ取りやすい。

8 ハーモニー・均衡性

風味で何か突出したり欠けたりしているものはないか、心地よいハーモニーであるかなど、調和とバランスを評価する。

使う道具

カップ（グラス）
コーヒー豆1種類につき4個。4つ用意するのは、品質にバラつきがないかをチェックするため。規定の量のお湯が入り、かつすべての大きさ、形が揃っていればどんなものでもよい。カッピング専用カップも売られている。

水（またはお湯）を入れる容器
別のカップをカッピングする前にスプーンをすすぐための、水またはお湯を入れたもの。

スプーン
サイズが小さすぎず、深すぎないものがよい。カッピング専用スプーンも売られているが、スープスプーンでもOK。

吐き出し用容器
コーヒー液を口に含んで判定したあと、吐き出すためのもの。中が見えないカップが好ましい（紙コップが手軽でおすすめ）。

サンプル用の焙煎豆
カップ1個あたり10g使用。直前に中細挽きにする。焙煎度は、正式な審査ではハイローストが使われる。サンプルが数種類あると比較がしやすい。

▼▼▼ カッピングのすすめ ▲▲▲

カッピングをしてみよう

ここではCOE方式のカッピングを紹介します。初心者であれば、まずはコーヒー1種類につきカップ1個で始めてみましょう。

カッピングでは、コーヒー粉にお湯を注ぐ前の粉の状態の香り（ドライ）、注湯したあとの香り（クラスト）、スプーンでコーヒーをかき混ぜた際に立ち上る香り（ブレーク）と、3回香りをかぐ工程があります。いずれも採点の対象にはなりませんが、ほかの項目を評価する上で助けとなります。

慣れてきたら、やや強弱をつけてコーヒー液を吸ったり、温度変化による違いも感じ取ってみましょう。「花のような」「シルキーな」「さわやかな」といったコーヒーの特性を表す表現も、カッピングをくり返すうちに自然と身についてくるでしょう。

コーヒー液の吸い方が大きなポイント

カッピングを始める際は、コーヒーの焙煎度合いやお湯の温度など、その場の作業環境や条件を統一することが大切です。サンプルやカップによって条件が違うと、公平な評価ができなくなります。

そしてコーヒー液を口に含むときは、液が霧状になって口の中全体に等しく行き渡るよう、勢いよく吸い込むこと。そうしないと風味の特性や酸味のキレが判定できません。コーヒー液は大量に吸い込まず、口の中に含んだら判定する限り早く吐き出します。何種類もカッピングする場合、そのつど口の中で液を保ったままにすると、舌の感覚が麻痺してくるからです。

Chapter 4
目指せ！ ホームバリスタ

カッピングの手順

1 4個のカップそれぞれに、焙煎度が一定の中細挽きにしたコーヒー粉を10gずつ入れる。

2 カップを振り、お湯を注ぐ前の香り（ドライ）を確認。4個すべてのカップの香りをかぐ。

3 180mlのお湯を、コーヒーをドリップする感覚で注ぐ（お湯の適温は92〜96℃）。

4 熱湯がしみ込むにつれ、粉が沈み始める。3分間放置したら、注湯後の香り（クラスト）をかぐ。

5 スプーンで浮かんでいる粉を崩し、上下にローリングしながら3〜4回かき混ぜ、鼻を近づけて香り（ブレーク）をかぐ。

6 カップの上層に浮いたアクやカスをスプーンですくい取る。その後、4〜5分放置する。

7 スプーンにコーヒー液をとり、口の中で霧状になるよう「ズーッ」と音を立てて勢いよくすする。

8 評価後、コーヒー液は専用カップに吐き出す。別のカップをカッピングする前にスプーンをすすぐ。

▼▼▼ カッピングのすすめ ▼▼▼

フレーバーの認識と表現

スペシャルティコーヒーと一般のコーヒーとを区別するもっとも重要な要素がフレーバー。正しく捉えるためのテクニックも紹介します。

コーヒーの総合的な印象は嗅覚が大きく関わっている

フレーバーとは「コーヒーの香りと味の総合的な印象」のこと。言い換えれば、コーヒーの印象はほぼこのフレーバーで捉えているということになります。

よく口で感じた味わいがフレーバーだと誤解されますが、じつは、私たちはこれをおもに嗅覚（鼻）で感じ取っています。まず鼻呼吸を止めた状態でコーヒーを飲んでみて、そのあと鼻で息をしながら飲んでみると、鼻呼吸していたほうが香味がきちんと意識できることがわかります。鼻が詰まっていると食べ物の味がしないなどと言われることがありますが、これと同じことなのです。

また、フレーバーはコーヒー液が温かいうちのほうが際立って出てきます。カッピングの際は最初にフレーバーを意識し、そこで感じたイメージを参考にしつつ、質感や酸味などその他の要素を捉えていきます。左のページにあるように、フレーバーは大きく分けて、フルーティー（フルーツっぽい）かナッティー（ナッツのよう）かに分けられます。まずはこの2つの方向で捉えてみて、慣れたら次は花系、果物系、草（ハーブ）系、ナッツ系、カラメル系、チョコレート系の6つの系統へと進むというように、段階的に細かく意識できるようにするとよいでしょう。

A dvice
**身近な食品で
フレーバーを捉える練習を**

身近にある食品にはすべて何かしらのフレーバーがあるので、ふだんから意識しておくとコーヒーのフレーバーを捉える目安になる。なかでも、コンビニエンスストアなどどこででも手に入るような製品は、つねに味や香りが一定なのでフレーバーの基準になりやすい。たとえばジャムやチョコレートなどを使い、ブラインドで香りをかぎとって具体的な言葉で表現し合うようなゲームをすれば、楽しみながらフレーバーを意識する訓練になる。

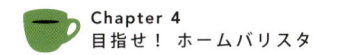

フレーバーの分類

フレーバーは系統から表現できる

下の表は、SCAAで使われる香味用語の一部を系統別に表したもので、明るい色のものほどスペシャルティコーヒーから見出されやすい特徴的な香りであるとされる。慣れないはじめのうちは最上段の2つの大きな分類を意識し、慣れてきたら2段目の6系統に、さらにその下の段へと、徐々に細かく意識していくとわかりやすい。また、フレーバーは焙煎度と密接に関連しており、焙煎が浅いコーヒーのほうが軽やかでフルーティーさがあり、焙煎が深いコーヒーほどチョコレートのようなビター感がある。ただし、浅煎りであっても、深煎りの側に含まれるニュアンスを持ったコーヒーもあるので、必ずしもではないということも覚えておこう。なお、マイナス特性の表現としては、ピリッとする、薬品っぽい、煙のような、灰っぽいなどが使われる。

フルーティー						ナッティー					
花系		果物系		草系		ナッツ系		カラメル系		チョコレート系	
花のような	芳香がある	柑橘系	ベリーのような	ねぎのような	豆のような	ナッツのような	麦芽のような	キャンディのような	シロップのような	チョコレートのような	バニラのような
コーヒーの花	ティーローズ	カルダモン・キャラウェイ / コリアンダーシード / レモン / りんご / アプリコット	ブラックベリー	玉ねぎ / ガーリック	きゅうり / えんどう豆	ローストピーナッツ	くるみ / 香り米 / トースト	ローストアーモンド / ローストヘーゼルナッツ	はちみつ / メイプルシロップ	ベイカーズチョコレート / ダークチョコレート / ミルクチョコレート	バター

記入の仕方

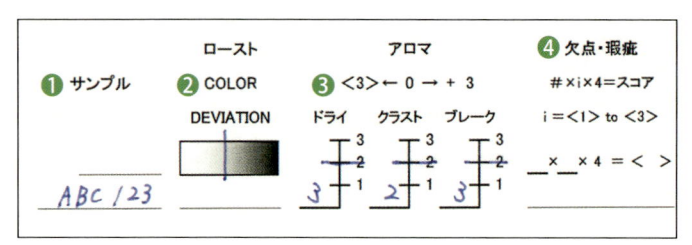

ロースト、アロマは採点の対象にはならないが、評価8項目を評定するうえでの参考情報として役立てる。欠点・瑕疵（かし）は、スペシャルティコーヒーならば0点の場合がほとんど。

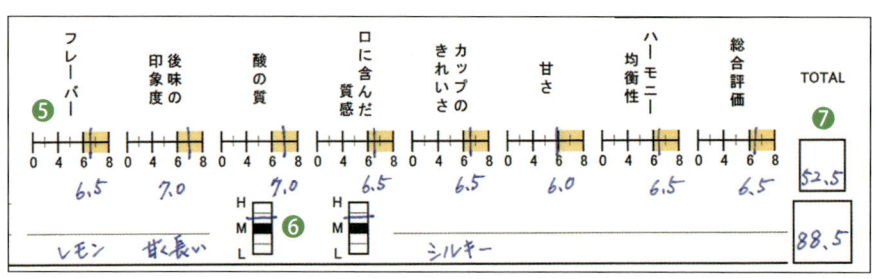

❶ サンプルの名前。

❷ 焙煎度にブレはないかを確認。SCAJ方式（COE方式）の場合、焙煎度はハイローストに統一。ハイローストならば真ん中に、それよりも浅ければ左寄り、深ければ右寄りに線を引く。

❸ 各段階のアロマの評価。「強さ」については線で、強い順に3、2、1のいずれかにチェック。「質のよさ」については左側に、よい順に3、2、1を書き込む。

❹ 「#」は欠点のあったカップ数。「i」は欠点・瑕疵の強さで、強い順に3、2、1を記入。これを「#×i×4＝」に代入し、出たスコア（欠点・瑕疵1のカップがひとつの場合、1×1×4＝4）を、評価8項目の合計点数＋定数36点から差し引く。

❺ 1～5点までは1点刻み、6点以上は0.5点刻みで採点できる。0と4の間の目盛りは2、4と6の間は5、6と8の間は7を表し、配分は不規則。下部の罫線にはコメントなどを書き込む。

❻ 「H・M・L」は「強さ」を表し、線をつけてチェック。質や質感の「よさ」は0～8点の尺度で評価。

❼ 上の囲みには評価8項目の合計点数、下の囲みには8項目の合計点数＋定数36点から、欠点・瑕疵のスコアを差し引いた総合点数を記入。

カッピングフォームに記入する

カッピングをしたら、評価をカッピングフォームに記入しましょう。記録を重ねれば、新たな豆の評価時の参考に。ほかの人と評価の情報共有をする際にも役立ちます。

目安を参考にして点数をつけよう

カッピングした自分の評価を、カッピングフォームに記入してみましょう。ここではCOE方式に準じたSCAJのカッピングフォームの見方と記入方法を紹介。記録を重ねれば、新たな豆を評価する際に参考として役立ったりするので、左のカッピングフォームをコピーして記入してみてください。初めての挑戦では、その豆に何点をつけるのが適当なのか悩むものの。COE入賞銘柄の評価8項目の平均点は6点以上、コマーシャルコーヒーの平均点は4点以上なので、これをひとつの目安にするとよいでしょう。

カッピング フォーム

名前 :　　　　　　　　　　　　　　　　　　　　　　　　　　　　　日付 :

サンプル

ロースト　　フロマ　　ドライ　　クラスト　ブレーク
COLOR　　<3>→+0→+3
DEVIATION

セッション : 1 2 3 4 5

欠点・風味　　ブ　後　印
# x 1 x 4 = スコア　　レ　味　象
i = <1> to <3>　　イ　度　の
_ x 4 = < >　　ク　の　質

　　　　　　酸　　　口　　　き　カ　　　甘　　　均　ハ　　　総
　　　　　　の　　　に　　　れ　ッ　　　さ　　　衡　ー　　　合
　　　　　　質　　　含　　　い　プ　　　　　　　体　モ　　　評
　　　　　　　　　　ん　　　さ　の　　　　　　　　ニ　　　価
　　　　　　　　　　だ　　　　　　　　　　　　　　ー
　　　　　　　　　　感

TOTAL

カッピングのスキルアップ

フレーバーの分類をマスターしたら、応用編に進みましょう。動作そのものは複雑ではありませんが、"目利き"が問われるトレーニングです。

トライアンギュレーションの手順

1. カップ（グラス）を3つ用意し、2つには同じ種類のコーヒー粉を、もう1つには別の種類のコーヒー粉を入れ、それぞれに注湯する。
2. どのカップにどのコーヒーが入っているかをわからなくするためカップを動かし、通常と同様にカッピングする。
3. 3つともカッピングしたら、異なる種類のコーヒーを当てる。

ゲーム感覚で楽しめるカッピング上達法

カッピングのスキルアップに効果的な方法として「トライアンギュレーション」があります。これは、3つのカップに入ったコーヒーをカッピングによって香味を比較し、その中から1つ種類の異なるものを特定するトレーニング法です。このトレーニングで大事なのは、単に仲間はずれを見つけるのではなく、同じ味のものを結びつけること。言い換えれば、状況が変わっても、つねに同じ味を認識できるようになることが肝要なのです。

トライアンギュレーションでは3つのカップを用意し、そのうち2つには同じ種類のコーヒーを、もう1つには別の種類のコーヒーを入れること以外、手順はカッピングと同じ。数人で集まって行えば、ゲーム感覚で楽しくスキルアップがはかれるでしょう。

なお、カッピングを行う際、事前に生産国のプロフィールがわかってしまうと、その国に対する先入観などから評価に影響が出てくる可能性があるので、生産国の情報などは隠して行うほうがよいでしょう。

収穫地の標高や生産処理での違いを感じる

カッピング上達法の応用編として、異なる標高で育った豆や、生産処理が違う豆を比較するという方法もあります。

標高1500m地帯で収穫された豆と2000m地帯で収穫された豆、またナチュラルで精製された豆とウォッシュドで精製された豆では、明らかにフレーバーやカップのきれいさに違いが出てきます。

また、ティピカ種とブルボン種の違いで比較するといったやり方もありますが、こちらは目立って大きな差異は出てこないので、さらに上級編になります。

Chapter 4
目指せ！ホームバリスタ

飲みくらべパターン

標高差による味の違い

コーヒーの世界では一般に、低地で栽培されたコーヒーより昼夜の寒暖差が大きい高地で栽培されたコーヒーのほうが高品質と言われる。両者の味を比較すると、標高が高いところで育ったコーヒーのほうが酸味が強めで、香りもはっきりとした印象を持つものが多い。

低地に広がるコーヒー農園(左)と、高地にある農園(右)。

生産処理による味の違い

コーヒーの生産処理(P107)は、おもにナチュラル(非水洗式)とウォッシュド(水洗式)、その中間のパルプドナチュラル(半水洗式)などがある。ウォッシュドのほうが透明感が高く、酸味や香りも強く出てくる。それに対し、ナチュラルのほうは濃縮度が高くて特有の複雑な香味を持つものが多い。

ウォッシュド（水洗式）
水洗いで不純物を取り除いたのち、果肉を除去して乾燥させるウォッシュドは、透明度の高いクリーンなカップが多く、酸味や香りが強く出てくる。

ナチュラル（非水洗式）
ウォッシュドと比較するとクリアな味や香りに欠け、酸味やフルーティーさはわずかに感じられる程度。エチオピアやイエメン産のナチュラルのように、特有の香味を持つものが多く、それをプラスにとるかマイナスにとるかで評価が分かれる。

パルプドナチュラル（半水洗式）
カップはナチュラルよりややクリーン。精製の過程で生じるミューシレージと呼ばれる粘液物質が、コーヒー豆にほのかな甘味やはちみつのような風味を加え、別名「ハニーコーヒー」とも呼ばれる。焙煎すると酸味が弱まり、豊かなコクと香りも出る。

手網焙煎を楽しむ

▼▼▼▼▼

自分で煎った豆の味は別格

焙煎というとプロのロースターの領域だと思われがちですが、銀杏などを煎るのに使う手網で手軽に自家焙煎を行うことが可能です。手間はかかりますが、その分、おいしさもひとしおでしょう。

Roast your own coffee at home

最近では、店頭やインターネット販売などで生豆を手に入れることも容易に。

豆の種類と焙煎の難易度

コーヒー豆は、銘柄によって煎りやすいものとそうでないものがあります。まずは簡単なものから始めて、ステップアップしていくとよいでしょう。

豆の大きさや厚み、含水量で難易度が異なる

コーヒー豆にはたくさんの種類があり、煎りやすさは異なります。難易度別に大きく3つに分けると、それぞれの特徴は次の通りです。

比較的煎りやすいのはブラジル産やキューバ産など（Aグループ）。小ぶりで火の通りがよく、なかでもブラジル産は焙煎度によって味の違いが明確に出るため、練習用としてうってつけです。加えて、極端な浅煎りと深煎り以外なら、どの焙煎度合いでも味が安定しているのもビギナー向きといえます。

少々煎りにくいのが、タンザニアAAなどの、大きさと含まれる水分量にバラつきのある豆（Bグル

取材協力／カフェ・バッハ（DATAはP268）

Chapter 4
目指せ！ ホームバリスタ

3つのグループの特徴

Aグループ

難易度 ★☆☆

銘柄の例

- キューバ クリスタルマウンテン
- メキシコ アルトゥーラ
- ジャマイカ ブルーマウンテン No.1
- ブラジル サントス No.2

キューバ クリスタルマウンテン

粒が小さく肉薄で、含水量が少ないグループ。低山地での栽培種が多いが、メキシコ アルトゥーラなどの一部銘柄は高山地で作られている。火の通りがなだらかなキューバ クリスタルマウンテンは入門者に最適。

Bグループ

難易度 ★★☆

銘柄の例

- タンザニア AA
- イエメン モカ マタリ
- コスタリカ SHB
- インドネシア スマトラ マンデリン

タンザニア AA

中低産地が多く、全体に肉厚ぎみで大粒。同一ロットでもサイズや含水量に差がある。酸味が豊かなイエメン モカ マタリや、成熟度が高くやわらかな味のインドネシア スマトラ マンデリンなどが代表格。

Cグループ

難易度 ★★★

銘柄の例

- コロンビア スプレモ
- コロンビア マラゴジッペ
- ケニア AA
- ハワイ コナ

コロンビア スプレモ

上級品が揃うグループ。高山産地の豆はかたくて水分が蒸発しにくいうえ、大粒で肉厚。同じロットでも成熟度や水分に幅があり、焙煎がむずかしい。コロンビア豆を、渋味を抑えた重層的な味に仕上げられれば達人クラス。

均一に仕上げるには、多少経験を積んでコツをつかむ必要があります。

さらにムラなく煎り上げることがむずかしいのが、コロンビア産などの肉厚で含水量がまちまちなタイプ（Cグループ）。ただし、上質な銘柄が多いため、上手に焙煎できればすばらしい風味が楽しめる部類です。

また、同じ豆でも収穫されてから経過した時間によって、難易度が変わってきます。収穫して数か月程度の新しい生豆を「ニュークロップ」、次の収穫までの当年のものを「カレントクロップ」、前年度のものを「パストクロップ」、それ以前の豆を「オールドクロップ」といいます。時間が経つにつれて酸や香りが抜けていくため、今日新しい豆のほうが好まれる傾向にありますが、同時に乾燥も進むので煎りやすくなります。この点も考慮に入れるとよいでしょう。

ハンドピック

コーヒー豆に混じった異物や欠点のある豆を手で取り除くことを「ハンドピック」と呼びます。上手に焙煎するため、そして風味よく仕上げるために、必ずこの作業を行いましょう。

ていねいなハンドピックが風味をアップさせる

生豆を購入したら、必ず異物や欠点を取り除くハンドピックを行いましょう。明らかな欠点豆だけでなく、色やツヤ、形のおかしな豆を取り除くなど適切にハンドピックできれば、グレードの低い豆でもコーヒーの仕上がりが格段にアップし、粒の大きさや厚みにも気を配ってサイズをととのえれば、火の通りが均一になって煎りやすくなります。

さらに、焙煎したあとにも色づきが整っていないものなどのハンドピックを行います。変形豆などは、焙煎してからのほうが見分けやすいものもあります。こうしたていねいなひと手間が、おいしいコーヒーへとつながるのです。

選別が十分いき届いたスペシャルティコーヒーでもない限り、生豆には、虫食いなどの欠点のある豆や、石や穀類といった異物が含まれていることが多くあります。この状態のままで煎ると、色の変化が不揃いなために焙煎の進み具合がわかりにくいうえ、カビた豆や発酵した豆がたった1粒でも混じっていると、せっかく淹れたコーヒーが不快な臭気を放ってしまいます。また、石や砂、木片などの異物は、豆を挽くときにミルの刃を傷める原因にもなってしまうのです。

こうしたリスクを避けるため、

ハンドピックは煎る前と煎ったあとに行う

トレイなどに生豆を広げ、ひとつひとつ指でつまんで取り除くハンドピック。地味で時間のかかる作業だが、風味を左右する大切な工程。

焙煎後のハンドピックも手を抜かずに。品質が劣る豆は、早く焦げたり色づきが薄かったりするので、生豆のときにはわからなかったものも見つかる。

Chapter 4
目指せ！ ホームバリスタ

> Question!
>
> この中に
> 欠点豆と異物が
> 9つあります。
> どれかわかりますか？

◀◀◀ **答えは次のページ**

欠点豆と異物の種類

❶ 石
精製する際に天日下で自然乾燥させた豆には、石、砂、木片などの混入が多い。ときにはガラス片やコインなども見つかる。

❷ 穀類
石と同様、天日下で自然乾燥させた豆には、とうもろこしなどの穀類や種子の混入が見られる。こしょうの粒が混じっているケースも。

❸ 貝殻豆、割れ豆
生育上の問題などで貝殻状に変形した豆を「貝殻豆」、処理中や移送中に砕けた豆を「割れ豆」と呼ぶ。ともに焙煎ムラの原因に。

Answer!
▼
いくつ見つかりましたか？

▼▼▼ 手網焙煎を楽しむ ▲▲▲

効率的なハンドピックは手順のルール化がコツ

たくさんのコーヒー豆から手で欠点豆を取り除く作業は、とても手間がかかるもの。コツをつかんで、効率よく行いましょう。

生豆をハンドピックする場合は、ツヤ消しの黒っぽいトレイに豆を広げて行うのがおすすめ。醗酵豆やヴェルジは、ほかの豆よりわずかに黄色っぽいだけという場合があるので、沈んだ色のトレイにのせることで、その特徴がわかりやすくなるのです。また、焙煎後のハンドピックは、焦げ色の差がわかりやすいよう、茶色のコットンを敷いたトレイの上に広げると作業しやすくなります。

トレイに豆を広げたら豆の選別を始めますが、ただ漫然と作業していては時間ばかりかかってしまいます。そこで、どんなものから取り除いていくか優先順位を決めて行うのが、効率のよいハンドピ

Chapter 4 目指せ！ホームバリスタ

その他の欠点豆

コッコ
果肉がついた状態で乾燥したり、果肉除去が不完全な豆。コッコとは"糞"の意で、ヨード臭や土臭を放つ。

パーチメント
脱穀不良などにより、パーチメント（内果皮）が残っている豆のこと。コーヒーに渋味やえぐみが出る原因になる。

❼ ヴェルジ（未熟豆）
コーヒーチェリーが未成熟のまま収穫された豆。これが混入したコーヒーは、非常に青臭くて吐き気をもよおすような悪臭がする。

❽ 黒豆
収穫前に落下して黒くなったものや、完全に醗酵していたんだ豆。コーヒーの濁りと腐敗臭のもとになる。

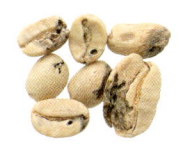

❾ 死豆
正常に実を結ばなかった豆で、風味が淡く、異臭の原因になる。煎ると色づきが悪いため、焙煎後のほうが見分けやすい。

❹ 発酵豆
ウォッシュド方式で精製した際、醗酵槽で醗酵した豆。収穫後の処理の遅れや保管中に起こることも。煎ると異臭を放つ。

❺ 虫食い豆
コーヒーの害虫（ブロッカ、ベリーボーラーなど）が産卵し、孵化した幼虫による食害で穴があいたもの。濁りや異臭の原因になる。

❻ カビ臭豆
乾燥が不完全だった豆や、輸送中や保管中の不備によってカビが発生した豆。焙煎してもカビのにおいが残る。

トレイの色と見え方

トレイの色によって、豆の見え方が変わる。白いトレイ（写真右）より、黒いもの（写真左）のほうがシャープに見える。ただし、黒でも光を反射するようなものは不適。

ックのコツです。まず、「色→ツヤ→形」の順で異物と欠点豆をチェックします。色の違いが明確な異物と黒豆を除いたら、次にツヤのない死豆、発酵豆、ヴェルジを、そして最後に形のおかしい貝殻豆や虫食い豆などをはじいていくとよいでしょう。

ハンドピックを行うと、ウォッシュド（水洗式）で精製した豆で15〜30％、ナチュラル（非水洗式）だと40％も欠点豆などが混入していることがあります。もちろん、生豆を購入する際に最初から欠点の少ない豆を選ぶことがベストですが、目減り分を考慮したうえで、必要な量を買うようにしましょう。ひと粒の欠点豆のために、手間をかけて淹れたコーヒーが台無しになるのはとても残念なこと。それを防ぐためには、正常なのか欠点豆なのか判断しかねる豆があったら、ためらわずに取り除くほうが無難です。

豆の銘柄と適正な焙煎度合い

手間をかけてハンドピックした生豆。せっかくだから豆の個性を十分に引き出す焙煎度に仕上げたいもの。銘柄によってベストな焙煎度合いがあるので、押さえておきましょう。

▼▼▼ 手網焙煎を楽しむ ▲▲▲

はじける音のことで、豆を焙煎すると必ず2回訪れます。1回目のハゼは煎り始めてから10〜20分後に起こり、パチパチという力強い音がします。さらに続けると、今度はピチピチという乾いた音がする2回目のハゼが始まります。1回目のハゼが終わったところで煎り止めにすればミディアム、2回目のハゼのピークで終えればフルシティと、ハゼが焙煎度合いの目安になります。さらに豆は縮んだりふくらんだりをくり返しながら、焙煎が進むにつれて膨張してくるので、こうした見た目も参考になります。また、豆によって火の通り具合は変わるので、火を通す時間でコントロールするのも容易ではありません。そこで頼りになるのが「ハゼ」です。目、鼻、耳をフルに活用して、煎り具合がつかめるようになりましょう。

焙煎の進み具合をはかる2回の「ハゼ」

豆は、煎りが浅いと酸味がきいた味になり、深いと苦味が強くなりますが、中煎りがおいしい豆もあれば、深煎りでもっとも持ち味を発揮する豆もあります。銘柄によって最適な焙煎度合いがあることも覚えておくとよいでしょう。焙煎の進み具合は色や香りの変化などでチェックしますが、こうした感覚は人によってズレがあります。

ハゼとは、豆が膨張・収縮して

焙煎度合いと適した豆のタイプ

焙煎度	浅煎り	中煎り	中深煎り	深煎り
	ライト／シナモン	ミディアム／ハイ	シティ／フルシティ	フレンチ／イタリアン
豆のタイプ	ライトはテストに使われる程度で、飲用には向かない。シナモンは、カリブ海系の水分が少なく肉薄の豆に適する。	カリブ海系の豆やナチュラルで生産処理したブラジル豆などに適した焙煎度合い。	マンデリン、ハワイコナなどの個性的な豆や、中米の豆に適している。	コロンビアなどの酸味が強く水分の多い銘柄や、エスプレッソ用向き。

ハゼを目安とした焙煎度合いの推移

煎り始め　　　　　　　　　　　　1回目のハゼ　　　　2回目のハゼ

▲ライト　▲シナモン　▲ミディアム　▲シティ／ハイ　▲フレンチ／フルシティ　▲イタリアン

Chapter 4
目指せ！ ホームバリスタ

焙煎度による味の推移

中煎りがベストの豆の場合（例：キューバ豆）

キューバ豆の生豆
肉薄でやわらかく、色の変化が明らかで焙煎しやすい。すっきりとした透明感が損なわれずにバランスのよい中煎りがよい。

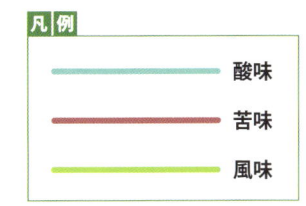

凡例
— 酸味
— 苦味
— 風味

※（ ）内の時間は焙煎時間の目安です。

↑強さ　時間➡

ライト（10分）　シナモン（14分）　シティ（20分）　フルシティ（21分）　フレンチ（22分）　イタリアン（24分）

Good Point!

ミディアム（16分）　ハイ（18分）

味に深みがあるうちに煎り止めする
キューバの豆は、味の豊かさはさほど強くないので、深く煎るとスカスカな味わいになる。そのため、あまり酸っぱくなく苦くもない焙煎度が適する。ミディアムローストは酸味と風味がくっきりとした味わいで、ハイローストではやや苦味が加わる。

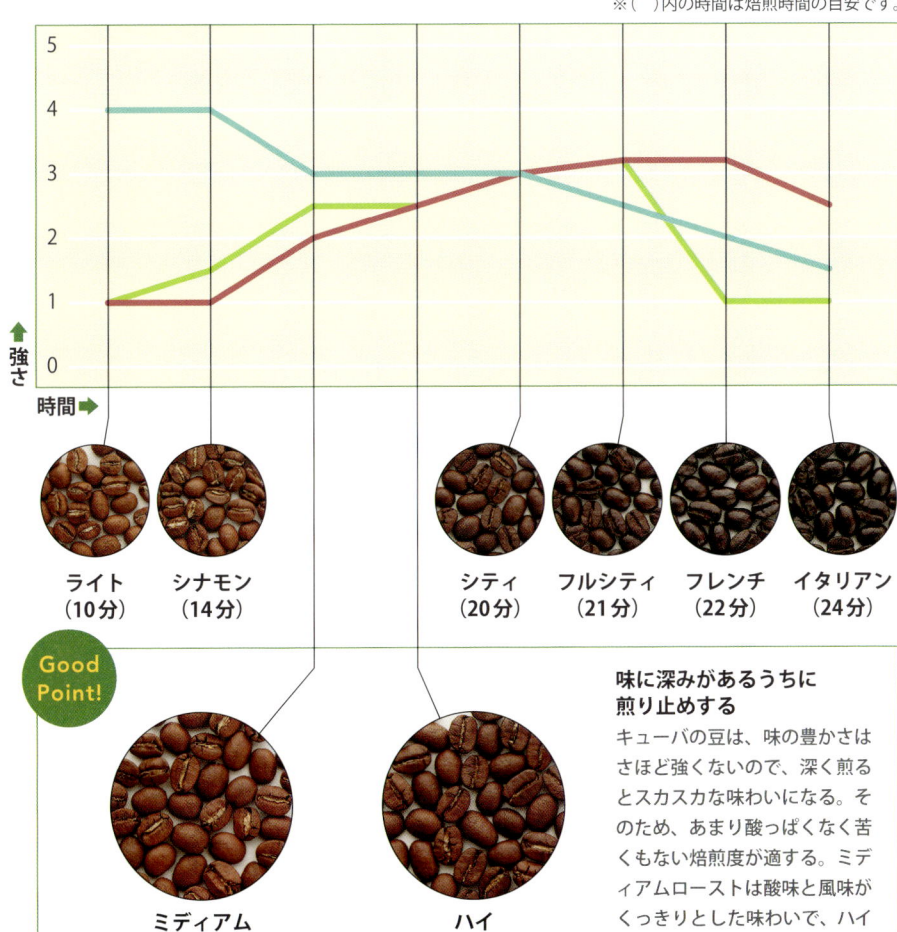

焙煎度による味の推移

中〜中深煎りがベストの豆の場合（例：ブラジル豆）

ブラジル豆の生豆
ほとんどの焙煎度合いで安定感のある味になるが、極端な浅煎りではえぐみなどのクセが出やすい。

凡例
- 酸味
- 苦味
- 風味

※（　）内の時間は焙煎時間の目安です。

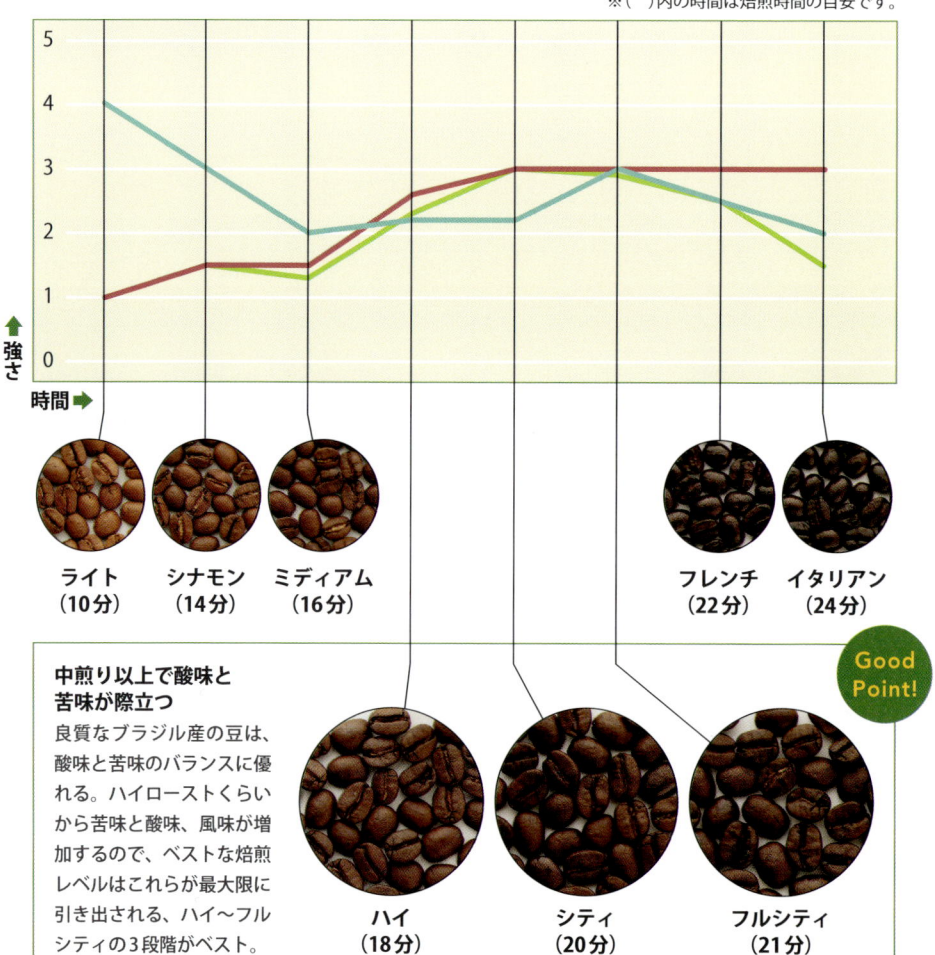

▼▼▼ 手網焙煎を楽しむ ▲▲▲

- ライト（10分）
- シナモン（14分）
- ミディアム（16分）
- ハイ（18分）
- シティ（20分）
- フルシティ（21分）
- フレンチ（22分）
- イタリアン（24分）

Good Point!
中煎り以上で酸味と苦味が際立つ

良質なブラジル産の豆は、酸味と苦味のバランスに優れる。ハイローストくらいから苦味と酸味、風味が増加するので、ベストな焙煎レベルはこれらが最大限に引き出される、ハイ〜フルシティの3段階がベスト。

Chapter 4
目指せ！ ホームバリスタ

中深〜深煎りがベストの豆の場合（例：コロンビア豆）

コロンビア豆の生豆
肉厚で粒が大きく、焙煎に時間がかかる。コロンビアスプレモは酸味がとくに豊か。中深煎り以上が基本。

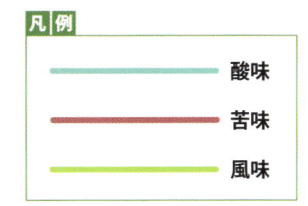

凡例
— 酸味
— 苦味
— 風味

※（　）内の時間は焙煎時間の目安です。

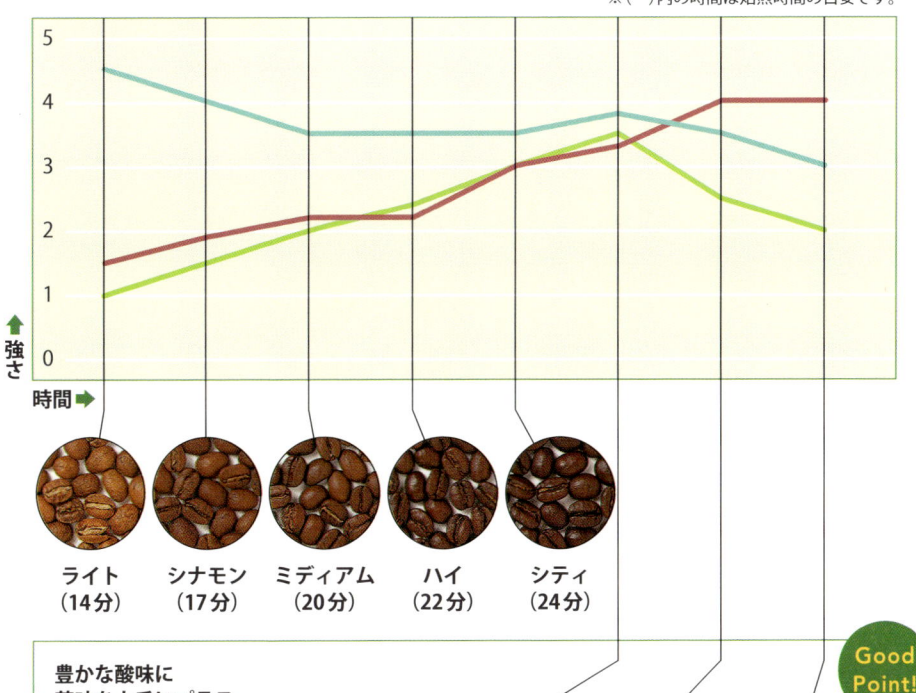

↑強さ
時間→

- ライト（14分）
- シナモン（17分）
- ミディアム（20分）
- ハイ（22分）
- シティ（24分）
- フルシティ（25分）
- フレンチ（26分）
- イタリアン（28分） **Good Point!**

豊かな酸味に苦味を上手にプラス
コロンビア豆の酸味を活かすためには、苦味とのバランスがとれる中深煎り以上のローストが向く。浅い焙煎度では酸味がききすぎ、渋味が残ってしまう。焙煎するほど出てくる苦味を好みでコントロール。

手網で自家焙煎に挑戦

家庭で焙煎を行うには、銀杏などを煎る手網を使う方法がいちばん手軽です。最初から上手に…とはいきませんが、感覚やコツを養って自家焙煎ライフを楽しみましょう。

▼▼▼ 手網焙煎を楽しむ ▲▲▲

これだけあればできる！自家焙煎アイテム

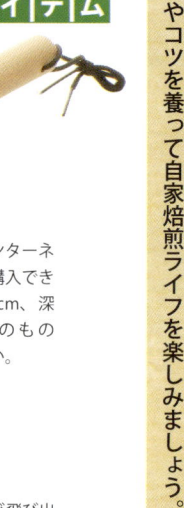

手網
金物屋やインターネット販売で購入できる。直径20cm、深さ5cm程度のものが使いやすい。

クリップ
振っている最中に豆が飛び出さないよう、ふたを留めておくのに使用する。

軍手
やけど防止のために使用。キッチングローブなどは、作業性が悪いので不向き。

タイマー
ハゼの始まるタイミングや、焙煎の進み具合などの目安時間を計るために使用。

手軽で実用的 手網焙煎の道具と準備

コーヒー豆を煎る器具にはさまざまな種類がありますが、手網を使用する焙煎は、特別な機械などを購入する必要がなく、低コストで気軽に行えます。金網の容器にハンドルがついただけのものですから、軽くて振りやすいうえ、手入れも簡単。加えて、焙煎中の煙の抜けがよく、豆の色やハゼの音が確認しやすいという利点もあるので、簡便性だけでなく、焙煎による豆の変化がつぶさに観察できます。

手網のほか、一般家庭でよく見かける上のような道具があればすぐにでも焙煎が始められます。ただし、煎り始めるとチャフと呼ばれる豆の薄皮が大量に飛び散り、煙も発生します。屋外や換気扇の下など、煙がこもらずチャフで汚れても大丈夫な場所で行うようにしましょう。

212

Chapter 4
目指せ！ ホームバリスタ

手網の振り方と火加減

Good!

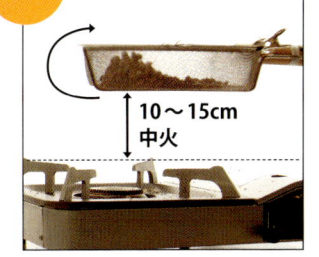

10〜15cm
中火

火から10〜15cm離し、網を水平に保ちながら、フライパンをあおる要領で豆をはね上げるようにして前後に振る。ペースは1分間に約120回程度。火力は中火ほどが適当。

Bad!

高さも火力も不定

火との距離が一定でなかったり、途中で火加減を変えたりすると煎りムラができやすい。また、火加減や網の傾きなど、焙煎中の状況の変化が多いと、失敗したときに原因が判断しにくい。

金ざる

煎った豆を冷ます。ボウル状の丸ざるは豆が重なり合って均一に冷めにくいので、できるだけフラットなものを選ぶこと。

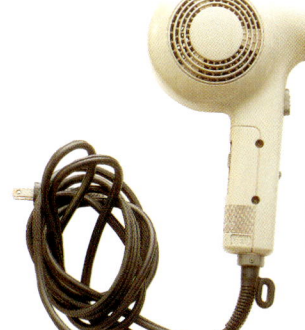

ドライヤー

煎った豆を冷ます、送風機として用いる。

卓上コンロ

台所のガスコンロを使ってもよいが、やりやすい場所が選べる卓上コンロが便利。火に気をつけながら新聞紙などを下に敷くと、飛び散るチャフの掃除がしやすい。

まずは深煎りまで煎って変化の様子を実感する

先述したとおり、豆は種類によって焙煎しやすいものとそうでないものがあります（P202）。まずは、キューバ産やブラジル産などの、難易度の低いものから始めましょう。また、豆の種類によってベストな焙煎度がありますが（P208）、最初はコーヒーの個性を味わうことは別にして、練習も兼ねて深煎りまでひと通り煎ってみるとよいでしょう。色や形、香り、音などの変化のタイミングを実感することが、慣れへの第一歩となります。

豆を入れた手網を、同じペースで振り続けるのは結構大変な作業です。はじめは失敗も多いでしょう。しかし、苦労して淹れたコーヒーはひと際味わい深く、コーヒーを作り出すことの楽しみも醍醐味も、十分に感じられること間違いなしです。

手網焙煎 PROCESS

焙煎前に作業の流れをイメージしておきましょう。
ここでは、焙煎難易度の低い、キューバ豆を例に紹介します。

生豆の量：150〜200g（直径20cm、深さ5cm程度の手網を使用）

煎り上げまでの流れ

煎り始めからの時間	作業の狙い・豆の状態	焙煎度
〜8分前後	水分が抜けていく段階。次第に白っぽくなり、激しくチャフが出る。	—
10〜15分前後	豆が色づき始め、こうばしい香りが出てくる。パチパチと音がして豆がはじける（1回目のハゼ）。	ハゼ手前／ライト ハゼ最中／シナモン ハゼ後／ミディアム
15〜20分前後	さらに煎り進めると、再びピチピチと豆がはじける音がする（2回目のハゼ）。	ハゼ手前／ハイ、シティ ハゼ最中／フルシティ、フレンチ ハゼ後／イタリアン
加熱終了	目的の焙煎度になったら火からはずし、豆をドライヤーで冷ます。	—

▼▼▼▼ 手網焙煎を楽しむ ▲▲▲▲

1
手網に生豆入れてふたをし、クリップで留める。中火の上に10〜15cm離して持ち、水平に振りながら煎る。

写真では見やすくするために開けているが、実際の作業ではふたをしてクリップで留める。

2
4〜5分たつとチャフが激しく出てくる。香りはまだ青臭いが、水分が抜け始めてうっすらと色づき出す。

チャフ

Chapter 4
目指せ！ ホームバリスタ

6 目的の焙煎度に達したら、手網を火からはずしてすぐに金ざるに広げる。

3 10分経過。チャフは出終わり、こうばしい香りがしてくる。やがてパチパチと音がして1回目のハゼが始まると、急激に焙煎が進行する。

割ってみて、内と外の状態を確認する。色が均一なら、上手に焙煎できた証拠。

7 ドライヤーの冷風をあて、素手でさわれるくらいの温度まで冷ます。余熱でも焙煎が進むので、手早く作業すること。

4 15分経過。1回目のハゼが終わると、すぐに2回目のハゼが始まる。写真は1回目のハゼ後で、ミディアムローストの状態。

焙煎した豆は

焙煎したばかりの豆は大量の炭酸ガスを出すので、一晩おいてから密閉容器に入れること。ガスごもりすると、味にも影響が出る。また、焙煎したてより、3〜5日おいたくらいのほうが状態が落ち着き、おいしくなる。

5 18分ほどたつと、ピチピチという音がして2回目のハゼがスタート。この間の2〜3分で、フルシティからイタリアンまでいっきに焙煎が進む。写真はフルシティ。

ダブル焙煎

ダブル焙煎とは、2回に分けて豆を焙煎すること。目的はさまざまですが、難易度の高い豆を煎りやすくするという効果もあります。

水分量をととのえたり酸味・渋味を抑える効果が

生豆の中には、同じロットでも全体の色やセンターカット部分の色がバラついているときがあります。これは、豆に含まれる水分量にバラつきがあるということで、そのまま焙煎すると、火の通り方にムラができてしまいます。店で使う焙煎機なら長時間(低温)という方法でクリアできますが、手網でこれを行うのは至難の業。そこで有効なのがダブル焙煎です。

ダブル焙煎とは特別な器具を使うわけではなく、通常の焙煎を2回に分けて行うという手法。1回目のハゼの手前でいったん焙煎をやめ、完全に冷ましてから、再び火にかけて目的の焙煎度まで煎り込みます。この冷却している間に豆の含水量の差が少なくなるため、2度目の焙煎をしたときに煎りムラができにくくなるのです。それでもうまくいかないようなら、1度目の焙煎後の冷却時間を長く(一昼夜ほど)すると、より含水量の差が縮まります。

また、ダブル焙煎とふつうの焙煎とでは、最終的な焙煎度合いが同じでも味に違いが出ます。ダブル焙煎をすると酸味が抜ける傾向があるので、酸味や渋味が強く本来深煎りが向くコロンビア豆などを、酸味のカドを取りつつ苦味はあまり出さずに仕上げたいときにも、この方法が活用できます。

豆の個性が平板にダブル焙煎は必要に応じて

このようにダブル焙煎にはさまざまなメリットがありますが、味が平均化されて飲みやすくなる反面、豆本来の風味や個性が抜けてしまうというデメリットもあり、必ずしもふつうの焙煎よりもよいとは言えません。とくに、スペシャルティコーヒーのキャラクターを存分に楽しみたいときなどは注意が必要です。生豆の状態、飲む人の好みなど、必要に応じて行うとよいでしょう。

なお、ダブル焙煎の1度目の焙煎が済んだところで保存することもできます。1回目のハゼよりかなり前の段階で煎り止めにした場合なら、よく冷ましたあとに密閉容器に入れて1〜2か月は保存が可能です。ただし、ハゼに近い段階まで深めに煎った豆は、できるだけ早く2度目の焙煎を行うようにしましょう。

煎りムラが出て、色やツヤにバラつきがある豆。ダブル焙煎なら、こうしたリスクも低くなる。

Chapter 4
目指せ！ホームバリスタ

ダブル焙煎の例

Situation.1
含水量をととのえたい場合 （例：キューバ豆）

いくらか含水量がバラついているとき

煎り時間 約8分

含水量にバラつきがある豆は、8分ほど薄く色づくくらいまで煎ってからいったん冷まし、2度目の煎りで目的の焙煎度合いにする。

含水量のバラつきが顕著なとき

煎り時間 約10分

バラつきの差が大きい場合は、1回目のハゼ近くまで煎ってから冷ます。よりバラつきが目立つ場合は、冷ます時間を一昼夜ほどかける。

Situation.2
酸味・渋味のカドを取りたい場合 （例：コロンビア豆）

中煎りで使いたいとき

煎り時間 約10分

1度目の煎り後の冷却中に水分とともに酸味も抜けるので、2度目の煎りで苦味が出る前に止めてもカドが取れる。中煎りを目指すなら、1度目の煎りは10分程度。

→ 2度目の煎り （12〜15分が目安）

中煎り（ハイロースト）

浅煎りで使いたいとき

煎り時間 約14分

1回目の煎りが深めなほうがより酸味が抜けるため、浅煎りで使いたい場合はハゼ直前まで行う。ただし、そのままハゼに入ってしまうことがあるので、経験や技術が必要。

→ 2度目の煎り （3〜5分が目安）

浅煎り（シナモンロースト）

Column

業務用焙煎機の構造

焙煎の流れが理解できたら、自家焙煎のコーヒー店やビーンズショップで使っている焙煎機をのぞいてみましょう。プロの使う焙煎機とは、どんな構造になっているのでしょうか？

取材協力／カフェ・バッハ（DATAはP268）

焙煎機の種類と構造

直火式

豆が入る回転ドラムにパンチ穴が開いており、網状になっている。すぐ下に熱源があり、網目を通って火が直接あたるため、原理は手網焙煎と同様。豆の持つ風味のキャラクターがそのまま出る傾向があるが、加熱温度のコントロールがむずかしく、味がバラつきやすい。

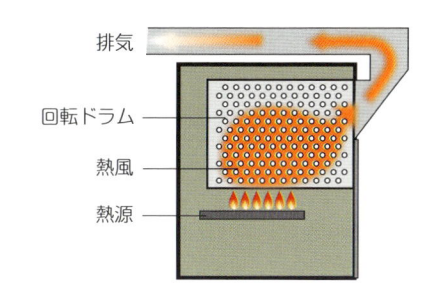

排気／回転ドラム／熱風／熱源

熱風式

回転ドラムには穴がなく密閉されており、熱源が直接ドラムにあたらない。熱源によって加熱された熱風がドラム内の吸気口から取り込まれ、排気口から出る仕組み。温度を熱風の流速によって調整するため、コントロールしやすく安定した味を作りやすいが、香味が軽くなる傾向もある。

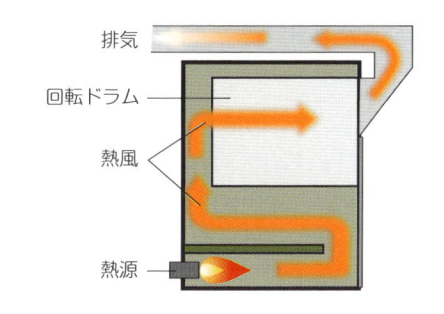

排気／回転ドラム／熱風／熱源

半熱風式

熱源の位置は直火式と似ているが、ドラムは網状でなく豆に火が直接あたらない。熱源でドラム自体を加熱しながら同時に熱風も取り込むので「半熱風式」と呼ばれ、直火式と熱風式の特徴を併せ持つ。熱風式よりも設置がコンパクトなので、小・中型にこのタイプが多い。

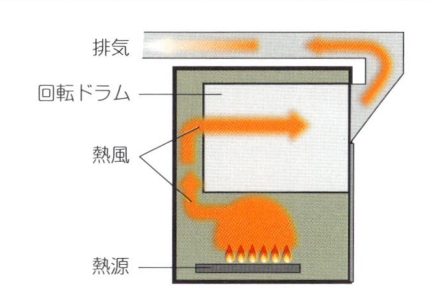

排気／回転ドラム／熱風／熱源

> **焙煎機の代表的な方式は直火、熱風、半熱風の3つ**
>
> 自家焙煎のコーヒー店などで一般的に使われている3kg用から30kg用の焙煎機は、熱源やメーカーによって違いはありますが、おおよそ3つの方式に大別されます。
>
> ひとつは、釜のドラムが網のように穴が開いており、真下に熱源がある「直火式」。ふたつめは、閉されたドラムの中に熱風を送り込んで加熱する「熱風式」。最後は、双方の特徴を併せ持つことから「半熱風式」と呼ばれます。
>
> それぞれに長所・短所があり、店の規模や仕上げたい焙煎具合で選ばれています。また、焙煎機も年々進化し、コンピューターで自動制御できるものも増えました。しかし、煎り止めの判断や豆の状態による微調整など、職人の技や勘が必要かつ、大切であることは、現在でも変わりません。

焙煎機のパーツと機能

アロマメーター
ドラム内の空気の流れはコーヒーの香味に影響を及ぼす。従来は「排気ダンパー」と呼ばれる調整装置の開け閉めでこの空気の流れを調整していたが、この焙煎機は内蔵のファンの回転数で調整している。アロマメーターは、さらに空気の流れの微調整が可能な装置。

排気ダクト
回転ドラムから熱風を出すダクトと、冷却槽から焙煎豆を冷却した空気を排気するものの2系統がある。

ホッパー
生豆の投入口。

サイクロン
焙煎中に豆からはがれ落ちたチャフを集める装置。

のぞき窓
内部の豆が見え、色などの確認ができる。

スプーン
引き抜いて中の豆の焙煎の進み具合や状態が確認できる。

操作盤
焙煎温度や時間、ファンの回転数などの設定をする。

ガス圧調整ハンドル
熱源であるガスの圧力を調整し、火力の調整をする。

回転ドラム(内蔵)
生豆を焙煎する釜で、下の熱源ごとカバーで覆ってある。ドラムの内部には攪拌用の羽根がついており、生豆が混ざりやすく焙煎ムラを防ぐ。

焙煎豆取り出し口
煎り上がった豆を、ドラムから冷却槽に取り出す扉。

冷却槽
焙煎した豆を素早く冷ます装置。羽根が回って豆を攪拌しながら、下部のファンが空気を取り込んで冷却する。取り込んだ空気は、上の排気ダクトから排気される。

焙煎機での焙煎手順

4
1ハゼ、2ハゼと焙煎が進み、設定時間が近づいたらスプーンで豆を取り出し、サンプルと照らし合わせながら色などをチェック。自動運転でも、煎り止めのタイミングだけは熟練の職人が判断する。

1
起動させて着火し、焙煎温度や焙煎時間などを設定する。設定温度はおもに豆の量で変え、焙煎度合いは時間で変える。ある程度予熱が上がったらクレーンを使ってホッパーに生豆を入れる。

5
煎り止めが近づいたら冷却槽のスイッチを入れ、目標の焙煎度になったら取り出し口から豆を出す。

2
ドラム内が設定温度に達したら、ホッパーの横のハンドルを操作して、豆を回転ドラムに投入。ドラムのスイッチを入れて火力を調整する。このあとは、煎り止めまで基本的に自動制御で進む。

6
冷却槽の羽根が回って下部のファンが空気を吸い込み、豆を撹拌しながら冷ます。さわれるくらいになったらこれ以上焙煎が進まないので、バスケットに取り出して終了。

3
のぞき窓から豆の様子が確認できる。ドラム内で発生したチャフは排気とともにサイクロンに送り込まれ、集じん箱に落ちる。排気はアフターバーナーで熱し、煙やにおいを消してから戸外へ出す。

オリジナルブレンドに挑戦

自分だけの味わいを作り出す

種類の異なる豆を組み合わせて新しい味わいを作り出すブレンドは、ストレートとはまた違った楽しみがあります。理想の一杯を求めて、自分の味を創造してみませんか？

Let's challenge coffee blending

コーヒー店のブレンドは言わば"店の顔"

コーヒーの種類にさほどこだわらない喫茶店などはもとより、さまざまなコーヒーメニューを揃える専門店やビーンズショップにも、必ずと言っていいほど「ブレンド」が用意されています。店にとってブレンドとは、豆の欠点を抑えて一般に好まれやすい味にする、値段の違う豆を混ぜて価格を調整するといった、経営的な側面を持つものでもあります。しかし、店ごとに味わいの違うブレンドを考えるということは、言わば"店の顔"を作るということ。これがおいしくなければ、やはり店としてはむずかしいものになるでしょう。

コーヒーショップで行うブレンドには、さまざまな目的がある。

ブレンドの目的と手順

ブレンドを行う目的はさまざまですが、やはり目指すのは調和のとれた新しい味わい。手順自体もむずかしいものではないので、自由に楽しみましょう。

また、調和のとれたおいしいコーヒーであることはもちろん、"店の顔"である以上、いつ訪れても同じ味であることも肝要。いつでも同じ豆が仕入れられるとは限らない状況でも、ブレンドによってつねに同じ香味を再現させ続けることも大切なのです。

取材協力／カフェ・バッハ（DATAはP268）

Chapter 4 目指せ！ホームバリスタ

ブレンドの手順は焙煎した豆を合わせるのが基本

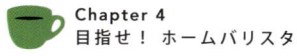

プロの場合は前述のような経営上の制約を受けることがありますが、自宅でブレンドを行うなら、純粋に自分の好きな風味を追求・創造できる、楽しい作業になります。

では、実際にブレンディングの手順を見てみましょう。

もっとも基本的なのは、焙煎した豆を混ぜ合わせ、いっしょにミルで挽いて淹れるという方法です。生豆の状態でブレンドしてから焙煎すると、大きさや含水量にバラつきのある豆を一度に焙煎することになるので、煎りムラができてしまいます。一度に大量のブレンドを作る大手企業などでは、豆の種類ごとに焙煎すると手間やコストがかかるため、生豆からブレンドする方法をとる場合がありますが、これは大型の機械があるなどの諸条件下でできることなので、一般にはあまり行われていません。

ブレンドするときの豆の量は、通常、重さでなく容積で量ります。

家庭でブレンドをするときは、メジャースプーン1杯を最小基準に。

家庭ならメジャースプーンを基準にし、1対1の割合でブレンドしたいときはスプーン1杯ずつ、2対3にしたい場合は2杯と3杯に、といった具合にブレンドします。

また、豆の量が少なければ少ないほど配合のブレが大きくなるので、あとから調整したり再現したりということを考えると、ある程度の量で合わせる必要があります。配合の試行段階でも、数杯分できるつもりで始めましょう。

抽出液を混ぜて味の変化をはかる

自宅でブレンドを楽しむ場合なら、挽いた粉の状態で合わせるのも手軽でよいでしょう。

さらに簡単なのが、抽出したコーヒー液同士を混ぜることです。いちいち淹れなくてもさまざまな割合のパターンがすぐに試せて、その変化をみることができます。

ただしこれは、完成品を楽しむというよりは、配合を考えるときの手段と考えたほうがよいでしょう。また、液体の配合比と豆の配合比が直結するとは限らないので、液体で合わせたときに見つけた割合を豆で再現するときは、多少の調整が必要になります。

まずは抽出液を混ぜるところから入って豆の種類や比率による変化の様子をはかり、方向性が決まったら挽いた粉のミックスへ。そして、調整をほどこしつつ焙煎豆のブレンドへと、さかのぼるようにステップを踏んでいくのも、むだが少なく好みの味へと到達する有効な手段かもしれません。

抽出液を混ぜると割合のパターンが簡単に変えられるので、ブレンドのファーストステップとして試してみよう。

223

オリジナルブレンドを作る

初めてブレンドを行う場合、ただやみくもに豆を混ぜても、目的の味わいに到達しません。押さえておきたい基本と、おすすめレシピを紹介します。

▼▼▼ オリジナルブレンドに挑戦 ▼▼▼

オリジナルブレンドの成功ポイント

▶ ベースとなる豆を最初に決める

▶ 対照的な性格の豆を合わせる

▶ ブレンドする豆は2〜4種類

▶ 焙煎度合いが同じ豆を合わせる

豆を選んだら1対1の配合から始める

ブレンドを作るときの基本は、まずはベースとなる豆を決めること。初心者なら、ブラジルやコロンビアなど、味のバランスがとれた豆を選ぶとよいでしょう。

ベースが決まったら、次はそこへ対照的な性格の豆や、違う産地のものを加えます。こうすると、それぞれの長所がぶつからず、お互いの足りないものが補完し合って、味に深みが出てきます。

合わせる豆の数は、2〜4種類にしておきます。あまり多くの種類を混ぜると、味の中心がぼやけてしまうからです。また、豆の割合は同じ比率から始めるとあとで味の調整がしやすくなります。

なお、ブレンドを行う際は、豆の種類、焙煎度、配合の比率、味の評価などの記録を残すようにしましょう。好みの味への方向性や再現性を高める道標になります。

焙煎度を合わせないと味にムラが出る

ブレンドでもうひとつ大切な要素が焙煎度合いです。コーヒーは焙煎度によって大まかな味が決まるので、ブレンドを作るときも焙煎度を念頭におきます。飲みやすさを求めるなら浅煎りを、香りと酸味なら中煎り、苦味とコクが好みなら深煎りをと、最初に方向性を定めるとよいでしょう。

また、焙煎度が違うと味のバランスがとりにくいうえ、比重の違う液体が混ざりにくいように、カップの中の味にムラができてしまう場合もあります。プロの間ではあえて変える場合もありますが、とくにビギナーは同じ焙煎度合いの豆を使ったほうが、失敗が少なくなります。

ただし、中煎り、深煎りなどと同じ焙煎度の名称がつけられていても、焙煎業者によって多少基準が違うので、同じ店から購入するとさらにブレがなくなります。

224

Chapter 4
目指せ！ホームバリスタ

オリジナルブレンドで使いやすい豆の例

ベースとなる豆

ブラジル
よい意味で中庸さを備えた豆。生産量も多いため、多くのブレンドのベースに使われている。

ベースに合わせる豆

グアテマラ
中深煎りにすると、酸味がやや強めで苦味も備える。左下のレシピでは、酸味と苦味の調整役。

タンザニア
南米のブラジルに対し、アフリカの豆。中深煎りでは酸味とフルーティーな香りがある。

ビギナーにおすすめのレシピ

風味のバランスがとれた味わい

- ブラジル（中深煎り）
- グアテマラ（中深煎り）
- タンザニア（中深煎り）

まずは等配合で試し、好みで配合比を変えてみるとよい。ブラジルの割合を増やすと苦味とコクが、グアテマラは酸味と苦味、タンザニアは酸味と香りがそれぞれ増す。

ビターチョコがとろけるような味わい

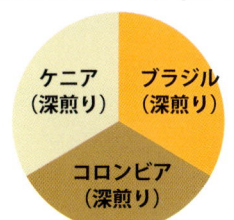

- ケニア（深煎り）
- ブラジル（深煎り）
- コロンビア（深煎り）

深煎りで試したい組み合わせ。深く煎ると独特のコクと甘さを出すケニアがこのレシピのカギになっている。ビターチョコが口の中でとろけるような印象のブレンド。

やさしい香りでリッチな組み合わせ

- ハワイ・コナ（中深煎り）
- マンデリン（中深煎り）

焙煎度は中深煎りがよい。甘い香りがして、贅沢でどこか不思議な味がする。ハワイ・コナは深めに煎っても味が崩れず、より豊かな味わいを醸し出す。

好みを追求するもよし 偶然を楽しむもよし

ブレンディングのアプローチとして、もともと好きな豆をベースにし、それに足りない香味を補っていくという方法もあります。それには、ふだんから自分が好きな味のコーヒーを意識し、どの豆がどんな特徴を持っているかを知っておくことが大切です。

さらに、セオリーを超えて偶然の出会いを楽しむということも、オリジナルブレンドの醍醐味。好きな豆同士を合わせても好きな味になるとは限らず、逆に、嫌いだと思っていた豆を加えたら意外と好みの味わいが生まれた、ということもあるのです。

また、抽出器具によってブレンドを変えるのもおもしろいでしょう。上記のビギナーにおすすめのレシピのほか、次ページでは器具の長所を活かすことを意識したブレンドレシピを提案します。

抽出器具別おすすめブレンドレシピ

※ここでの豆の配合比率は、すべて1:1:1です。

ペーパードリップ

長所を集めたバランスのよいブレンド

このレシピでは、コロンビアとニューギニアが少しずつ苦味を、コロンビアとグアテマラが酸味を、グアテマラとニューギニアが香りをほどよく担当している。さらにニューギニアには強さがあるので、バランスのよさに加えて味に厚みが感じられる、さまざまな長所をたくさん集めたブレンドと言える。また、中深煎りにすることで、少し苦味のあるカラメル風のフレーバーも楽しめる。

酸味&苦味	酸味&香り	苦味&香り
コロンビア スプレモ（中深煎り）	グアテマラ SHB（中深煎り）	ニューギニア AA（中深煎り）

ペーパードリップで淹れると、何かが強調されることなく、バランスのよい味わいになる。そのため、ブレンドも酸味、苦味、風味のバランスを重要視することがおすすめ。

さらにアレンジ

ととのったバランスを、あえて崩してみるとどうなるかを考えてアレンジするとおもしろい。上記の3種類に、ほかの豆を1～2種類、同比率でプラス。中深煎りならば、豆の種類は好みのものでよい。

フレンチプレス

さまざまな魅力が時間差で現れる

1杯目と2杯目の変化をより楽しむため、傾向の違う豆の魅力が時間差で現れるようした配合。ポイントはピーベリー。形の違うピーベリーはほかの豆と混ざりにくいため、通常ブレンドには使われないが、一定時間浸けるフレンチプレスならその点をクリア。1杯目はパナマの香りがメインで、2杯目はピーベリーのフローラルさが加わってくるのを狙っている。ほかのピーベリーでもよい。

香り	香り	酸味&苦味
ジャマイカの ピーベリー（中煎り）	パナマ（中煎り）	ドミニカ（中煎り）

浸けおきするフレンチプレスでは、1杯目と2杯目で味が変化する。とくに、冷めて味が濃くなる2杯目に酸味と甘味がのびてくるのが特徴なので、それを活かすブレンドに。

さらにアレンジ

もともと酸味が強く出やすい淹れ方なので、ドミニカの丸みのある酸味だけにとどめたレシピだが、ドミニカを2～5割減らして、さらにまろやかにしてもよい。

オリジナルブレンドに挑戦

Chapter 4
目指せ！ホームバリスタ

サイフォン

香りを第一に考えた贅沢な組み合わせ

焙煎度が深かったり苦味の強い豆を使用したりすると、苦味ばかりが強調されてしまうので、苦味が少なく香りが豊かな豆を中煎りにして配合。トーストのようなフレーバーのハワイ コナと、エルサルバドル パカマラは、サイフォンの弱点である厚みのなさもカバー。冷めてもエルサルバドルとニカラグアの酸味がフルーティーさを残し、おいしく飲み続けられる。

高温・短時間で淹れるサイフォンは、味の厚みが痩せてしまう傾向があるが、最初にふわっと上る香りが秀逸。ブレンドも、コーヒーらしい香ばしさが立つような配合にしたい。

香り＆厚み 
ハワイ コナ（中煎り）

厚み＆酸味 
エルサルバドル パカマラ（中煎り、ほかのパカマラでも可）

酸味 
ニカラグア SHG（中煎り、ほかの酸味系の豆でも可）

さらにアレンジ
アレンジする場合も、フレーバーが強く出る特徴をさらに活かして、香りの強い豆をプラスするか、ハワイ・コナと入れ替える。ゲイシャ種や、ドミニカの豆などを使うとおもしろい。

エスプレッソマシン

しっかりとした苦味にキレのよさが光る

アフリカの豆だけを組み合わせ、深煎りにより余計なものを落としてくさをなくした、厚みのなかにキレのよさを持つブレンド。フルーティーで華やかな香りを持つエチオピアは、タンザニアが少しだけ残す酸味とともに、複雑な奥行きをもたらす。マラウイにはシロップのような濃度感と甘味があるため、これによって苦味と厚みにまろやかさが加わり、飲みやすくしている。

エスプレッソと言えば、苦味と濃さのあるストロングな味わいが特徴だが、それだけでなく、酸も香りも併せ持った、キレのよい味わいのブレンドを目指したい。

香り 
エチオピア シダモ（深煎り）

厚み＆酸味 
タンザニア AA（深煎り）

甘さ 
マラウイ（深煎り、なければ省いても可）

さらにアレンジ
香りと酸味を重視する傾向と歩調を合わせるように、最近ではエスプレッソも深煎りから中深煎りに移ってきている。このレシピも、豆の種類や配合はそのままに、中深煎りにアレンジしてもおいしい。

スイーツを作る

コーヒー味のお菓子とコーヒーに合うお菓子

スイーツとコーヒーはお互いを高め合う幸せな関係。手作りのお菓子となら、さらに幸福なコーヒータイムが過ごせます。ここではコーヒーを使ったお菓子と、コーヒーと相性抜群なお菓子、10レシピを紹介します。

Let's make a sweets !

コーヒーとお菓子のマリアージュ

コーヒーとお菓子を合わせるには、ちょっとしたポイントがあります。これを押さえておけば、コーヒータイムのベストカップルが見つかるでしょう。

コーヒーの苦味と酸味で相性が決まる

お菓子とコーヒーの相性を考える場合、軸になるのはやはりコーヒーの苦味と酸味。これらは焙煎で決まるので、お菓子と合わせる場合も焙煎度合いで決めるのが基本です。

苦味がしっかりとした深煎りのコーヒーには、チョコレートがよく合います。ドーナツやベニエなどの揚げ菓子もよいでしょう。また、フィナンシェなどの焼き菓子や生クリームを使った生菓子にも、コーヒー全般に合います。お菓子にはさまざまな種類があるので、自分好みのマリアージュが見つかるよう、いろいろと試してみてはいかがでしょうか。

は、メレンゲ菓子やカスタードを使ったお菓子を。さっくりと香ばしいヘーゼルナッツサブレもぴったりです。やや苦味が強めの中深煎りには、バターをたくさん使ったものや、ドライフルーツ入りのお菓子がおすすめです。

酸味が豊かで苦味の少ない浅煎りのコーヒーには、スコーンなどのしっかりとしたお菓子が合います。しっとりと焼き上げた生地にレモンの香りがさわやかな、レモンクッキーも好相性です。

少し酸味が強い中浅煎りには、柑橘系の酸味があるお菓子や、フルーツタルトが向きます。酸味と苦味のバランスがとれた中煎りに

取材協力／カフェ・バッハ（DATAはP268）　　菓子製作／田口文子、佐野友美（カフェ・バッハ）

Chapter 4
目指せ！ホームバリスタ

Gelée au café
コーヒーゼリー
コーヒースープ添え

すっきりとした苦味のゼリーに、
ほんのり甘くミルキーなスープを添えた、
デザートにぴったりのスイーツです。

調理時間 **20分**

材料（2人分）

コーヒーゼリー
- コーヒー液（深煎り）……………………280g
- 粉ゼラチン（ふやかし不要タイプ）……6g

コーヒースープ
- コーヒー液（深煎り）……………………100g
- 牛乳……………………………………200g
- グラニュー糖…………………………30g
- 生クリーム（乳脂肪分40%前後）……適宜

作り方

1. コーヒーゼリーを作る。ボウルにコーヒー液280gを入れ、温かいうちに粉ゼラチンを加えて溶かす。
2. ボウルの底を氷水にあてて人肌程度まで冷やしたら、バットなどに流し入れて冷蔵庫で冷やし固める。
3. コーヒースープを作る。鍋にコーヒー液100g、牛乳、グラニュー糖を入れて火にかける。グラニュー糖が溶けたら火からおろし、鍋の底を氷水にあてて泡立て器で混ぜながら冷やす。好みで生クリームを適量加える。
4. ゼリーが固まったら1cm角くらいにカットして器に盛り、コーヒースープを添える。

※調理時間は作業にかかる時間の目安です。冷やすなどの時間は含まれません。

Granita au café

コーヒーのグラニテ

お酒がきいた深い味わいの氷菓。
食後の口直しにはそのままシンプルに、
ババロアに添えて夏のおやつにどうぞ。

調理時間 **20**分

スイーツを作る

材料 (作りやすい量)

水……………………………50g	ラム酒……………………………5g
グラニュー糖……………………50g	ミルク風味のババロア(市販)……適宜
コーヒー液(深煎り)……………225g	

作り方

1. 鍋に水とグラニュー糖を入れて加熱し、沸騰したら火からおろして粗熱をとる。
2. ボウルにコーヒー液を入れ、**1**とラム酒を順に加えて混ぜる。
3. 金属製のバットに流し入れ、冷凍庫で冷やし固める(目安は30分)。
4. ふちのあたりから固まりかけてきたら、フォークでかき混ぜて再び冷凍庫に入れる(目安は20分)。同じ要領で、固まりかけたらかき混ぜる作業を3〜4回くり返し、全体がみぞれ状になれば完成。好みでババロアに添える。

Chapter 4
目指せ！ホームバリスタ

よく合うコーヒー
深煎りのコーヒー、ブルーマウンテン

Sablés aux noisettes

ヘーゼルナッツサブレ

ヘーゼルナッツが香ばしい、
サクサクと軽い歯ごたえのサブレ。
色があまりつかないように焼くのがコツです。

調理時間 40分

材料 (約30枚分)

バター（無塩）..............175g	ヘーゼルナッツ..............50g
粉砂糖..............87g	薄力粉..............250g
塩..............ひとつまみ	
全卵..............1個	

作り方

1. バターを室温にもどしてやわらかくしておく。ヘーゼルナッツはオーブンで軽くローストし、皮をむいて粗いみじん切りにする。薄力粉は2回ふるっておく。
2. ボウルにバターを入れて泡立て器でクリーム状に練り、粉砂糖と塩を加えて、なめらかになるまですり混ぜる。
3. ときほぐした卵を加え、さらによく混ぜる。
4. ヘーゼルナッツを加えて木べらでさっと混ぜたら、薄力粉を入れて混ぜ合わせる。
5. 縦8cm、横7cm、高さ6cm程度の角枠にラップを敷いて4を詰め、冷凍庫で一晩冷やし固める。
6. しっかり固まったら生地を角枠からはずし、縦半分に切ってから5mmの厚さにカットする。
7. バター（分量外）を塗った天板に間隔をあけて並べ、180℃に予熱したオーブンで約10分焼く。

※調理時間は作業にかかる時間の目安です。冷やすなどの時間は含まれません。

よく合うコーヒー
ハワイ コナ

Lemon cookies

レモンクッキー

しっとりとしたやわらかめのクッキーです。
レモンのさわやかな香りが、
口の中いっぱいに広がります。

調理時間 **50**分

スイーツを作る

材料 (約20個分)

卵黄	3個分
グラニュー糖	60g
レモン果汁	30g
塩	少量
薄力粉	250g
バター(無塩)	125g
┌レモン果汁	1個分
└粉砂糖	200g

作り方

1 ボウルに卵黄とグラニュー糖を入れ、軽く混ぜたらレモン果汁30gと塩を加える。

2 薄力粉を2回ふるって台の上にのせ、中央をくぼませてバターを入れたら、カードなどで切るようにして混ぜ合わせる。

3 バターが米粒大くらいになったら生地を集め、再び中央にくぼみを作る。くぼみの中に**1**を入れ、カードで手早くひとまとめにする。ラップで包み、冷蔵庫で半日ほどねかせる。

4 台に打ち粉(分量外)をして生地を出し、厚さ1㎝ほどにのばしたら、3㎝角程度の正方形に切り分ける。バター(分量外)を塗った天板に間隔をあけて並べ、180℃に予熱したオーブンで約20分焼く。

5 レモン果汁1個分の中に粉砂糖を少しずつ加えて練り合わせ、湯せんにかけてさらにしっかり練り混ぜる。とろりとしたら湯せんからはずし、**4**の片面につけて、網の上で乾かす。

Chapter 4
目指せ！ ホームバリスタ

よく合うコーヒー
エスプレッソコーヒー

Financiers

フィナンシェ

金の延棒のような形をした
「金融家」という意味の名の焼き菓子。
バターたっぷりで味わいもリッチです。

調理時間 60分

材料 (85×42mmのフィナンシェ型約18個分)

バター（無塩）……125g	はちみつ……13g
卵白……125g	A [薄力粉……50g
上白糖……23g	[アーモンドパウダー……75g
グラニュー糖……100g	オレンジピール……適量

作り方

1. フィナンシェ型にバター（分量外）を塗り、冷蔵庫に入れておく。Aの粉類は合わせてふるっておく。オレンジピールは水で洗って砂糖を落とし、薄切りにしておく。
2. ボウルにバターを入れて、湯せんで溶かす。
3. 別のボウルに卵白と上白糖、グラニュー糖を入れて混ぜ、湯せんにかける。砂糖が溶けたら湯せんからはずし、はちみつを加えて混ぜ合わせる。
4. 合わせてふるったAの粉類を3のボウルに加え、ゆっくりと混ぜ合わせる。
5. 4に2の溶かしたバターを入れ、泡立て器で空気を入れないようにゆっくりと混ぜる。ぬれぶきんをかけ、冷蔵庫で30分ねかせる。
6. 口径7mmの丸口金をつけた絞り袋に生地を入れ、1の型に絞り入れたら、表面にオレンジピールをのせる。
7. 180℃に予熱したオーブンで、約20分焼く。

※調理時間は作業にかかる時間の目安です。冷やすなどの時間は含まれません。

よく合うコーヒー

深煎りのコーヒー、
エチオピアやケニア

Chocolate brownies

チョコレートブラウニー

チョコレートとくるみのほろ苦さが絶妙。
ザラメ糖の歯ごたえが残る、
独特な食感も新鮮です。

調理時間 **60分**

スイーツを作る

材料 (25 × 22cmの角天板 1 枚分)

バター(無塩)……50g	ザラメ糖……100g
黒砂糖……115g	くるみ(みじん切り)……90g
全卵……2個	薄力粉……115g
製菓用チョコレート(スイート)……115g	とき卵(全卵)……適量

作り方

1. 角天板にバター(分量外)を塗り、クッキングシートを敷いておく。バターは室温にもどしてやわらかくしておく。薄力粉は2回ふるう。チョコレートは湯せんで溶かしておく。
2. ボウルにバターと黒砂糖を入れ、よく混ぜる。
3. 卵をよくときほぐし、**2**に少しずつ加えながら、均一になるまで混ぜ合わせる。
4. 溶かしたチョコレートを加えてよく混ぜたら、ザラメ糖とくるみを加える。
5. 薄力粉を入れ、さっくりと混ぜ合わせる。
6. 角天板に生地を流し入れて表面をならし、はけでとき卵を塗る。200℃に予熱したオーブンで、約30分焼く。
7. 冷めたら角天板から取り出し、好みのサイズに切り分ける。

Chapter 4
目指せ！ホームバリスタ

よく合うコーヒー

中深煎りのコーヒー、マンデリン

Ethnic coffee cake

エスニックコーヒーケーキ

コーヒーとスパイスの香り高い、
軽い食感のケーキです。
中煎りのマンデリンと合わせるのがおすすめ。

調理時間 80分

材料 (85 × 190mm、高さ65mmのパウンド型1台分)

A
- 薄力粉……135g
- ベーキングパウダー……大さじ1/2
- 塩……少量
- ジンジャーパウダー……少量
- シナモンパウダー……大さじ1/2
- クローブパウダー……少量

B
- ショートニング……60g
- ブラウンシュガー……75g
- 黒蜜……17g
- レモン果汁……小さじ1/2

全卵……1個
卵黄……1個分
- コーヒー粉（深煎り）……20g
- 水……150g

ホイップクリーム（無糖）……適宜

作り方

1. **A**を合わせて2回ふるう。ブラウンシュガーもふるう。パウンド型にショートニング（分量外）を塗り、クッキングシートを敷いておく。
2. 鍋に水と挽いたコーヒーを入れ、沸騰寸前まで熱したら、ペーパーフィルターでこす。
3. ボウルに**B**を入れ、泡立て器で白っぽくなるまで混ぜ合わせる。
4. 全卵と卵黄を合わせてよくときほぐし、**3**に少しずつ入れながら混ぜる。半分くらい入れたところで、**A**の粉類を1/3量加えて混ぜる。
5. 残りの卵を入れ、均一になるようによく混ぜたら、**2**のコーヒー液を65g計量して加える。
6. 均一に混ざったら残りの粉類を入れ、木べらで粉がなくなるまでさっくりと混ぜる。
7. 型に生地を流し入れ、180℃に予熱したオーブンで約50分焼く。焼き上がったら型からはずし、ふきんをかけてゆっくりと冷ます。
8. 好みでホイップクリームを添える。

※調理時間は作業にかかる時間の目安です。冷やすなどの時間は含まれません。

よく合うコーヒー

パナマのゲイシャなど、スペシャルティコーヒー

Beignets de pêches

桃のベニェ

ベニェとはフルーツに衣をつけて揚げたフランス菓子。
白ワインのソースが洗練された味わいを演出します。

調理時間 40分

スイーツを作る

材料 (4人分)

ベニェ
- 黄桃(缶詰)……………半割り8切れ
- 薄力粉………………………80g
- グラニュー糖…………………25g
- 塩……………………ひとつまみ
- 卵黄…………………………1個分
- ビール………………………60g
- サラダ油………………………6g
- 卵白…………………………1個分
- 揚げ油………………………適量
- グラニュー糖(まぶし用)………適量

ソース
- 卵黄…………………………3個分
- 白ワイン(辛口)………………125g
- グラニュー糖…………………25g

作り方

1. 黄桃はしっかり汁けをきって縦半分に切り、さらに水分を拭き取っておく。
2. ベニェの衣を作る。ボウルにふるった薄力粉、グラニュー糖25g、塩、卵黄を入れ、ビールを少しずつ加えながら手で混ぜる。よく混ざったらサラダ油を入れ、さらに混ぜる。
3. 別のボウルに卵白を入れ、しっかり泡立てる。
4. 2に3の卵白を入れ、木べらで軽く混ぜる。
5. 黄桃を4の衣にくぐらせ、180℃に熱した揚げ油に入れて、強火で約5分揚げる。
6. 金網に上げて油をきり、熱いうちにグラニュー糖をまぶす。
7. ソースを作る。鍋にソースの材料をすべて入れ、泡立て器で混ぜながら火にかける。沸騰したら火からおろし、しばらく混ぜ続ける。
8. 器にベニェを入れ、ソースをかける。ベニェもソースも、熱いうちに供する。

Chapter 4
目指せ！ホームバリスタ

よく合うコーヒー
カフェ・オ・レ

Kaiser Gugelhupf

カイザークグロフ

オレンジピールやチョコレートの
ハーモニーが楽しめる、
皇帝（カイザー）の名を冠したウィーンの伝統菓子です。

調理時間 **80**分

材料 （直径15cmのクグロフ型1台分）

バター（無塩）……83g	A ベーキングパウダー……2g
グラニュー糖……143g	牛乳……37g
塩……ひとつまみ	オレンジピール……33g
レモンの皮（すりおろし）……少量	ラム酒……10g
全卵……103g	製菓用チョコレート（スイート）……33g
A 薄力粉……110g	バニラエッセンス……少量
コーンスターチ……37g	

作り方

1. オレンジピールは5mm角くらいに刻み、ラム酒に浸けておく。
2. バターと牛乳は室温にもどしておく。クグロフ型にバターを塗って薄力粉（ともに分量外）をまぶし、冷蔵庫に入れておく。Aの粉類を合わせて2回ふるう。チョコレートは刻む。
3. ボウルにバターを入れて泡立て器で混ぜてやわらかくしたら、グラニュー糖を2回に分けて加え、白っぽくふんわりするまで混ぜる。
4. 塩とレモンの皮を加えて混ぜたら、ときほぐした卵を少しずつ加えながら混ぜ合わせる。
5. 粉類を2回に分けて加え、切るように混ぜる。
6. 1に牛乳を加えて合わせる。これを5のボウルに加えて混ぜたら、さらにチョコレート、バニラエッセンスも加えてそのつど混ぜる。
7. 型に生地を流し入れ、180℃に予熱したオーブンで45〜50分焼く。焼き上がったら、型からはずして冷ます。

※調理時間は作業にかかる時間の目安です。冷やすなどの時間は含まれません。

Königskuchen
ケーニヒスクーヘン

ドライフルーツやチョコレートを混ぜたスポンジ生地を、パイで包んだケーキ。1月6日のキリスト教の祭日、公現節で食べられるオーストリアの伝統菓子です。

調理時間 120分

材料（直径21cmのケーキ型1台分）

パイ生地（市販）……………400g	塩………………………ひとつまみ
フュールマッセ	グラニュー糖…………………60g
薄力粉………………………120g	┌オレンジピール（3mm角）……70g
バター（無塩）………………120g	│レーズン……………………120g
卵黄…………………………7個分	└ラム酒………………………70g
レモンの皮（すりおろし）…ひとつまみ	とき卵（全卵）………………適量
グラニュー糖………………60g	アーモンドダイス……………適量
バニラエッセンス……………少量	ザラメ糖………………………適量
卵白…………………………5個分	粉砂糖…………………………適量

作り方

1. パイ生地を3/4と1/4量に分け、それぞれ2mmの厚さにのばす。3/4量のほうを直径21cmのケーキ型に敷き込み、底にフォークで穴をあけて30分やすませる。1/4量は幅1cmのひも状に10本カットする（**a**）。
2. オレンジピールとレーズンをラム酒に浸けておく。
3. フュールマッセを作る。バットに薄力粉を入れ、2cm角に切ったバターを加えて切り混ぜる。バターが小豆くらいの大きさになったら、冷蔵庫で冷やす。
4. ボウルに卵黄、レモンの皮、グラニュー糖60g、バニラエッセンスを入れ、泡立て器で写真の状態になるまで混ぜる（**b**）。
5. 別のボウルに卵白と塩を入れ、グラニュー糖60gの1/3量を加えて泡立てる。少し泡立ったら残りのグラニュー糖を2回に分けて入れ、しっかり泡立ててメレンゲを作る（**c**）。
6. **4**に**5**のメレンゲを少量混ぜてなじませたら、残りのメレンゲも加えてさっくりと混ぜる。
7. **3**の薄力粉を加えて混ぜる（**d**）。
8. **7**に**2**をラム酒ごと入れ、混ぜる（**e**）。
9. **1**の型に**8**を八分目まで流し入れる（**f**）。表面を平らにし、その上にひも状にカットしたパイ生地を格子状にのせて、はみ出した部分を包丁の背で切り落とす（**g**）。
10. ひも状の生地の上にだけとき卵を塗り、全体にザラメ糖とアーモンドダイスを散らす。180℃に予熱したオーブンで約45分焼く。焼き上がったら型ごと冷ます。冷めたら型からはずし、粉砂糖をふるう。

※調理時間は作業にかかる時間の目安です。冷やすなどの時間は含まれません。

Chapter 4
目指せ！ ホームバリスタ

よく合うコーヒー

中深煎りのコーヒー、
タンザニア

239

Column

コーヒーと
カラダの関係

「コーヒーを飲むとヒトはどうなるか」というテーマは、人類がこの褐色の飲み物と出会ったときからの大きな関心事。進歩と変化がめまぐるしい現在、コーヒーが人体に及ぼす影響について、どこまでわかっているのでしょうか。

協力：旦部幸博（滋賀医科大学）

コーヒーの歴史は健康効果から始まった!?

コーヒーの起源として有名なこの2つの伝説は、どちらも眠気覚ましや疲労回復がコーヒー発見のきっかけだった、という話です。また、現在最古の記述とされているペルシャの文献に登場したコーヒーは、胃によいとされる薬でした。

時代が下り、飲料として一般普及しはじめると、人々に熱狂的に迎えられた反面、健康に対して有害であると言われた時代もしばしば。今でも「コーヒーは体に悪い」「胃を荒らす」といったことをよく耳にします。こうしてみると、"コーヒーとカラダの関係"ははるか昔から途切れることなく抱かれ続けた、大きな関心事のひとつだったことがわかります。

たとえば、コーヒーの効果としてよく言われるのは「眠気覚まし」。カフェインとは、さまざまな薬に配合されているれっきとした医薬品で、数々の薬理作用があります。このカフェインそのものとコーヒーを同様に見るわけにはいきませんが、コーヒーはほかの飲料と比べてカフェインの含有量が高く（《資料1》参照）、その値はカフェインの及ぼす生理作用が現れるのに十分な量です。

急性作用の多くはカフェインによるもの

"コーヒーが人体に及ぼす影響"を考えるとき、大きく2つに分けることができます。ひとつはコーヒーを飲んで数分からその日のうちに現れる「急性作用」。もうひとつは、長期間飲み続けることでどうなるかという「慢性作用」です。コーヒーを飲んだときに効果をもたらす成分として、誰もが真っ先に思い浮かべるのは「カフェイン」でしょう。

《資料2》
コーヒーの代表的な急性作用
1 中枢神経興奮作用
2 骨格筋運動亢進作用
3 胃液分泌促進
4 利尿作用
5 代謝促進
6 血圧上昇
7 血中コレステロール増加
8 大腸ぜん動運動の亢進

《資料1》
カップ1杯（150ml）あたりのカフェイン量の目安
- ▶ドリップコーヒー ……………………… 80〜120mg
- ▶インスタントコーヒー ………………… 50〜70mg
- ▶カフェインレスコーヒー ……………… 1.5〜3mg
- ▶紅茶 ……………………………………… 60〜80mg
- ▶ウーロン茶 ……………………………… 50mg
- ▶煎茶 ……………………………………… 30mg
- ▶番茶 ……………………………………… 15mg
- ▶ココア …………………………………… 20mg

ですが、これはカフェインの持つ中枢興奮作用によるもの。この作用は五感の感受性や精神機能（頭の回転）を高めるといった効果をもたらすので、眠気や精神の疲れが取れ、集中力が高まるという効能につながるのです。

これらは飲んでまもなく現れる効果なので、前掲の「急性作用」になります。この急性作用には、ほかにも《資料2》のようなものが挙げられ、そのうち1から6の作用がカフェインによるものと考えられています。

🎩 **さまざまな急性作用**

その他の急性作用について、いくつか具体的に見ていきましょう。

前述のとおり、1の「中枢神経興奮作用」により精神の疲れを取って集中力を高めますが、2の「骨格筋運動亢進作用」により、筋肉疲労も軽減してくれます。仕事や運動のあとにコーヒーを飲む人も

多いと思いますが、理に適ったことと言えるでしょう。

3の「胃液分泌促進」は消化を促す作用ですが、反面、胃液過多による粘膜障害に通じる場合もあるということになります。また、8の「大腸ぜん動運動の亢進」は、どんな成分がこの作用に関係しているかなどはまだよくわかっていませんが、イギリスの調査で、コーヒーを飲んだ人の約3割（うち、およそ6割が女性）に便通の促進効果が見られたとのこと。ただしこちらも、下痢になる可能性も併せ持つということです。

このように、コーヒーがもたらす急性作用はたくさんありますが、誰にでも必ず現れるわけではなく、「体に良い／悪い」というものでもありません。中枢神経興奮作用は、仕事中や車を運転するときなどには有益でしょうが、不眠に悩む人に対しては、さらに悪化させる危険があります。コーヒーにこのよ

うな効果を求めたいときは、ケース・バイ・ケースであることも頭に入れておいたほうがよいでしょう。

🎩 **コーヒーは病気を予防するか？**

もうひとつの「慢性作用」についてですが、こちらは"コーヒーと病気の関係"ということに近いでしょうか。

まず、これもよく聞かれることですが、コーヒーには習慣性があるということ。確かにカフェイン

による軽度の精神依存症があるとされ、長期飲用者が急にやめると禁断頭痛を訴える場合があります。ただし、アルコールやタバコと違い、禁断症状が現れても数日で自然に消失するものでが、医学上では現在、特に問題にならないと考えられています。

コーヒー愛飲者がもっとも気になるのは、"コーヒーは病気になるリスクを高めるのか低下させるのか"ということではないでしょうか。1990年以降、コーヒーと疾患との関係についてさまざまな研究が重ねられ、コーヒーを常飲している人としない人で発症リスクを検討した数多くの報告があります《資料3》。なかでも、近年もっとも注目されているのは糖尿病との関係です。

日本の糖尿病患者の多くは、おもに生活習慣が原因で起きる2型糖尿病ですが、コーヒーを飲む人ではこの2型糖尿病になるリスクが低いことが、数多くの調査結果から報告されています。これまでから食事制限や運動といった生活習慣の改善が糖尿病の予防に効果的なことは知られていましたが、「これを摂取すれば糖尿病になりにくくなる」という、はっきりしたものは見つかっていませんでした。

そのため、コーヒーが何らかの形で糖尿病の予防に役立つのではないかということに、医学関係者の期待も寄せられています。

また、人々の関心が高い疾患に、「がん」と言ってもいろいろな種類がありますが、肝がんや大腸がんの発症リスクが低下することが複数の調査結果から報告されています。特に肝細胞がんについては、1日1杯につき、約23%の割合でリスクが低くなるという報告があります。

一方、同じがんでも男性の膀胱がんでは、カフェインを多量に摂る人にはリスクが高い傾向があるのではないでしょうか。

とが報告されています。また、妊娠初期にカフェインを多量に摂取すると、流産のリスクが高いことが報告されていますが、妊娠中のストレス解消にコーヒーが有用だという報告もあるので、適度に楽しむ分には問題がないでしょう。

以上のことは個人差や摂取量の問題も含め、今後の研究を待つ必要があります。また、どの食品についても同じことですが、コーヒーに対して無理に飲んだり、必要以上に忌避したりすべきものではありません。

コーヒーが自分にとって生活に潤いを与えてくれるものならば、人生のクオリティを高めるものとして楽しむことこそ、ココロとカラダの「健康」に貢献する飲み方なのではないでしょうか。

コーヒーを健康的に飲むとは？

《資料3》 コーヒーと疾患リスクとの関係の例

発症リスク低下がほぼ確証とされているもの[*1]
▶肝がん
▶2型糖尿病　▶パーキンソン病

発症リスク上昇の報告があるが論争中のもの[*2]
▶関節リウマチ　▶骨粗しょう症
▶膀胱がん

発症リスク低下の報告があるが論争中のもの[*2]
▶アルツハイマー病　▶子宮体がん
▶大腸がん　▶口腔咽頭がん　▶胆石

発症リスクが上昇するとされているもの
▶妊娠時の流産、低体重などのリスク

*1 複数のグループの調査結果がほぼ統一した見解であり、信頼性のある学術雑誌に掲載されたもの。
*2 調査結果にバラつきが大きいものや報告件数が少ないもの。

Chapter 5

コーヒークロニクル

コーヒーについて知ることは、
コーヒーをよりおいしくすること。
どんなふうに人類と関わり、
どうやってともに歩んできたのか。
歴史をひもといてみましょう。

コーヒーの文化史

世界各国で愛されているコーヒーは、どのようにして広く親しまれるようになったのでしょうか？ 飲用の起源から世界への伝播、今日の日本での様子に至るまで、コーヒーの歩みをたどってみましょう。

History of coffee culture

コーヒーの飲用の始まり

コーヒー飲用の起源については諸説ありますが、イスラム圏のアラビア半島やアフリカ大陸のエチオピアあたりで始まったのではないかというのが、ほぼ定説になっています。

コーヒー豆発見の言い伝えのひとつである、カルディの踊るヤギの伝説。

ブンの煮汁＝ブンカムがコーヒーの始まり⁉

人は、いつからコーヒーの存在を知るようになったのでしょうか。植物としてのコーヒーは、アカネ科コーヒー属に分類され、現在、数多くの種類が知られていますが、そのすべてがアフリカ大陸に起源を持ち、約3000年前には存在していたと言われています。

古くはホメロスが描いた叙事詩や聖書の記述に、コーヒーを想わせる薬や穀物が登場してきますが、コーヒーが文献に登場してくるのは、10〜11世紀ごろのことです。ペルシャのラーゼスやアヴィセンナが著した医学書に登場する、エチオピアやイエメンに自生する「bunn＝ブン（バン）」が、コーヒーのことではないかと言われています。その煮汁が「bunchum＝ブンクム（バンカム）」で、刺激的でさっぱりとした味を持ち、胃に非常によいと記されています。

Chapter 5
コーヒークロニクル

コーヒー発祥の地とされるエチオピアの伝統的なコーヒーセレモニー、カリオモンの様子。日本の茶道のようなもので、基本的に女性によってとり行われる。

オマル、ゲマレディン、そしてカルディの伝説

人類が現在あるような飲料としてコーヒーを飲み始めたのは、15世紀前後のことだと考えられています。その始まりに関しては、次の3つの伝説が有名です。

まずは、アブ・ダル・カディールの写本といういスラム文献に紹介されている修道僧シェーク・オマルの伝説。イエメンのモカの町を追われたオマルは、山中の洞窟で草木を食む暮らしをしていましたが、ある日、美しい鳥に導かれて赤い実を発見します。それを口にすると、たちまち飢えや疲れが癒され、気分爽快になったとか。町に戻った彼は、人々にその実の煮汁を飲ませ

たそうです。

同じ写本に、イスラム律法学者のゲマレディンという人の話が掲載されています。それによると、おそらくイスラム教の修道士たちがコーヒーを最初に飲んだのではないかと考えられます。厳しい修行だったためと思われます。ゲマレディンはエチオピアでコーヒーの薬効や覚醒作用を知り、イエメンのアデンのイスラム宗教界に広めたということです。

さらに有名なものが、エチオピアのカルディというヤギ飼いの少年の物語。おとなしいヤギたちが、ある木の実を食べて夜通し興奮していることをカルディは修道院の院長は、その実を修道士たちが夜に勤行する際の眠気覚ましに利用したというお話です。

こうした伝説を総合すると、おそらく飲料としてのコーヒーはアラビア半島の紅海に面したイエメンあたりで始まったもので、それは対岸のアフリカ大陸のエチオピ

アから持ち込まれた習慣ではないかと考えられます。

イスラム社会に登場した「コーヒーの家」

このころ、人々が集い、コーヒーを楽しむコーヒーハウスの原型もできたとされています。それは、16世紀ごろのことでした。

ナといった都市に伝えられるなかで、コーヒーは一般の人々の間にも広がっていきます。それは、16世紀ごろのことでした。

「コーヒーの家」(トルコ語では「カフェ・ハネ」)と呼ばれ、メッカからエジプトのカイロ、シリアのダマスカス、トルコのコンスタンティノープルなどへと広がっていきました。その一方で、時の権力者により、カフェは腐敗堕落の温床だとして禁止されることもあったようです。

イスラム世界から欧米へ

イスラム圏を旅するヨーロッパの商人や学者などを通じて、ヨーロッパの人々にも知られるようになったコーヒー。17世紀半ばには、大都市を中心に各地にカフェが登場します。

覚醒の時代を象徴するコーヒーの登場

ヨーロッパでは17世紀に入ると資本主義経済が台頭し、近代市民社会といったものが生まれてきます。それに伴い、中世以来の伝統的な社会に変化が起きてきます。労働には効率化と迅速さが要求され、人々は時間に追われるようになります。「タヴァーン」や「エールハウス」などの中世以来続く居酒屋で、のんべんだらりと酩酊していられなくなったのです。代わって人々に求められたのは、"覚醒"作用のあるコーヒーでした。コーヒーを提供するカフェやコーヒーハウスが各地にでき、人々でにぎわうようになりました。

イギリス、フランスに登場した初期のカフェ

西ヨーロッパで最初のコーヒーハウス（カフェ）が登場したのは、イギリスです。まずロンドンの西のオックスフォードで、1650年に「ジェイコブス」というコーヒーハウスが誕生します。その2年後にはロンドン市内に最初のコーヒーハウスができ、30年後にはロンドン市内だけでなんと3000軒のカフェがあったとか。世界的な保険会社として知られる「ロイズ」などは、もともとコーヒーハウスとしてスタートしました。

パリでは、1686年に最初の本格的カフェとして「プロコプ」が登場します。理性の世紀を象徴

▼▼▼ コーヒーの文化史 ▲▲▲

ウィーンの老舗カフェのひとつ「カフェ・アルト・ウィーン」。ウィーンでは18世紀前半にカフェの開店が相次ぎ、市民生活に浸透。その多くはビリヤード場なども備えていた。

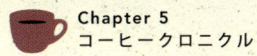

Chapter 5
コーヒークロニクル

ヨーロッパのコーヒーハウスの様子。

するように、パリのカフェは知の発信基地。ヴォルテール、ルソー、ディドロなどの啓蒙知識人が集い、交流をくり広げました。さらに18世紀後半になると、パリのカフェは上流階級のサロンから大衆の集まる場所へと変貌していきます。当時の有名カフェは、政治勢力のたまり場やフランス革命の司令室として機能しました。

バールの先駆け・イタリアと家庭の女性に普及したドイツ

地中海貿易によって、早くからイスラム圏と交易を行っていたイタリア。一説によれば、ヨーロッパ最初のカフェは、ヴェネツィアで誕生したと言われています（1645年）。17〜18世紀半ばにかけて各地にカフェが登場しますが、そのなかには現在まで続いているものも。カフェ史として特筆すべきは、カフェはイタリアでカウンターを備えた「バール」の形態に徐々に変わっていったことです。

ドイツでも17世紀後半から18世紀前半にかけて、ハンブルクやライプツィヒ、ベルリンなどの都市でカフェが登場しています。しかし、それを圧倒する形で、ドイツでは女性たちが家庭でコーヒーを楽しむ習慣が広がっていきました。「コーヒー・クレンツヒェン」と呼ばれる集まりで、かのJ・S・バッハが作曲した『コーヒー・カン

ボストン茶会事件を経て世界一のコーヒー消費国へ

アメリカ最初のコーヒーハウスは、1689年には営業を開始していたとされるボストンの「ロンドン・コーヒーハウス」です。その後、ニューヨークやフィラデルフィアといった都市にコーヒーハウスができますが、当時のアメリカのカフェは、コミュニティにおけるパブリックスペースの役割も担っていたようです。

1773年にはボストン沖に停泊していたイギリス東インド会社の船を市民が襲撃し、積み荷の紅茶を海中に投棄するという「ボストン茶会事件」が起きますが、これをきっかけにアメリカは紅茶よりもコーヒーを好む国となり、西部開拓時代を経て、世界最大のコーヒー消費国となっていきます。

タータ』には、コーヒーに夢中になる女性に対する男性陣の困惑が描かれています。

日本のコーヒー史

鎖国時代に日本に持ち込まれたコーヒー。それを口にした当時の人々の驚きは相当なものだったはず。コーヒーはどのようにして日本人に受け入れられていったのでしょうか。

▼▼▼ コーヒーの文化史 ▲▲▲

長崎の出島に伝えられたと言われるコーヒーは、まだ、一部の日本人にしか知られていなかった。

初めてコーヒーを飲んだ日本人たち

日本にコーヒーが上陸したのは、17世紀後半の江戸時代と言われています。当時、日本は鎖国政策をとっていましたが、通商を許されていたオランダ人が、長崎の出島に持ち込んだのが最初とされています。

おそらく日本人で最初にコーヒーを口にしたのは、出島のオランダ商館に出入りを許されていた商人、通訳、蘭学者、あるいは遊女あたりと考えるのが妥当です。

注目したいのは、長崎奉行所の派遣されていた江戸幕府の幕臣で、狂歌師・文人としても知られた大田蜀山人（南畝）です。彼は、実際にコーヒーを飲んで、その感想を文字に残した最初の日本人と言われています。それは1804年（文化元年）のことで、オランダ商船の船上でコーヒーを飲んだ印象として、『瓊浦又綴』という書物に、

「かふひいは脾を運化し、溜飲を消し、気を降ろす。よく小便を通じ、胸脾を快くす……」と、コー

次のように記されています。
「紅毛船にて『かうひい』というものをすすむ。豆を黒く煎りて粉にし、白糖を和したるものなり。焦げくさくして味ふるに堪えず」
そのときの彼の戸惑う顔が浮かんでくるようですが、当然と言えば当然の感想かもしれません。それまでの日本にある飲料とあまりにも違っていたのでしょう。

薬として伝えられた初期のコーヒー

シーボルトと言えば、長崎に鳴滝塾を開き、西洋医学や蘭学を日本に教えたドイツ人です。彼自身が大のコーヒー好きだったと伝えられていますが、彼は長寿をもたらす薬用の飲み物としてコーヒーを紹介しました。

長崎で学んだ京都の蘭学医・廣川獬が残した『長崎見聞録』には、

Chapter 5
コーヒークロニクル

続々と誕生する日本流のカフェ

日本にコーヒーが普及し始めるのは、明治に入ってからのこと。コーヒーはハイカラな飲み物として、鹿鳴館に集うような上流階級に受け入れられていきました。

日本に初めてのカフェができたのは、1888年（明治21年）のこと。東京下谷に、「可否茶館」という名前の喫茶店が誕生します。2階建ての洋館で、図書室、ビリヤード場、クリケット場などを備えた、じつに立派な建物だったと言いヒーの医学的な効用について記されています。

また、19世紀半ば、北方警備のため北海道に送られた津軽藩士たちに、寒気を防ぎ、湿邪を払う飲み物としてコーヒー豆が支給されたという記録もあります。当時の日本では、嗜好品というより、薬としてコーヒーが捉えられていた様子がわかります。

す。前者の代表的なものとしては、コーヒーを中心にソフトドリンクを提供するスタイルと、料理やアルコールも提供するスタイルに大別できます。過ぎたのか、商売的にはうまくいかず、4年で閉店の憂き目に。明治後期になると、コーヒーは一般にも浸透し、次々とカフェが開店します。それらは、コーヒーを中心にソフトドリンクを提供するスタイルと、料理やアルコールも提供するスタイルに大別できます。前者の代表的なものとしては「カフェーパウリスタ」に開業した銀座の「カフェーパウリスタ」が有名でした（現在も銀座8丁目で営業）。ブラジル・サンパウロ州政府からコーヒー豆の無償提供を受け、1杯5銭でコーヒーを提供。本格的なブラジルコーヒーを日本人に普及させました。「銀ブラ」とは本来、「銀座でブラジルコーヒーを飲む」の意。そしてその場所こそが「カフェーパウリスタ」でした。後者の有名店としては、洋画家の松山省三が開いた「カフェ・プランタン」を筆頭に、「カフェ・ライオン」「カフェ・タイガー」などがありました。

大正期にはミルクホールの流行も手伝い、コーヒーの消費量は飛躍的に伸びていきます。第二次世界大戦前の1937年（昭和12年）には、東京だけでも2600軒を超える喫茶店があったと言われています。

開業したころのカフェーパウリスタ銀座店と社員。アメリカ製自動ピアノが奏でる音楽とともに、少年たちによる給仕も話題を呼んだ。

喫茶店での、コーヒー1杯の平均的な値段

年代	値段
明治19年	3銭
明治21年	1銭5厘
明治30年	2銭
明治40〜45年	3銭
大正2〜7年	5銭
大正10〜12年	10銭
昭和1〜5年	10銭
昭和9〜15年	15銭
昭和20年	5円
昭和23年	20円

大戦後から現在まで

嗜好品として日本人の生活にすっかりとけ込んだコーヒー。さまざまなスタイルのカフェが人を集め、手軽にコーヒーを楽しめる缶コーヒーや自動販売機は日本で生まれました。

▼▼▼ コーヒーの文化史 ▲▲▲

1973年（昭和48年）に、ポッカが世界に先駆けて開発したホット／コールド機能付き自動販売機。飲料製品の販売形態に革命をもたらした。

缶コーヒーは日本発祥。1969年（昭和44年）にUCCが開発。現在はプルタブが主流だが、発売当時は付属の缶切りで穴を開けて飲み口を作った。

戦後に復興を遂げた日本のコーヒー文化

第二次世界大戦は、日本のコーヒーファンにとっても暗黒の時代でした。1942年（昭和17年）にはコーヒー豆の輸入が統制され、一般の人々にはコーヒーは遠い存在になりました。待ちに待った輸入が再開されたのは、1950年（昭和25年）のこと。それに伴い、喫茶店やカフェも急速に復興していきます。それは、文化的な香りを渇望する戦後日本の象徴でもありました。

豪華な内装の純喫茶、音楽も売りものにする名曲喫茶やジャズ喫茶、さらには歌声喫茶や山小屋喫茶など、さまざまなスタイルの喫茶店が続々と登場します。そして1970年ごろになると、「コーヒー専門店」を掲げる店がブームとなりました。その多くはオープンカウンターを備え、産地別のコーヒーを揃えて、サイフォンやドリップで淹れたコーヒーを提供するというスタイルでした。コーヒーを楽しむためのカフェとしては当たり前と思えるスタイルですが、じつは、こうした形態のカフェは、欧米ではほとんど見られないものでした。つまり、日本で独自に発展したものと言えます。また、小資本でも開店できるため、脱サラした会社員や主婦、元OLがマスターや店主として店をオープンさせるケースも多く見られました。こうしたブームもあり、1980年には、喫茶店は日本全国で15万軒を数えるほどになったのです。

高度経済成長期の日本の喫茶店。

250

Chapter 5
コーヒークロニクル

日本にもすっかり定着したエスプレッソ・バーの代表格「スターバックス」。

世界を驚かせた缶コーヒーと自販機の登場

コーヒー専門店に続き、日本のユニークなコーヒー文化を象徴するものとして、缶コーヒーが登場します。UCCの創業者・上島忠雄氏が、「いつでもどこでも手軽に飲めるコーヒー」を作ろうと考え、試行錯誤を重ねたのち、1969年(昭和44年)に世界初の缶コーヒーが誕生しました。当初は売り上げが伸びなかった缶コーヒーでしたが、大阪万博で火がつき、以来、日本のコーヒー文化を支える一翼に成長していきました。

コーヒー関連でもうひとつ世界初となったのが、ポッカが1973年(昭和48年)に開発した自動販売機です。ホット/コールド機能付きの自動販売機は、缶コーヒーのみならず、飲料製品の販売スタイルに革命をもたらしました。「自販機で缶コーヒー」は、現代日本の象徴とも言えるでしょう。

時代は今、スペシャルティコーヒーへ

1980年代に入り、人々の嗜好が細分化されるなかで、喫茶業界はある意味での飽和状態を迎えます。冬の時代を抜けるには、90年代後半を待たなくてはなりませんでした。このころから、これまでにない新しいスタイルのカフェが登場してきました。

そのひとつが、レストラン並みの食事を売り物にするカフェ。そして、もうひとつが、「スターバックス」や「タリーズ」などに象徴される、エスプレッソバースタイルのカフェです。エスプレッソ・バーは、1970年代にアメリカのシアトルで始まったものですが、80年代アメリカで市場を拡大しはじめたスペシャルティコーヒーを日本に広めた立役者でもありました。今やこのスタイルが、日本のみならず世界的にカフェの象徴となりつつあります。

コーヒー文化史年表

世紀	年	事項
9～11世紀頃		イスラムの医学者ラーゼス及び、アヴィセンナが『ブンクム(バンカム)』について記述
13世紀	1286年頃	イスラムの修道僧オマルのコーヒー発見(伝説)
年代不詳		エチオピアのヤギ飼いカルディのコーヒー発見(伝説)
15世紀	1454年頃	ゲマレディンがコーヒーの効能を説き、アデンのイスラム修道僧に広める(伝説)
15世紀末		コーヒーの飲用が、メッカとメディナなどアラビア半島南部に広まる
16世紀	1510年頃	コーヒーがエジプト・カイロに伝わる
	1511年	メッカ事件(コーヒー弾圧事件)
	1517年	オスマン・トルコがエジプトを征服し、コーヒーがカイロからコンスタンティノープルへ伝わる
	1554年	コンスタンティノープルにコーヒーハウスの原型「コーヒーの家(カフェ・ハネ)」ができる
	1582年	ドイツの医師で植物学者のラウヴォルフが、エジプトの旅行記でコーヒーを紹介
	1587年	カディールが著書で修道僧オマルとゲマレディンの伝説を記す
	1600年頃	インドのイスラム巡礼者ババ・ブーダンが、メッカから南インドのマイソールにコーヒー豆を持ち帰こす(伝説とも、1695年頃とも)
	1600年頃	ローマ教皇クレメンス8世がコーヒーに洗礼をほどこす(伝説とも)

世紀	年	事項
18世紀	1696年	ニューヨークに初のコーヒーハウスが開業
	1720年	イタリア・ヴェネツィアに「カフェ・フローリアン」が開業
	1732年	J・S・バッハが、ライプツィヒのカフェ・ツィンマーマンで『コーヒー・カンタータ』を初演
	1760年	ローマに「カフェ・グレコ」開業
	1773年	ボストン茶会事件起こる。以後、コーヒーがアメリカの国民的飲料に
	1785年	パリのパレ・ロワイヤルにカフェが集積。フランス革命時の司令室的存在に
19世紀	1804年	大田蜀山人、コーヒーの味について記す
	1806年	ナポレオンの大陸封鎖令発布により、コーヒーのヨーロッパへの輸入が禁止される
	1826年	シーボルトがコーヒーの効用を説く
	1877年	日本にコーヒー豆が輸入される
	1888年	鄭永慶、下谷に「可否茶館」を開業
	1899年	加藤サトリ博士が、シカゴでインスタントコーヒーを開発する
20世紀	1911年	銀座に松山省三の「カフェ・プランタン」、水野龍の「カフェ・パウリスタ」、精養軒の「カフェ・ライオン」が次々と開店
	1922年	アメリカでW・H・ユーカーズが『オール・アバウト・コーヒー』を刊行

コーヒーの文化史

Chapter 5
コーヒークロニクル

17世紀

1616年	オランダ東インド会社が、モカ港から初めてヨーロッパにコーヒーを輸送
1640年	オランダ商人がモカ港より商業輸入を開始
1650年	イギリス・オックスフォードにコーヒーハウス「ジェイコブス」が開業
1652年	アルメニア人パスクァ・ロゼが、ロンドンに初のコーヒーハウスを開業
1664年	ハーグにオランダ初のカフェが開業
1668年	アメリカでコーヒーに関する最初の記述
1669年	トルコ大使ソリマン・アガがパリでコーヒーサロンを開催。以降、パリの上流階級に定着
1671年	レバノン出身の教師ナイロニが、ローマで出版した著作で「ヤギ飼いカルディの伝説」を紹介
1672年	アルメニア人パスカルがパリで仮設小屋のカフェを開業
1679年	ドイツ・ハンブルクでカフェが開業
1683年	ポーランド人コルシツキーがウィーン初のカフェを開業
1685年	フランスの医師モナンが、健康によいとカフェ・オ・レを推奨
1686年	フランスのカフェの原型となる「プロコプ」がパリで開業
1689年	ボストンにアメリカ初のコーヒーハウス「ロンドン・コーヒーハウス」が開業
1690年頃	長崎の出島でオランダ人が一部の日本人にコーヒーを紹介
1694年	ドイツ・ライプツィヒに初のカフェが開業

21世紀

1937年	スイスのネスレ社がインスタントコーヒーを発売
1939年	第二次世界大戦とともに、コーヒー輸入停止。「コーヒー暗黒時代」に
1950年	コーヒー輸入再開
1949〜1954年	ブラジルの早魃がきっかけでコーヒーの価格が上昇。アメリカで薄いコーヒーが広がり、インスタントコーヒーの需要が高まる
1953年	全日本珈琲協会（現・全日本コーヒー協会）が発足
1956年	西ヨーロッパのコーヒー消費量が第二次世界大戦前を上回る
1960年	コーヒー生豆の輸入自由化
1962年	第一次国際コーヒー協定成立
1963年	国際コーヒー機構設立
1964年	国際コーヒー協定に正式加盟
1969年	UCC上島珈琲(株)、世界初の缶コーヒーを発売
1982年	アメリカスペシャルティコーヒー協会設立
1983年	スペシャルティコーヒーの市場が拡大傾向に
1983年	全日本コーヒー協会が10月1日を「コーヒーの日」に制定
1996年	銀座に「スターバックス」直営店が開店
2001年	現行の国際コーヒー協定発効
2003年	日本スペシャルティコーヒー協会設立

※青字は日本での出来事

コーヒーの道具史

コーヒーはその味わいを追求していった結果、時代ごとにさまざまな抽出法が考え出され、そのつどいろいろな器具が誕生してきました。千年以上にも及ぶ、長いコーヒーの道具史をさかのぼってみましょう。

History of coffee tool

抽出器具発展の概略

世紀	年	事項
16世紀		煮出し法によるトルコ式コーヒーの抽出器具「イブリック」の登場
19世紀	1760年頃	ネル袋に粉砕したコーヒーを入れ、熱湯で浸漬する方法を考案
	1800年頃	パリでドゥ・ベロワが「ドリップポット」を開発
	1806年	イギリス人科学者、ラムフォード伯爵がドゥ・ベロワの「ドリップポット」を改良してパーコレーターの原型を開発
	1817年	イギリスのビギンが「コーヒービギン」を開発
	1819年	フランス人のローランによって「パーコレーター」が完成
	1840年頃	イギリスの造船技師、ロバート・ナピアーがサイフォンの原型「真空式コーヒー抽出器」を発明
20世紀	1900年頃	イタリア人のルイジ・ベゼラが、エスプレッソマシンの原型となる蒸気圧による抽出器を発明 ドイツのメリタ・ベンツ婦人がペーパードリップによる抽出器具を開発

煮出す方法が初期の主流

13世紀ごろ、コーヒーが飲まれ始めた当初は、豆を煎って煮出す方法が主流でした。イスラム、ヨーロッパへと伝播するに伴い、風味を追求するさまざまな抽出法が考案されました。

門外不出の秘薬から庶民の飲み物へ

人類がコーヒーをとり始めたのは、およそ千年前から。当初は修道者たちが宗教儀式などに用いる秘薬として珍重し、最初は生豆をそのまま煮出し、その汁を飲んでいたと伝えられます。その後、アラブ・イスラム圏で庶民の飲み物として広がったころは、煎った豆を粉にし、煮出して上澄みを飲むトルコ式コーヒーの飲み方へと変化していきます。このとき用いられていたのが「イブリック」と言われる抽出器になります。

やがて17世紀ごろ、コーヒーはヨーロッパへと伝わり、とくにフランスを中心に、現在のドリップ式の原型ともいえる透過法抽出による「ドリップポット」や、イギリスでは「コーヒービギン」など、より香り高く、味わいのあるコーヒーを淹れるための器具が次々と考案されました。

取材協力／UCCコーヒー博物館（DATAはP271）

Chapter 5
コーヒークロニクル

今も親しまれている
煮出し法の器具

イブリック
(製造国不明／製造年不明)

コーヒー粉を容器に入れて火にかけ、煮出して抽出するトルコ式コーヒー用の抽出器。真ちゅう製や銅製が多い。ドリップ式にくらべて刺激が強く、浮遊している粉が沈殿するのを待ってから飲む。

コーヒー沸かし
(製造国不明／製造年不明)

基本はイブリックと同じ要領で抽出。コーヒー粉と水を入れて沸騰させ、抽出したものが下部の蛇口から出る仕組みになっている。

アラビアンポット
(製造国不明／1900年代)

ベドウィン族が使用するトルコ式コーヒー用の抽出器。イブリックと同じようにコーヒー粉と水を入れて沸騰させる。注ぎ口に干し草を入れることでフィルターの役目を果たす。現在もほぼ形は変わらず使用されている。

伝統的な容器で煮出したトルコ式コーヒー

コーヒーが一般庶民の飲み物としてアラブ・イスラム圏で普及していたころは、煎った豆を粉にし、それを熱湯に入れて飲むのが一般的でした。

その後、16世紀に「イブリック(別名ジャズベ)」と呼ばれるアラビア風金属製コーヒー沸かし器が登場。長い柄がついた柄杓のような形をしたこの器具は、短時間に高温で煮出し、その上澄みを飲むという抽出法。貴重なコーヒーからエキスを最大限に引き出すことが可能となり、この器具の登場によりコーヒーを淹れる方法が大きく前進します。

イブリックを使ったコーヒーは、粉っぽさはあるものの、濃厚でコクと苦味が楽しめる個性的な味わいで、コーヒーの淹れ方の原点とも言われています。この淹れ方は、現在もなお親しまれています。

ドリップポット登場で多様化へ

トルコ式コーヒーが全盛のなか、17世紀にはコーヒーがヨーロッパにも伝播。透過法によるドリップポットをはじめ、新たな抽出法や器具が次々と開発されていきます。

▼▼▼ コーヒーの道具史 ▲▲▲

ドリップポット
（フランス製／製造年不明）
ドゥ・ベロワが考案したドリップポットは、上下二段に分かれ、上部のろ過器の金属板フィルターを通して、下部のポットにコーヒー液が流下するという仕組み。ドリップポットはヨーロッパに先駆けて、フランスのドリップ法を確立させた画期的なものだった。

メリタ式ドリッパー
（ドイツ製／1900年代初頭）
ドイツのメリタ婦人が発明したペーパードリップ式の抽出法。真ちゅう製のカップで、穴の開いた底にろ紙を敷き、中にコーヒー粉を入れて蒸らしたのち、いっきにお湯を注いでコーヒー液が流下するのを待つ。手軽で片づけも簡単なことから、急速に広まった。

反転式コーヒーポット
（製造国不明／1900年代初頭）
バスケット部分にコーヒー粉とお湯を入れ、ふたをかぶせて蒸らし、取っ手を使っていっきに反転させ、こしたコーヒーを飲むという構造。ドリップポットから派生したものと考えられる。

浸漬法から透過法へ ドリップポットの登場

17世紀にはコーヒーがヨーロッパに伝播。当時もコーヒーのカスが沈殿するのを待って上澄みをすするトルコ式コーヒーの飲み方が主流でしたが、ヨーロッパではフランスを中心に、このカスを除いて刺激的な苦味を和らげるための新たな抽出法や器具の開発が行われていきます。1760年頃にはネル袋に粉砕したコーヒー豆を入れ、熱湯で浸漬する方法を考案。そして1800年ごろにはパリでドゥ・ベロワが「ドリップポット」を発明。この器具は2つ重ねたポットの上層部に粉を入れて熱湯を注ぐ透過式と言われる抽出法になり、現代のドリップ式の原点とされるもの。この器具の登場でコーヒーの粉をこして飲むというスタイルが確立され、さまざまなコーヒーの淹れ方が考案されるようになります。

256

Chapter 5
コーヒークロニクル

粉が混ざらず、おいしく抽出できる方法を試行錯誤

パーコレーター
（アメリカ製／製造年不明）

銅製のパーコレーター。熱せられたお湯が圧力で上昇し、ガラスのふたに跳ね返ってコーヒー粉を入れたフィルター全体にかかり、抽出する仕組み。

蒸気噴水式コーヒーメーカー
（イギリス製／1900年代後半）

バスケット部分にコーヒー粉を入れ、下部に水を入れて沸騰させる。すると、バスケットの上に蒸気となって噴出し、コーヒーを浸透して落下する仕組みに。エスプレッソの原理に近い抽出器になる。

自動ネルドリップ式コーヒーメーカー
（ブラジル製／1900年代後半）

現代のコーヒーメーカーの原型とも言える抽出器。ポットのネル袋にコーヒー粉を入れ、横の筒に水を注ぐ。すると沸騰したお湯が管を通ってコーヒー粉に注がれ、下部にコーヒーがたまるという構造に。一見すると簡素な作りだが、現代のコーヒーメーカーとほぼ同じ機能を持つ。

現代にも広く普及するドリップ式の時代へ

1817年ごろ登場した「コーヒービギン」は、フランス式ドリップポットの金属製フィルターをネルの布袋に変更したもの。ポットの上部にコーヒー粉を入れたネル袋を吊り下げ、コーヒー粉とお湯を一定時間ふれさせる抽出法で、イギリスで広く普及しました。

そして20世紀にはドイツのメリタ・ベンツ夫人がコーヒービギンのネル袋の代わりにペーパーを利用するペーパードリップを開発。これが今の「メリタ式ドリッパー」の始まりとなっています。

また、パーコレーターは1820年頃にフランスで考案され、西部開拓時代のアメリカで普及した循環式の抽出器具。バスケットに粉を入れ、水（お湯）を入れて火にかけるだけという手軽さが合理主義のアメリカ人にうけ、現在も多くの人に愛用されています。

ふたつの定番抽出器具

現代の抽出器としてもお馴染みなのが、サイフォンとエスプレッソマシン。それぞれの器具の進化を追うことで、よりコーヒーへの造詣が深まることでしょう。

ナピアー式コーヒー抽出器
（フランス／1800年代後半）

ロバート・ナピアーが考案した抽出器で、フラスコと抽出槽を左右に並べて配置した形が特徴。抽出槽の上部から管を通して液体をやりとりする。この形は20世紀初頭までイギリスで用いられた。

天秤式サイフォン
（フランス製／1800年代後半）

ナピアー式とほぼ同時期に考案されたものだが、パーツが左右に並んでいるものの、天秤状でバランスをとっているのが特徴。ガラスの抽出槽横の丸いつまみを下に下げると、天秤が傾いてアルコールランプにふたがかぶさるという、ユニークなセミオートの消火の仕組みになっている。

サイフォン
（製造国不明／1800年代半ば）

グラスボールを上下に連結させた現代のサイフォン型が登場。これは取っ手を使い、手動で持ち上げて火を消す仕組みになっている。土台にも凝るなど、さまざまなものが作られた。

▼▼▼ コーヒーの道具史 ▲▲▲

各国が改良を重ねた結果、現在のサイフォンが誕生

サイフォンの原型ともいわれる気圧差を利用した「ナピアー式コーヒー抽出器」を、イギリスの造船技師ロバート・ナピアーが発明したのが1040年ごろ。ただし彼の考えた器具は現在の形とは異なり、フラスコと抽出槽が左右に並んでいるというものでした。その後、1842年に現在のサイフォンの形に近いガラス風船型を上下に配置したものがフランスで発明されます。

1914〜16年にアメリカでさらなる改良がほどこされ、アメリカ本土で大流行しました。日本には昭和初期に「バキューム・コーヒーメーカー」という名で紹介され、1925年に『河野式茶琲サイフォン』として発売。これが世界で初めて"サイフォン"と名付けられた商品の誕生となるのです。

258

Chapter 5
コーヒークロニクル

ニーズに応えて進化を遂げる

家庭用エスプレッソマシン
（イタリア／1900年代初頭）
バスケットにコーヒー粉、下部に水を入れ、直火にかける、現代の家庭用の直火式エスプレッソマシン。沸騰すると蒸気圧で水が押し上げられ、コーヒー粉が入っているバスケットを通過し、エスプレッソコーヒーが抽出されるというもの。

エスプレッソ＆カプチーノマシン
（イタリア／1900年代初頭）
1906年ミラノで開催された万国博覧会に出品されたエスプレッソ＆カプチーノマシン（レプリカ）。この抽出器の最大の特徴は、コーヒー粉を詰めるフィルターフォルダーから抽出されたコーヒーを直接カップに注ぐというもの。幅60cm、高さ80cmというかなりの大きさ。

電気使用のエスプレッソマシン
（イタリア／製造年不明）
中のバスケットにコーヒー粉を詰め、密閉力の高いふたでしっかり固定して熱を加える、現代のものとほぼ変わらない仕組み。これは直火ではなく電気を使用する。

イタリアで発明されたエスプレッソマシン

コーヒーの抽出速度を上げるため、蒸気圧を利用した抽出法が19世紀半ばから試行されてきましたが、これを実用化させたのがイタリア人でした。20世紀に入り、ミラノのルイジ・ベゼラが、蒸気圧式の高速抽出器による抽出法を開発。これがエスプレッソマシンの始まりとされています。

この器具の最大の特徴は、1杯のコーヒーを直接カップに注ぐというところ。取っ手つきのフィルターフォルダーや抽出をコントロールするバルブの組み合わせは、現在のエスプレッソマシンにも踏襲されています。

1903年にこの特許を取得したミラノのパボーニ社が商業ベースでの機械製造をスタート。その後1980年代には電気化が進み、全自動タイプが実用化され今日に至ります。

Column

コーヒーのプロスタッフ
コーヒーマイスター

コーヒーに対するニーズが多様化する昨今、高い知識や技術を持ったサービススタッフが、身近なお店に増えてきています。おいしいコーヒーを提供するために働くプロとは、どのような人たちなのでしょう。

店頭販売員を対象とした日本初の認定制度

カフェやコーヒー専門店に並ぶ、さまざまなメニューや商品。どれを選んでいいか迷ったとき、頼りになるのがお店で働く「コーヒーマイスター」です。

「コーヒーマイスター」とは、日本のコーヒー文化とおいしいコーヒーの普及・啓蒙を目的として設立された「日本スペシャルティコーヒー協会（SCAJ）」が認定する、コーヒー販売員向けとしては日本初となる資格制度。同会に加入しているカフェや喫茶店などのスタッフを対象に行われる、養成講座、実技研修を経て認定試験に合格した、コーヒーのプロフェッショナルなのです。

認定ブローチが証明するプロの知識と技術

コーヒーマイスターが受けるカリキュラムは、おいしいコーヒーの淹れ方はもとより、産地によりさまざまなキャラクターを持つ豆の木になる実から処理方法、焙煎、挽き方、海外での飲まれ方、食器の知識、接客などのサービス、はてはコーヒーの歴史までと、多岐にわたります。コーヒーの持つ多面的な魅力を消費者に伝えることを目的としているのです。

また、コーヒーマイスター取得者には、認定書とともにコーヒーの木を模した認定ブローチが与えられます。これは、マイスターを務めるスタッフが店頭に立つ際にブローチを着けることで、コーヒーについて聞きたいことがあったとき、誰に声をかければいいかひと目でわかってもらうための仕組みです。

数多くの人々の手を通り、やがて魅惑の一杯となって消費者の口に届くコーヒー。その消費者にも

コーヒーを飲みに、豆を買いに出かけたときに、このブローチを着けた店員を見かけたら、いろいろ相談してみよう。

もともとコーヒー関連業者の知識や技術の向上が目的とされて始められたものですが、一般愛好家の受験も受け付けていますので、コーヒーへの理解が深まりおもしろいかもしれません。

また、エスプレッソを中心に扱う店のなかには、イタリア国際カフェティスティング協会（IIAC）が同会のプログラム修了者に与える認定資格を持つスタッフもいます。ほかにも、アメリカスペシャルティコーヒー協会（SCAA）公認のカッピングジャッジ、CQI（SCAAの関連団体であるコーヒー品質協会）認定のQグレーダーといった、国際的な資格を持つコーヒー関係者も年々増えています。

こうしたコーヒーのプロフェッショナルたちに牽引され、日本のコーヒー文化は、ますます進化を続けそうです。

っとも近い存在である販売スタッフは、SCAJが定めるスペシャルティコーヒーに対する基本理念のひとつ、"種からカップに至るまで（from seed to cup）"という概念の最終段階を担う、非常に重要なポジションであると言えます。

現在、北海道から沖縄まで4桁を数える多くのコーヒーマイスターたちは、このブローチといっしょにそんな誇りも身に着けているのかもしれません。

ますます増える コーヒー資格取得者

コーヒーマイスターのほか、日本には「コーヒーインストラクター」という資格もあります。これは、「全日本コーヒー商工組合連合会」が認定する、コーヒー関連業者の知識や技術の向上を目的とした資格制度。1級と2級に加え、1級取得後1年以上経過している人だけが受験できる「鑑定士検定」もあります。

コーヒー用語辞典
COFFEE DICTIONARY

あ行

アーシー
コーヒーの味を評価する、味覚用語のひとつ。大地の土っぽさなどを感じさせる風味に対して使う。

アザーマイルド
ニューヨーク先物取引所や国際コーヒー機関（ICO）で商業取引上分類されている呼称のひとつ。コロンビア、ケニア、タンザニア以外の、おもに水洗式で精製された中米産のアラビカ種。

アメリカンコーヒー
浅煎りの豆で淹れたコーヒー。砂糖やミルクを加えず、濃くないものをたくさん飲むのがアメリカンスタイル。

アラビカ種
コーヒー三大原種のひとつ。ほかにカネフォラ種、リベリカ種があり、なかでもいちばん品質がよいとされている。生産量ももっとも多く、全体の70〜80％を占める。エチオピアが原産とされ、おもに高地で栽培されている。

アロマ
香りのこと。カッピング（SCAA方式）のときは、粉の時点の香りをフレグランスと言い、お湯を注いでからの香りをアロマと呼ぶ。果物やハーブなどにたとえて表現することも多い。

アンウォッシュド
水を使わず、天日または機械で乾燥させて精製する方式。ナチュラル、自然乾燥式、非水洗式とも言う。またはこの方式で精製した豆を指す場合もある。

イブリック
粉をこさずに上澄みを飲む、ターキッシュ・コーヒー（トルコ式コーヒー）を抽出するための器具。銅や真ちゅう製で、長い柄のついた柄杓形をしている。ジャズベとも呼ばれる。

インスタントコーヒー
コーヒー液を乾燥させて粉末状に加工したもので、お湯などで溶かして飲む。

ウォッシュド
水洗式精製のこと。コーヒーの果実を水に浸けてから精製する方法。または、その方法で精製した豆。異物や欠点豆の混入が少なく精製度が高いため、多くの生産国が採用している。

ウッディ
生木や枯れ木のような風味のコーヒーに対して使う、味覚用語のひとつ。

エアロプレス
注射器のような要領で、ピストンにあたるプランジャー部を押して空気圧でコーヒーを淹れる器具。レギュラータイプとエスプレッソタイプの、2タイプのコーヒーを淹れることが可能。

エイジング
生豆の水分を抜いたり、熟成させるために一定期間倉庫でねかせたりすること。焙煎しやすくなり、味がまろやかになるとも言われている。

エスプレッソ
深めに焙煎した豆を極細に挽き、専用の器具で抽出したコーヒー。イタリアで一般に飲まれている。

エスプレッソバー
おもにエスプレッソコーヒーや、それをもとにしたアレンジコーヒーを提供する店。

エスプレッソマシン
エスプレッソを抽出するための機械。粉をホルダーに詰めてタンパーで押し込み、蒸気圧によって一気に抽出する。フォームドミルクが作れるスチームノズルがついているものが多く、カプチーノやカフェ・ラテもできる。

円錐ドリッパー
円錐形をしたペーパードリップ用の

262

産されたコーヒーの国際品評会。ある「レ」はこの品評会で選ばれたコーヒーに与えられる称号。国内外の審査員めのコーヒーに温めた牛乳を注いだにより、最低5回以上行われるカッピレ・ボウルで供されることもある。ングを経て選ばれる。

カフェ・オ・レ
焙煎したコーヒーを粉にいは、「レ」はフランス語で牛乳のこと。濃い挽く道具。ミルめのコーヒーに温めた牛乳を注いだとも言う。手動式レ・ボウルで供されることもある。と電動式がある。

カフェ・ラテ
「ラテ」はイタリア語で牛乳。エスプレッソにスチームドミルクを注いだものが基本。

グラインド
焙煎した豆を挽いて粉にすること。挽き方による粉の粗さで味が変わる。

カプチーノ
エスプレッソに、スチームドミルクとフォームドミルクを注いだもの。スチームドミルクの割合が多いものをウェットカプチーノ、フォームドミルクが多いものをドライカプチーノと区別する場合もある。

グラッシー
味覚用語のひとつ。草のように青臭い風味のコーヒーを指す。

カネフォラ種
コーヒーの三大原種のひとつ。カネフォラ種の栽培品種のひとつがロブスタ種だが、ほぼ同義に使われることが多い。

グリーンコーヒー
焙煎する前の生豆のこと。緑色を帯びていることからこう呼ばれる。

カトゥーラ種
アラビカ種の栽培品種のひとつで、ブルボン種の突然変異から生じた。中米の主要品種。

クレマ
エスプレッソを抽出した際に、表面にできる茶色い泡の層こと。味をまろやかにする。

カフェイン
コーヒーやカカオ、茶葉などに含まれる苦味成分。天然有機化合物アルカロイドの一種。覚醒、興奮、利尿、胃液分泌、基礎代謝亢進などの作用がある。

クロロゲン酸
コーヒー豆に含まれるポリフェノールの一種で、風味のもとになる。近年、この成分の持つ健康効果が注目されている。

カフェインレスコーヒー
生豆の段階でカフェインを90％以上除いたコーヒーのこと。カフェインフリーコーヒー、デカフェとも呼ばれる。

ゲイシャ
エチオピア原産のティピカ系の栽培品種。希少な品種で、限られた地域でしか栽培されていない。

か行

カッパー
カッピングを行う鑑定人のこと。

カッピング
コーヒーの品質を鑑定するために行う味覚審査。フレーバーや甘さ、酸の質、カップのきれいさなど、さまざまな面から評価する。テイスティング、カップテストとも言う。

カップ・オブ・エクセレンス（COE）
スペシャルティコーヒーのその年に生産されたコーヒーの国際品評会。ある品評会で選ばれたコーヒーに与えられる称号。国内外の審査員により、最低5回以上行われるカッピングを経て選ばれる。

カップクオリティ
おもにカッピングにおける、風味の良しあしのこと。

カリタ式ドリッパー
ペーパードリップ用の代表的なドリッパー。底に3つの穴があいた台形型で、目詰まりしにくい。同じ台形型で穴が1つのメリタ式ドリッパーと比較されることが多い。

銀皮（ぎんぴ）
コーヒー豆の外側を覆っている薄皮。焙煎のときにチャフとなってほぼ取り除かれる。シルバースキンとも言う。

オーガニックコーヒー
無農薬、有機栽培のコーヒー豆、またはその豆で淹れたコーヒーのこと。

オールドクロップ
前年度以前に収穫したコーヒーの生豆。ニュークロップにくらべて黄色がかって含水量が少なく、風味が薄い。オールドコーヒー、エイジドコーヒーとも呼ばれ、青臭さが抜けたまとまりのよい味になると好まれることもある。

ドリッパー。大きな穴が1つあいており、専用のペーパーフィルターをセットして使用する。味の調整の自由度が高いのが特徴。コーノ式とハリオ式が有名。

欠点豆
生豆中に混入している発育不全豆や不良豆のこと。黒豆、ヴェルジ、発酵豆、虫食い豆、死豆、カビ臭豆、貝殻豆などがある。これらを混入したまま抽出すると、コーヒーの味に悪影響を与える。

コマーシャルコーヒー
一般に多く流通している汎用コーヒーのこと。コモディティコーヒー、メインストリームコーヒーとも言う。

コーヒーチェリー
コーヒーの果実のこと。熟すと赤くなり、さくらんぼに似ていることからこう呼ばれる。

コーヒーベルト
コーヒーの栽培に適している、赤道をはさんで南北回帰線の間を中心とした ベルト地帯(北緯25度～南緯25度間)のこと。コーヒーゾーンとも呼ばれる。

コーヒーマイスター
日本スペシャルティコーヒー協会(SCAJ)が運営する、コーヒー店のサービススタッフ向けの資格制度。コーヒーに対する深い知識と基本情報の習得をベースとし、同協会が主催する試験に合格した者が認定される。

コッコ
欠点豆のひとつで、果肉がついたまま乾燥させたり、果肉除去が不完全だったりしたもの。コッコとは"糞"の意。

コモディティコーヒー
流通量の多い汎用コーヒー。コマーシャルコーヒー。

コロンビアマイルド
コロンビア、ケニア、タンザニア3国のコーヒーの総称。ニューヨーク先物取引所や国際コーヒー機関で、高品質の水洗式アラビカ種として分類されている。

さ行

サイフォン
フラスコ、ロートなどで構成された、気圧差を利用する抽出器具。独特な形や淹れ方で、演出効果が高い。

サステイナビリティ
持続可能という意味。安定したコーヒーを継続して作っていくために、自然環境や公正な貿易などを考えていくこと。サステイナビリティに配慮したコーヒーのことをサステイナブルコーヒーと言い、有機コーヒー、フェアトレードによるコーヒー、認証コーヒー

サビ病
コーヒーの葉に菌が付着して穴があき、やがて枯れる病気。雨季に発生しやすく、伝染率が高い。サビ病によって全滅した品種もある。

シアトル系カフェ
エスプレッソを中心としたコーヒーのアレンジメニューを提供する、アメリカ・ワシントン州シアトル発祥のカフェスタイルのこと。スターバックスが有名。

シェードツリー
日射量が多すぎるとダメージを受けるコーヒーの木に、適度な日陰を作る木のこと。バナナやマンゴーなど、生産性のある木を植えることも多い。シェードツリーを植えると面積あたりのコーヒー収穫量が少なくなるが、生物の多様性や自然な環境が保てるため、サステイナビリティにもつながる。

シルバースキン
コーヒー豆を覆う薄皮。銀皮。

スクリーン
コーヒー生豆を大きさ別に分類する際に使うふるい。このスクリーンで計測された生豆の大きさをスクリーンサイズと言い、

などがこれにあたる。

スチームドミルク
エスプレッソマシンについているスチームノズルなどを利用し、蒸気によって温めた牛乳のこと。

ストレート
単一種の豆で淹れたコーヒー。

スペシャルティコーヒー
栽培履歴を明確にし、産地ならではの風味や特徴を備えた高品質のコーヒー。ただし、現状では世界共通の厳密な定義はない。消費国と生産国の多くに協会がある。

スマトラ式
インドネシア・スマトラ島の小農家で行われる、特殊な精製法。コーヒーチェリーを摘んだらすぐに果肉を除去し、1日ほど乾燥させたのちに再び脱穀して、水分値13%程度まで乾燥させる。

生産処理
コーヒーチェリーの外皮、果肉、パーチメント(内果皮)、銀皮などを除去し、コーヒー豆を取り出す作業のこと。おもな方法として、ウォッシュド(水洗式)、ナチュラル(非水洗式)、

生産国によってはこれで豆の等級を決める。穴の大きさ(スクリーンナンバー)が大きいほど大粒になる。

パルプドナチュラル（半水洗式）がある。

霜害
霜が降りることによって引き起こされるコーヒーの被害。かつて、ブラジルでの大霜害によってコーヒーの生産量が三分の一まで下落し、市場での価格が高騰したことがある。

た行

代用コーヒー
コーヒー以外の材料で、コーヒーに似せて作った飲み物。日本では戦時中、大豆やユリの根、どんぐり、つくばねなどを煎ってコーヒーの代わりにしていた。

ダッチコーヒー
ウォータードリップとも呼ばれる、水出しコーヒー。微細に挽いた粉を用い、水で長時間かけて抽出する。オランダ領時代のインドネシアで考案されたことから、ダッチ（オランダ人の）コーヒーと呼ばれる。

ダブル焙煎
焙煎を2回にわたって行うこと。含水量がととのい、均一に色が揃った焙煎になるが、香味が平坦になるとも言われる。

タンパー
コーヒー粉をフィルターに詰めるときに使う、エスプレッソ用の器具。

タンピング
エスプレッソマシンのフィルターにコーヒー粉を詰め、タンパーで押し込むこと。タンピングによって、エスプレッソの味が大きく変わるため、バリスタの腕の見せどころでもある。

ティピカ
エチオピア原産で「在来種」といわれるもっとも古い栽培品種のひとつ。世界中で広く栽培されており、多くの交配種が生まれている。

デザインカプチーノ
エスプレッソにフォームドミルクを注ぎ、楊枝などを使って模様や絵を描いたもの。チョコレートシロップなどを使って描く方法もある。

デミタス
エスプレッソ用の小さなコーヒーカップ。「デミ」は半量、「タス」はカップの意。普通のコーヒーカップが容量150〜200ccなのに対して、デミタスカップは60〜90cc程度。

テロワール
土地の風土性のこと。土壌や気象など、畑を取り巻く環境がスペシャルティコーヒーの風味に反映される。

等級
生産国ごとに設けられたコーヒー豆の格付けのこと。おもに豆の大きさや形などの外観と風味の2つの要因から決められる。生産国ごとに異なる基準が設けられている。

ドリップ
ペーパーフィルターやネルなどを用いてこす抽出法。抽出したコーヒーをドリップコーヒーと言う。

トルコ式コーヒー
イブリックで煮出して抽出し、その上澄みを飲む、イスラム圏の伝統的な飲み方。

トレーサビリティ
コーヒーの生産過程において、農園、生産者、生産処理法などの情報を追跡できる状態のこと。トレーサビリティの登場によって、履歴の明確なコーヒーが流通するようになった。

な行

ナチュラル
コーヒーの実から果肉などを除去する生産処理法のひとつ。収穫した実を粗選別してからそのまま天日乾燥（また は機械乾燥）させて、果肉とパーチメントを一度に除去する。作業工程が単純で、ウォッシュドとは違うフレーバーが得られるが、未熟豆や異物の混入が多いなどといった難点がある。

ナッティー
ローストした豆類のような香ばしい風味を表す味覚用語。

生豆（なままめ・きまめ）
コーヒーチェリーを生産処理し、商品として価値を持たせた状態のコーヒーの種子。グリーンコーヒーなどとも呼ばれる。

ニュークロップ
その年に収穫された数か月以内の濃い緑色をした生豆。含水量が多く香味が強い。

認証コーヒー
公的機関から承認を得たコーヒー。「フェアトレード」「バードフレンド

リー」「レインフォレスト・アライアンス」などがある。

ネルドリップ
布製のフィルター（ネルドリッパー）を使った、ドリップ式抽出法。豆の持つ味わいを引き出し、なめらかなコーヒーに仕上げる。

は行

パーコレーター
西部開拓時代のアメリカで普及した循環式の抽出器具。ポットの中のバスケットと呼ばれる部分に粉を入れ、直接火にかけて抽出する。手軽さから、キャンプやアウトドアなどで利用されることも多い。

パーチメント
銀皮と果肉の間にある、茶褐色の内果皮のこと。これをつけたまま乾燥させた豆をパーチメントコーヒーという。

バール
イタリアでエスプレッソなどを立ち飲みする飲食店。

焙煎
生豆を煎ること。ロースト。焙煎度でコーヒーの香味が大きく変わる。

ハゼ
焙煎している途中に出る「パチパチ」といった音。1度目のハゼを「1ハゼ」、2度目を「2ハゼ」と呼び、焙煎度の目安になる。

バリスタ
バールのカウンターに立ち、エスプレッソなどを提供するスタッフ。

ハンドピック
コーヒー豆に混入しているはずのない豆や異物を手で選別すること。

ピーベリー
発育不全により、通常2粒入っているはずの種子が、1粒しか入っていない豆のこと。丸い形をしており、収穫量が少なく珍重される。

フォームドミルク
蒸気によって泡立てられたミルク。

ブラジリアン・アンド・アザーアラビカ
コーヒー豆の商業取引上の分類用語。

ブラックコーヒー
ミルクやクリームなどを加えていないコーヒー。ミルクを加えた「ホワイト」に対して生まれた語。日本では、コーヒーを指すことが多いが、本来は砂糖を加えていてもブラックコーヒーと呼ばれる。

フラットビーン
平豆。一般的なコーヒー豆のことで、コーヒーチェリーの中で向かい合わせに2つ入っている。相接する面が平らなことからフラットビーンと呼ぶ。

ブルボン
ティピカ種の突然変異で、ブラジルコーヒーの原型といわれる。ティピカとともに二大栽培品種として知られる。焙煎度によって、さまざまな配合パターンがある。

ブレンド
複数種の豆を混合すること。また、そのコーヒー。産地や配合比、焙煎度によって淹れたコーヒー。

フレーバーコーヒー
コーヒー豆にシナモン、チョコレート、バニラなどの香りを添加したもの。もしくは、風味をつけた甘味料を入れたコーヒーを指す。

フレグランス
香り。カッピングの際は、コーヒー粉の香りのことをさす。

プレミアムコーヒー
地域特性や生産履歴などが比較的明確な品質のよいコーヒー豆のこと。

フレンチプレス
圧縮式のコーヒー抽出器具。筒状のポットにコーヒー粉とお湯を入れ、上からフィルターを押し下げて抽出済みのカスを沈め、上澄み部分をカップに移す。コーヒープレスとも言う。

ペーパードリップ
紙製のフィルターを使った、ドリップ式抽出法。

ペネイラ
収穫の際、異物を取り除くために使う丸い網のこと。ポルトガル語で「ふるい」の意。

ま行

ボディ
コーヒーの味覚用語。口あたりや味の重さ、舌ざわりなどを指す。

マキアート
フォームドミルクにエスプレッソを注いだもの。イタリア語で"しみ"の意。エスプレッソの跡がしみのように見えることから名づけられた。

マキネッタ
イタリアで一般的に使用されている、エスプレッソを抽出するための道具。直火にかけ、蒸気圧により抽出する。直火式エスプレッソとも言う。

マラゴジッペ
ブラジルで発見された、ティピカの突然変異で生じた品種。非常に大きく、長さもあり幅も広い。ジャイアントビーンとも呼ばれる。

ミューシレージ
コーヒー豆の、パーチメントの外側に付着している粘液質のこと。

ミル
コーヒー豆を粉砕する、器具・機械のこと。グラインダーとも言う。

ミルクジャグ
コーヒーを提供する際にミルクやクリームを入れる容器。または、エスプレッソマシン付属のスチームノズルなどを使ってフォームドミルクを作るときに使う専用容器。

ミルクフォーマー
カプチーノなどに使うミルクを泡立てるための道具。手動と電動がある。

メインストリームコーヒー
価格優先で取引される、流通量の多い汎用コーヒー。コマーシャルコーヒー。

メッシュ
コーヒー粉の粒を均一にするためのふるい。また、その目の大きさ。粉の粒の粗さを呼ぶこともある。

メリタ式ドリッパー
ペーパードリップ用の抽出器。旧西ドイツのドレスデンに暮らしていたメリタ・ベンツが考案した。カリタ式ドリッパーにくらべ、穴が1つなのが特徴。抽出の際、お湯にスクリュー効果が生まれ、コクを出しやすいと言われている。

モカ
アラビア半島の旧モカ港から出荷されたことに由来した、エチオピアとイエメンの2国で生産されるコーヒー。日本で輸入される豆のほとんどはエチオピア産。

ら行

ラテアート
エスプレッソの表面にフォームドミルクを注いで模様を描くこと。デザインカプチーノと区別されることが多い。

リストレット
エスプレッソの用語。お湯を早めにきり、エスプレッソの一番おいしいところのみを淹れたもの。

リベリカ種
コーヒーの三大原種のひとつ。西アフリカのリベリア原産の品種で、おもに平地や低地で栽培され、環境の変化にも適応する。果実はアラビカ種、カネフォラ種よりも大きい。苦味が強く、先端は尖った菱形である。現在、西アフリカの一部の国で少量生産されている程度で、日本ではほとんど流通していない。

レインフォレスト・アライアンス
1987年に地球環境保全のため、熱帯雨林を保護することを目的として設立された非営利環境保護団体。自然保護、耕作方法、労働環境など独自の基準をクリアした農園のコーヒーは、レインフォレスト・アライアンス認証コーヒーとして、認められる。

ロースター
焙煎機、または焙煎者、焙煎業者のこと。

ロブスタ
アフリカのコンゴ原産の品種で、コーヒーの三大原種のひとつ、カネフォラ種の栽培品種。低地で栽培されており、アラビカ種にくらべ、病虫害に強いが、味や品質は劣る。特有のにおいがあり、インスタントコーヒーなどに加工される。酸味は弱く苦味が強い。

わ行

ワイニー
味覚用語。ワインのような風味。

取材協力リスト

※データは2011年8月現在のものです。住所や電話番号、営業時間など変更になる場合があります。
※並びは五十音順。

カフェ・バッハ
Café Bach

自家焙煎の礎を築いた名店

東京の下町・山谷にある自家焙煎店の名門。オーナーの田口護さんは、自家焙煎のノウハウがまだ混沌としていた時代に、客観的なデータを元にいち早くその技術を確立した第一人者。お店の看板「バッハ・ブレンド」は、沖縄サミットの晩餐会でも提供されたほど、高貴で深い味わい。スペシャルティコーヒーや自家製スイーツでも高い評価を得ている。

DATA
カフェ・バッハ
住所▶東京都台東区日本堤1-23-9　電話▶03-3875-2669
営業▶8:30〜21:00　休み▶金曜
HP▶http://www.bach-kaffee.co.jp/

カフェラ
CAFFÈRA

絶品カプチーノが楽しめる

イタリアの伝統と新しいものを巧みに融合させたイタリアンバール。バリスタが熟練の技で淹れるエスプレッソは、豆のうま味が凝縮した珠玉の味。メニューのなかでもいちばん人気はカプチーノで、しっとりとして濃密な泡の口あたりと、ミルクとエスプレッソのマリアージュが絶妙だ。フードメニューも充実。

DATA
カフェラ 大丸神戸店
住所▶兵庫県神戸市中央区明石町40 大丸神戸店1F
電話▶078-392-7227　営業▶9:45〜21:00
休み▶大丸に準じる
HP▶http://www.ufs.co.jp/brand/cfr/index.html

カフェラ 大丸梅田店
住所▶大阪府大阪市北区梅田3-1-1 大丸梅田店4F
電話▶06-6456-3316　営業▶10:00〜21:00（日・月・火は20:00）
休み▶大丸に準じる
HP▶http://www.ufs.co.jp/brand/cfr/index.html

グリーンズコーヒーロースター　　GREENS Coffee Roaster

淹れ方もアドバイスしてくれる豆販売専門店

ジャパン バリスタ チャンピオンシップのサイフォン部門で2度の優勝経験を持つ、巌康孝さんが手がける自家焙煎店。ブラジルをはじめとする契約農園のものやスペシャルティ、プレミアムクラスの豆だけを販売し、ブレンドとストレートを合わせ、常時15種類ほどを展開。淹れ方の相談にも気さくに応じてくれる。テイクアウトのティラミスも自慢。

DATA
グリーンズコーヒーロースター
住所▶兵庫県神戸市中央区元町高架通3-167　電話▶078-332-3115
営業▶11:00〜19:00　休み▶火曜
H P▶http://www.greens-kobe167.jp/

珈琲サイフォン株式会社　　Coffee syphon Co.,Ltd.

抽出器具開発のパイオニア

日本におけるサイフォン製造の礎を築き、円錐形のドリッパー（フィルター）を開発した抽出器具のパイオニアメーカー。理にかなったその仕組みや形状から、多くのプロに愛用され、一般のコーヒー愛好家の間でも好評を得ている。そのほか、焙煎豆も販売。またコーヒーセミナー「コーノ式珈琲塾」も催しており、おいしいコーヒーの淹れ方と自家焙煎が学べる。

DATA
珈琲サイフォン株式会社
住所▶東京都文京区千石4-29-13
問い合わせ▶03-3946-5481（平日受付）
H P▶http://www.coffee-syphon.co.jp/

大坊珈琲店　　Daibou Kōhīten

味わい深いネルのコーヒーを提供

流行の先端を走る表参道・南青山界隈にありながらも、時代に流されることなく静謐な雰囲気をたたえている大坊珈琲店。ネルで淹れるそのコーヒーは、透明感と深いコク、甘さが感じられて、ネルドリップの魅力を再認識させられる。また、冷めてもおいしく楽しめるクオリティの高さに驚かされることだろう。豆のよさが際立つ自家焙煎豆も販売。

DATA
大坊珈琲店
住所▶東京都港区南青山3-13-20 2F　電話▶03-3403-7155
営業▶9:00〜22:00（日・祝日12:00〜20:00）
休み▶無休

デロンギ・ジャパン株式会社　　De'Longhi Japan Corp.

本物志向のコーヒー用品を展開

イタリアのライフスタイルの魅力が息づく、本物志向のコーヒー関連製品などを扱う家電メーカー。エスプレッソマシンをはじめコーヒーメーカーやミルなどをリリースし、家庭向け製品が中心ながら、クオリティの高さからカフェや喫茶店からも信頼を得ている。カフェポッドやコーヒー豆も販売。オーブンなどの調理家電やオイルヒーターといった生活家電にも強い。

DATA
デロンギ・ジャパン株式会社
住所▶東京都千代田区鍛治町1-5-6 第三大東ビル
問い合わせ▶0120-064-300（コールセンター／平日受付）
H P▶http://www.delonghi.co.jp/

ハリオグラス株式会社　　HARIO GLASS CO.,LTD.

耐熱ガラス家庭用品のリーディングカンパニー

ウォータードリッパーやペーパードリッパーといったコーヒー用品をはじめ、耐熱ガラス食器などもプロデュースするガラス製家庭用品メーカー。クオリティーはもちろん、デザイン性や使いやすさにも非常に優れており、暮らしに溶け込みやすいものを多くリリースしている。また、先の抽出器具のほかサイフォンも定評があり、愛用しているプロも多い。

DATA
ハリオグラス株式会社
住所▶東京都中央区日本橋富沢町9-3
問い合わせ▶0120-398-207（フリーダイヤル／平日受付）
H P▶http://www.hario.com/

堀口珈琲　　HORIGUCHI COFFEE

スペシャルティコーヒーに特化した実力店

同店が扱う豆は、SCAAの評価方法に基づいた独自の香味基準をクリアしたものばかり。世界の優れた農園とパートナーシップを結び、品種、精製はもちろん、輸送や保管にもこだわった極上の豆を取り揃えている。世田谷本店のほか、3店舗を展開しており、オーナーの堀口俊英さんが主宰する堀口珈琲研究所ではコーヒーのテイスティングなど各種セミナーも開催。

DATA
堀口珈琲 世田谷本店
住所▶東京都世田谷区船橋1-12-15　**電話**▶03-5477-4142
営業▶9:00〜20:00　**休み**▶年末年始
H P▶http://www.kohikobo.co.jp/

270

丸山珈琲

MARUYAMA COFFEE

多くのトップバリスタを輩出する名店

ジャパン バリスタ チャンピオンシップの上位入賞者を多く輩出し、日本のカフェ文化を牽引する存在として全国に名を馳せる。オーナーの丸山健太郎さんは、コーヒー豆の国際品評会の審査員としても活躍。お店では生産者との信頼関係のもと仕入れたスペシャルティコーヒーが楽しめ、豆の販売も行っている。小諸店や軽井沢本店など、4店舗を展開。

DATA

丸山珈琲 小諸店
住所▶長野県小諸市平原1152-1　電話▶0267-26-5556
営業▶9:00〜20:00　休み▶不定休
HP▶http://www.maruyamacoffee.com/

有限会社FBCインターナショナル

FBC International, Inc.

エスプレッソ用品やエアロプレスを販売

業務用・家庭用のエスプレッソ用品を中心に、エアロプレスやカッピング用品、ティーグッズなどの通信販売を行う輸入代理店。国内有名バリスタからの信頼もあつく、特注で大会競技用のカプチーノカップの製作なども手がけている。また、スペシャルティコーヒーも販売。店頭での商品販売は行っておらず、通販のみの受付。

DATA

有限会社FBCインターナショナル
住所▶東京都港区芝大門2-3-17 Bell88大門4階
問い合わせ▶03-3436-2575（不定休）
HP▶http://www.e-primal.com/esp_supply.html

UCCコーヒー博物館

UCC Coffee museum

日本で唯一のコーヒー博物館

コーヒーのあらゆることが学べる、日本で唯一のコーヒー博物館。館内にはコーヒーの歴史や栽培、文化など、7つのテーマ別に展示室が設けられており、展示品のほか、映像資料とともに分かりやすく学習できる。また、さらに深くコーヒーを学びたい人のために、コーヒーアカデミーも開校している。

DATA

UCCコーヒー博物館
住所▶兵庫県神戸市中央区港島中町6-6-2　電話▶078-302-8880
営業▶10:00〜17:00　休み▶月曜、祝日の翌日、年末年始
HP▶http://www.ucc.co.jp/museum/

写真提供・撮影協力

一般社団法人 日本スペシャルティコーヒー協会
社団法人 全日本コーヒー協会
ICO(国際コーヒー機構)
UCC上島珈琲株式会社
株式会社ドトールコーヒー
株式会社ポッカコーポレーション
メリタジャパン株式会社
日東珈琲株式会社
有限会社丸山珈琲
ワタル株式会社
日本珈琲貿易株式会社

参考文献／田口 護のスペシャルティコーヒー大全(NHK出版)、田口 護の珈琲大全(NHK出版)、コーヒー「こつ」の科学(柴田書店)、オール・アバウト・コーヒー(TBSブリタニカ)、コーヒー検定教本(全日本コーヒー商工組合連合会)

STAFF

特別協力	バッハコーヒー・トレーニングセンター (田口護、田口文子、山田康一、中川文彦)
編集制作	株式会社べるもんど(徳田伸介、長谷川清一、若林彩子)
エディター	櫻中智之、石川瑞子、細川千穂
ライター	佐久間玲子、大槻祐子、稲葉友子 野上知子、大湊一昭
デザイナー	熊澤正人、尾形忍、末元朝子(有限会社パワーハウス)
フォトグラファー	久保寺誠(有限会社ヤスダフォトスタジオ) 宮前祥子、こくぶまゆこ
イラストレーター	meiko、野田良範
制作協力	荒木仁美、小島章
企画・編集	成美堂出版編集部(駒見宗唯直)

珈琲の大事典

編　者　成美堂出版編集部
発行者　風早健史
発行所　成美堂出版
　　　　〒162-8445　東京都新宿区新小川町1-7
　　　　電話(03)5206-8151　FAX(03)5206-8159
印　刷　大日本印刷株式会社

ⒸSEIBIDO SHUPPAN 2011　PRINTED IN JAPAN
ISBN978-4-415-31127-2
落丁・乱丁などの不良本はお取り替えします
定価はカバーに表示してあります

• 本書および本書の付属物を無断で複写、複製(コピー)、引用することは著作権法上での例外を除き禁じられています。また代行業者等の第三者に依頼してスキャンやデジタル化することは、たとえ個人や家庭内の利用であっても一切認められておりません。